21世纪全国高职高专财务会计类规划教材

企业纳税申报

丁　宇　路艳梅　主　编

宋玉章　于　洋　李荣华　副主编

北京大学出版社
PEKING UNIVERSITY PRESS

内容简介

本书根据我国现行税收政策和法律法规，运用大量的案例资料，介绍了纳税申报概述、增值税纳税申报、消费税纳税申报、营业税纳税申报、城市维护建设税和教育费附加纳税申报、关税纳税申报、企业所得税纳税申报、个人所得税纳税申报、土地增值税纳税申报和其他各税纳税申报等内容。旨在培养学生掌握相关税费知识，具备纳税申报的能力。

本书为帮助学生将知识转化为职业素养和技能，在编写理念、体例、模式和内容安排上突出“任务驱动”、“工学结合”的现代职业教育的特色，《企业纳税申报》为全国高职高专系列规划教材之一，既可作为高等职业院校、成人高等院校的财会类专业教材，也可作为企事业单位从事财务会计工作人员的参考用书。

图书在版编目（CIP）数据

企业纳税申报/丁宇，路艳梅主编．—北京：北京大学出版社，2010.8
（21世纪全国高职高专财务会计类规划教材）
ISBN 978-7-301-16371-9
Ⅰ．企…　Ⅱ．①丁…　②路…　Ⅲ．企业管理：税收管理—中国—高等学校：技术学校—教材　Ⅳ．F812.423

中国版本图书馆CIP数据核字（2009）第222759号

书　　名：企业纳税申报
著作责任者：丁　宇　路艳梅　主编
策 划 编 辑：郭　芳
责 任 编 辑：卢英华
标 准 书 号：ISBN 978-7-301-16371-9/F·2373
出　版　者：北京大学出版社
地　　址：北京市海淀区成府路205号　100871
电　　话：邮购部62752015　发行部62750672　编辑部62765126　出版部62754962
网　　址：http://www.pup.cn
电 子 信 箱：zyjy@pup.cn
印　刷　者：三河市欣欣印刷有限公司
发　行　者：北京大学出版社
经　销　者：新华书店
787毫米×980毫米　16开本　20.5印张　448千字
2010年8月第1版　2010年8月第1次印刷
定　　价：37.00元

前　言

依法纳税申报是每个公民应尽的义务，更是财务人员的重要职责。随着社会经济的不断发展，我国税收法规不断颁布与完善，纳税申报工作的专业性、政策性愈来愈强。为帮助学生熟悉不同纳税人的业务环境，掌握不同纳税人进行纳税申报应具备的知识、技能，塑造学生从事纳税申报实务应具备的专业和心理素质，为今后从事企业纳税申报实务工作奠定较为扎实的基础，全书在编写过程中突出如下特点。

1．更新编写理念。高等职业教育是以培养“高技能人才”为主要目标的高等教育。因此，在本书的编写过程中，摒弃传统的单纯讲授知识的编写模式，本着提高学生的职业技能和加强知识的综合运用能力培养的编写理念，在编写的体例、模式和内容安排上，突出“任务驱动、工学结合”，将知识与工作岗位要求相结合，把知识转化为职业素养和技能，充分体现出现代职业教育的特色。

2．内容编排模式新颖。本书从纳税人的角度出发，以培养学生的“纳税申报”技能为主线，围绕着“计税依据—应纳税额的计算—相关的会计处理—纳税申报表的填制”设置内容，帮助学生熟悉纳税人的业务环境、掌握纳税申报过程应具备的知识与技能，培养与提高学生从事财务会计岗位工作应具备的业务素质和实践技能。

3．内容系统全面。本书依据我国税法最新立法原则与立法精神、最新申报表填报执行口径、最新税会差异与调整成果及其现行税收政策和法律法规编写，涵盖了现行主要税种的内容，如增值税、消费税、营业税、关税、城市维护建设税、土地增值税、城镇土地使用税、房产税、车船使用税、印花税、契税、企业所得税、个人所得税等。

4．将税法应用与典型案例相结合。高职教育是以就业为导向的，培养目标是让学生得到职业岗位。因此，本书编写严格遵循税法及其细则的规定，突出工作流程规范，帮助学生正确计算和缴纳税款，并通过每章的“案例评析”，力图将相关理论及案例内容有机地结合起来，引导学生将理论运用于实践，不断提高学生分析问题和解决问题的综合能力。

《企业纳税申报》为全国高职高专系列规划教材之一，既可作为高等职业院校、成人高等院校的财会类专业教材，也可作为企事业单位从事财务会计工作人员的参考用书。

本书由丁宇（辽宁经济职业技术学院）和路艳梅（北京工业大学实验学院）任主编，宋玉章（辽宁经济职业技术学院）、于洋（辽宁金融职业技术学院）和李荣华（江苏省昆山市硅湖职业技术学院）任副主编。第 1 章、第 2 章由丁宇编写；第 3 章、第 5 章由路艳梅编写；第 6 章、第 8 章、第 10 章由宋玉章编写；第 7 章由于洋编写；第 4 章、第 9 章由李荣华编写。全书由丁宇总纂修改、终审定稿。

本教材的编写参考了大量文献资料，并借鉴和吸收了其中部分内容，在此，对这些文献资料的作者表示衷心的感谢！北京大学出版社的编辑更是支持我们的工作，在此谨向他们表示深深的谢意！虽然我们百倍地努力，但由于编者的水平和经验有限，书中肯定存在疏漏和不妥之处，期待读者批评指正。随着税制改革的不断深化，新出台的税法、新的补充法规将陆续颁布，教材内容也将相对滞后，希望各位教师在税法的教学中不断地补充与更新。

编　者

2009 年 10 月

目　录

第 1 章　纳税申报概述......1
1.1　我国现行税法体系......1
1.1.1　税法与税收的含义......1
1.1.2　税收法律关系......1
1.1.3　税法的构成要素......3
1.1.4　我国现行税法体系......4
1.1.5　我国税收管理体制......5
1.2　税务登记......7
1.2.1　税务登记的含义、原则与范围......7
1.2.2　税务登记的种类......8
1.2.3　税务登记证的作用......11
1.2.4　非正常户处理......11
1.3　税款缴纳（征收）制度......12
1.3.1　税款征收的原则......12
1.3.2　税款征收的方式......12
1.4　纳税申报......14
1.4.1　纳税申报的概述......14
1.4.2　纳税申报的方式......14
1.4.3　纳税申报的内容......15
1.4.4　纳税申报的意义......15
1.5　法律责任......16
1.5.1　违反税收征收管理程序的法律责任......16
1.5.2　对偷税的认定及其法律责任......17
1.5.3　虚假申报或不申报行为应负担的法律责任......18
1.5.4　骗取出口退税的法律责任......19
1.5.5　抗税的法律责任......19
练习题......20

第 2 章　增值税纳税申报 23
2.1　增值税概述 23
2.1.1　增值税的含义 23
2.1.2　增值税的特点 23
2.1.3　征税范围 24
2.1.4　纳税义务人和扣缴义务人 28
2.1.5　一般纳税人和小规模纳税人的划分与认定 28
2.1.6　增值税专用发票的使用规定 32
2.2　税率与征收率 34
2.2.1　增值税税率 34
2.2.2　增值税征收率 34
2.3　增值税应纳税额的计算 36
2.3.1　一般纳税人应纳税额的计算 36
2.3.2　小规模纳税人应纳税额的计算 42
2.3.3　进口货物应纳税额的计算 43
2.4　特殊经营行为和产品的税务处理 44
2.4.1　兼营不同税率的货物或应税劳务 44
2.4.2　电力产品应纳的增值税 44
2.4.3　油气田企业应纳的增值税 46
2.5　出口货物退（免）税 47
2.5.1　我国出口货物退（免）税的基本政策 47
2.5.2　出口退（免）税的适用范围 48
2.5.3　出口货物的退税率 49
2.5.4　出口货物应退税额的计算 50
2.6　增值税纳税申报实务操作 52
2.6.1　一般纳税人纳税申报实务 52
2.6.2　小规模纳税人的纳税申报 63
2.6.3　纳税申报期限 65
2.7　增值税案例评析 65
练习题 69
第 3 章　消费税纳税申报 76
3.1　消费税概述 76
3.1.1　消费税的含义 76

3.1.2 消费税的征税范围 76
3.1.3 消费税纳税义务人和扣缴义务人 77
3.2 应纳消费税额的计算 77
3.2.1 消费税的计税依据 77
3.2.2 消费税纳税义务发生时间 81
3.2.3 消费税纳税期限 82
3.2.4 消费税的纳税地点 82
3.2.5 消费税征缴方法 82
3.2.6 消费税征税机关 83
3.2.7 消费税税率 83
3.2.8 消费税应纳税额的计算 86
3.2.9 消费税的会计处理 90
3.3 消费税的优惠政策 90
3.4 消费税纳税申报实务操作 91
3.4.1 烟类应税消费品纳税申报表 91
3.4.2 酒及酒精消费税纳税申报表 95
3.4.3 成品油消费税纳税申报表及其附表 98
3.4.4 小汽车消费税纳税申报表及其附表 101
3.4.5 其他应税消费品消费税纳税申报表及其附表 104
3.5 消费税案例 107
练习题 109
第 4 章 营业税纳税申报 114
4.1 营业税概述 114
4.1.1 营业税的概念 114
4.1.2 营业税征税范围 114
4.1.3 纳税义务人与扣缴义务人 114
4.2 应纳营业税额的计算 116
4.2.1 营业税的计税依据 116
4.2.2 税目和税率 122
4.2.3 应纳营业税额的计算 123
4.2.4 营业税的纳税义务发生的时间与纳税地点 124
4.2.5 营业税的会计处理 125

4.3 营业税税收优惠......125
4.3.1 营业税的起征点......125
4.3.2 营业税减税规定......126
4.3.3 营业税免税规定......126
4.4 营业税的纳税申报......127
4.4.1 营业税纳税申报表......127
4.4.2 营业税纳税申报......129
4.5 营业税案例评析......130
练习题......132
第5章 城市维护建设税和教育费附加......135
5.1 城市维护建设税和教育费附加概述......135
5.1.1 城市维护建设税概述......135
5.1.2 教育费附加概述......135
5.2 城市维护建设税和教育费附加应缴额的计算......136
5.2.1 城市维护建设税和教育费附加的计税依据......136
5.2.2 城市维护建设税额和教育费附加的计算......137
5.3 城市维护建设税和教育费附加的纳税地点与期限......137
5.3.1 缴纳义务发生时间......137
5.3.2 城市维护建设税和教育费附加的缴纳期限......137
5.3.3 城市维护建设税和教育费附加的缴纳地点......138
5.3.4 城市维护建设税和教育费附加的征缴方法......138
5.3.5 城市建设维护税和教育费附加的征收机关......138
5.4 城市维护建设税和教育费附加的会计处理......138
5.4.1 核算使用的会计科目......138
5.4.2 城市维护建设税和教育费附加的账户处理......138
5.5 城市维护建设税纳税、教育费附加纳税申报......139
5.6 城市维护建设税与教育费附加税案例评析......140
练习题......142
第6章 关税的纳税申报......145
6.1 关税概述......145
6.1.1 关税的含义......145
6.1.2 关税的征税范围......146

6.1.3 关税的纳税义务人 146
6.2 应纳关税额的计算 146
6.2.1 计税依据 146
6.2.2 税目和税率 149
6.2.3 应纳关税税额的计算 150
6.2.4 关税的会计处理 152
6.3 关税税收优惠 156
6.3.1 关税的法定减免 156
6.3.2 关税的特定减免（政策性减免） 157
6.3.3 关税的临时减免 157
6.4 关税的纳税申报实务操作 157
6.5 关税的纳税申报实务 161
6.5.1 纳税义务发生时间 161
6.5.2 纳税期限 161
6.5.3 纳税地点 161
6.5.4 征缴方法 161
6.5.5 征税机关 162
6.6 关税案例评析 162
练习题 165
第 7 章 企业所得税纳税申报 168
7.1 企业所得税概述 168
7.1.1 企业所得税的含义 168
7.1.2 纳税义务人和扣缴义务人 168
7.1.3 征税范围 169
7.1.4 税率 170
7.1.5 征收管理 171
7.2 应纳税所得额的计算 173
7.2.1 企业所得税的计税依据 173
7.2.2 收入总额 174
7.2.3 准予扣除项目 178
7.2.4 不得扣除项目 182
7.2.5 亏损弥补 182

7.3 资产的税务处理 183
7.3.1 固定资产的税务处理 183
7.4 应纳所得税额的计算及会计处理 187
7.4.1 应纳所得税额的计算 187
7.4.2 所得税会计概述 190
7.4.3 所得税会计处理 193
7.5 企业所得税税收优惠 194
7.5.1 法定减免 194
7.5.2 定期减免 195
7.5.3 加速折旧 196
7.5.4 加计扣除 196
7.5.5 减计收入 197
7.5.6 抵扣税额 197
7.5.7 税收抵免 197
7.5.8 新旧所得税法优惠政策的过渡与衔接 198
7.6 企业所得税的纳税申报实务操作 199
7.6.1 查账征收企业的纳税申报 199
7.6.2 核定征收企业的纳税申报 206
7.7 企业所得税的案例评析 209
练习题 215
第8章 个人所得税纳税申报 222
8.1 个人所得税概述 222
8.1.1 个人所得税的含义 222
8.1.2 征税范围 222
8.1.3 纳税义务人与扣缴义务人 225
8.2 应纳个人所得税税额的计算 227
8.2.1 个人所得税的计税依据 227
8.2.2 个人所得税的税率 230
8.2.3 个人所得税应纳税额的计算 232
8.2.4 个人所得税的会计处理 238
8.3 个人所得税税收优惠 241
8.3.1 免税项目 241
8.3.2 减税项目 241

8.4 个人所得税的纳税申报实务操作 241
8.4.1 个人所得税的纳税期限 241
8.4.2 个人所得税的纳税地点 242
8.4.3 个人所得税的征缴方法 243
8.4.4 个人所得税的征税机关 244
8.4.5 个人所得税的申报 244
8.5 个人所得税案例评析 248
练习题 250
第 9 章 土地增值税纳税申报 254
9.1 土地增值税概述 254
9.1.1 土地增值税的概念 254
9.1.2 土地增值税征税范围 254
9.1.3 土地增值税纳税义务人 255
9.2 应纳土地增值税的计算 255
9.2.1 纳税义务发生时间、纳税期限 255
9.2.2 纳税地点、征税机关与征收管理 255
9.2.3 计税依据及税率 257
9.2.4 土地增值税应纳税额的计算 258
9.2.5 土地增值税的会计处理 261
9.3 土地增值税税收优惠 263
9.3.1 建造普通标准住宅的税收优惠 263
9.3.2 国家征用的房地产的税收优惠 263
9.3.3 个人转让房地产的税收优惠 264
9.4 土地增值税纳税申报表的编制与申报 264
9.4.1 土地增值税项目登记表（从事房地产开发的纳税人适用） 264
9.4.2 土地增值税纳税申报表（一）（从事房地产开发的纳税人适用） 265
9.4.3 土地增值税纳税申报表（二）（非从事房地产开发的纳税人适用） 268
9.5 土地增值税案例评析 270
练习题 273
第 10 章 其他各税纳税申报 276
10.1 资源税纳税申报 276
10.1.1 资源税的概述 276
10.1.2 资源税的计算与会计处理 278

10.1.3 资源税的税收优惠 282
10.1.4 资源税的纳税申报实务操作 283
10.1.5 资源税案例评析 285
10.2 城镇土地使用税纳税申报 285
10.2.1 城镇土地使用税的概述 285
10.2.2 城镇土地使用税的计算与会计处理 286
10.2.3 城镇土地使用税的纳税申报实务操作 288
10.2.4 城镇土地使用税的税收优惠 289
10.2.5 城镇土地使用税案例评析 290
10.3 房产税纳税申报 291
10.3.1 房产税的概述 291
10.3.2 房产税的计算与会计处理 292
10.3.3 房产税的税收优惠 294
10.3.4 房产税的纳税申报实务操作 294
10.3.5 房产税的案例评析 295
10.4 车船税纳税申报 296
10.4.1 车船税的概述 296
10.4.2 车船税的计算与会计处理 297
10.4.3 车船税的税收优惠 299
10.4.4 车船税的纳税申报实务操作 299
10.4.5 车船税案例评析 300
10.5 印花税纳税申报 301
10.5.1 印花税的概述 301
10.5.2 印花税的计算与会计处理 302
10.5.3 印花税的税收优惠 304
10.5.4 印花税的纳税申报实务操作 304
10.5.5 印花税案例评析 306
10.6 契税的纳税申报 307
10.6.1 契税的概述 307
10.6.2 契税的计算与会计处理 308
10.6.3 契税的税收优惠 309
10.6.4 契税的纳税申报实务操作 310
10.6.5 契税案例评析 311
练习题 313

第 1 章　纳税申报概述

学习与训练目标

- 理解我国现行税法体系的内容
- 掌握税务登记的内容与种类，能够填写税务登记表
- 了解税法对账簿、凭证管理要求
- 掌握我国税款缴纳（征收）制度
- 掌握纳税申报的概念、内容与方式
- 掌握纳税人、扣缴义务人违反税法规定应当承担相应的法律责任

1.1　我国现行税法体系

1.1.1　税法与税收的含义

1. 税法的含义

税法是国家制定的、用来调整国家与纳税人之间在征纳税方面的权利及义务关系的法律规范的总称。税法是国家及纳税人依法征税、依法纳税的行为准则。制定税法的目的，就是保障国家利益和纳税人的合法权益，维护正常的税收秩序，保证国家的财政收入。

2. 税收的含义

税收是政府为了满足公共需要，凭借政治权利，强制、无偿地取得财政收入的一种形式。税收具有无偿性、强制性和固定性三个特性。三者相辅相成、缺一不可。其中，无偿性是核心，强制性是保障，固定性是对强制性和无偿性的一种规范和约束。

1.1.2　税收法律关系

税收法律关系是指通过税法规范确认和调整的国家、税务机关和纳税人或扣缴义务人

之间在征纳税活动中发生的具有权利义务内容的社会关系。

税收法律关系的内容包括：税收法律关系的构成，税收法律关系的产生、变更与消灭，和税收法律关系的保护。

1. 税收法律关系的构成

税收法律关系由权利主体、权利客体和法律关系内容三要素所构成。

（1）权利主体。

税收法律关系中的权利主体是指在税收法律关系中依法享有权利和承担义务的当事人。我国税收法律关系中的权利主体表现为两方面：一是代表国家行使征税权利的行政机关，包括国家各级税务机关、海关和财政机关；二是履行纳税义务的纳税人，包括法人、自然人和其他组织。

税收法律关系的重要特征：征纳主体双方法律地位平等，但征纳主体双方权利与义务不对等（一般民事法律关系中权利与义务平等）。这是因为征纳主体双方是行政管理者与被管理者的关系。

（2）权利客体。

权利客体即征税对象，是税收法律关系主体权利、义务所共同指向的内容，也是征税纳税双方主体权利和义务得以存在的客观基础。如财产税法律关系客体就是财产。国家可以根据客观经济形势发展的需要，通过扩大或缩小征税范围调整征税对象，达到限制或鼓励国民经济中某些产业、行业发展的目的。

（3）税收法律关系的内容。

税收法律关系的内容就是权利主体所享有的权利和所应承担的义务，这是税收法律关系最实质的东西，是税法的灵魂。它规定法律主体可以有什么行为、不可以有什么行为，若违反了这些规定，必须承担相应的法律责任。

2. 税收法律关系的产生、变更与消灭

税收法律关系与其他社会关系一样，也是处于不断发展变化之中。税收法律关系的产生、变更与消灭是由税收法律事实来决定。税收法律事实可以分为税收法律事件和税收法律行为：

税收法律事件，是指不以税收法律关系权利主体的意志为转移的客观事件。如纳税人开业经营即产生税收法律关系，纳税人转业或停业税收法律关系也就发生变更或消灭。

税收法律行为，是指由税法所规定的、能够发生税法上法律效果的行为，包括仅在征纳税环节上发生的，能够导致税收债权债务法律关系产生、变更和消灭的狭义的税收征纳法律行为和涵盖税收活动全过程各个环节；除上述税收征纳法律行为外，还包括税收立法行为、税收司法行为以及其他税收行政行为等的广义税收法律行为。

3. 税收法律关系的保护

税收法律关系是同国家利益及企业和个人的权益相联系的。保护税收法律关系，实质上就是保护国家正常的经济秩序，保证国家的财政收入，维护纳税人的合法权益。税法中关于限期纳税、征收滞纳金和罚款的规定，纳税人不服税务机关征收处理规定，可以申请复议或提出诉讼；《中华人民共和国刑法》构成偷税、抗税罪给予刑罚的规定等都是对税收法律关系的保护。税收法律关系的保护对权利主体双方是对等的，对权利享有者的保护就是对义务承担者的制约。

1.1.3 税法的构成要素

税法的构成要素是指各种单行税法共同具有的的基本要素。

1. 总则

包括立法依据、立法目的、适用原则等。

2. 纳税主体

纳税人又称纳税义务人（包括自然人和征税对象人）：是税法规定的直接负有纳税义务的单位和个人。

3. 征税对象

征税对象又称课税对象，是税法规定的征纳税双方权利义务共同指向的客体或标的物。征税对象是一种税区别于另一种税的重要标志。

4. 税目

税目是税法中各税种所规定的具体征税项目，体现征税的广度。不同税目往往对应着不同税率和征免规定。

5. 税率

税率是对征税对象的征收比例或征收额度。税率既是计算税额的尺度，又是衡量税负轻重的重要标志。税率体现征税的深度。

我国现行的税率主要有比例税率、超额累进税率、定额税率和超率累进税率。

6. 纳税环节

纳税环节是指征税对象从生产到消费的流转过程中应当缴纳税款的环节。

7. 纳税期限

纳税期限是纳税人按照税法规定缴纳税款的期限。

8. 纳税地点

纳税地点是纳税人（包括代征、代扣、代缴义务人）纳税的具体地点。

9. 减税免税

税法对某些纳税人和征税对象采取减少征税或免予征税的特殊规定。

10. 罚则

税法规定的对违反税法的行为采取的处罚措施。

11. 附则

主要包括此项税法的解释权和税法的生效时间两项内容。

1.1.4 我国现行税法体系

税法体系又称为税收制度（简称税制），是一个国家在一定时期内，以法定形式规定的各种税收法律、法规的总和。我国现行的税法体系主要由实体法体系和程序法体系两大部分构成。

1. 税收实体法体系

我国现有的税种，除企业所得税、个人所得税是以国家法律的形式发布实施外，其他税种都是经全国人大授权立法，由国务院以暂行条例的形式发布实施。这些税收法律、法规组成了我国的税收实体法体系，如表 1-1 所示。

表 1-1 我国现行的税收实体法体系

税种分类	税种名称	作　用
流转税类	增值税	主要在生产、流通和服务领域发挥调节作用
	消费税	
	营业税	
	关税	
资源税类	资源税	调节因开发和利用自然资源差异而形成的级差收入
	土地增值税	
	城镇土地使用税	

（续表）

税种分类	税种名称	作　用
所得税类	企业所得税	调节生产经营者的利润和个人纯收入
	个人所得税	
特定目的税类	固定资产投资方向调节税（暂缓征收）	为达到特定目的，调节特定对象和特定行为
	筵席税	
	城市维护建设税	
	车辆购置税	
	耕地占用税	
	烟叶税	
财产和行为税类	房产税	对某些财产和行为发挥调节作用
	车船税	
	印花税	
	契税	

2. 税收程序法体系

我国税收程序法体系主要由《税收征收管理法》、《海关法》及《进出口关税条例》组成。

（1）《税收征收管理法》：主要适用于税务机关负责征收税种的征收管理。

（2）《海关法》及《进出口关税条例》：主要适用于海关机关负责征收的税种的征收管理。

3. 税收征收管理法的适用范围

《税收征收管理法》规定：“凡依法由税务机关征收的各种税收的征收管理，均适用本法。”

我国税收征收机关包括税务机关、海关和财政部门。其中，税务机关征收各种工商税收；海关征收关税及代征的增值税、消费税。

1.1.5 我国税收管理体制

1. 税收管理体制的含义

税收管理体制是指在各级国家机构之间划分税权的制度或制度体系。我国税权的划分既包括在中央与地方国家机构之间的纵向划分，又包括在同级立法、司法、行政等国家机构税收管理权限包括：税收立法权、税收法律法规的解释权、税种的开征或停征权、税目和税率的调整权、税收的加征，和减免权等。我国将税收管理权限划分为税收立法权和税收执法权两大类。

2. 税收立法权的划分

我国税收立法权的划分大体情况如下。

（1）全国性税种的立法权，即包括全部中央税、中央与地方共享税和在全国范围内征收的地方税税法的制定、公布和税种的开征、停征权，属于全国人民代表大会（简称全国人大）及其常务委员会（简称常委会）。

（2）经全国人大及其常委会授权，全国性税种可先由国务院以“条例”或“暂行条例”的形式发布施行。经一段时期后，再行修订并通过立法程序。由全国人大及其常委会正式立法。

（3）经全国人大及其常委会授权，国务院有制定税法实施细则、增减税目和调整税率的权利。

（4）经全国人大及其常委会的授权，国务院有税法的解释权；经国务院授权，国家税务主管部门（财政部和国家税务总局）有税收条例的解释权和制定税收条例实施细则的权利。

（5）省级人民代表大会及其常务委员会有根据本地区经济发展的具体情况和实际需要，在不违背国家统一税法，不影响中央的财政收入，不妨碍我国统一市场的前提下，开征全国性税种以外的地方税种的税收立法权。税法的公布，税种的开征、停征，由省级人民代表大会及其常务委员会统一规定，所立税法在公布实施前须报全国人大常委会备案。

（6）经省级人民代表大会及其常务委员会授权，省级人民政府有本地区地方税法的解释权和制定税法实施细则、调整税目、税率的权利，也可在上述规定的前提下，制定一些税收征收办法，还可以在全国性地方税条例规定的幅度内，确定本地区适用的税率或税额。上述权利除税法解释权外，在行使后和发布实施前须报国务院备案。

3. 我国税收立法权划分的现状

中央税、中央与地方共享税以及全国统一实行的地方税的立法权集中在中央。其目的是保证中央政令统一，维护全国统一市场和企业平等竞争。

（1）中央税：指维护国家权益、实施宏观调控所必需的税种，具体包括消费税、关税、车辆购置税等。

（2）中央和地方共享税：指同经济发展直接相关的主要税种，具体包括增值税、企业所得税、个人所得税、证券交易印花税。

（3）地方税：具体包括营业税、资源税、土地增值税、印花税、城市维护建设税、土地使用税、房产税、车船税等。

1.2 税 务 登 记

1.2.1　税务登记的含义、原则与范围

1. 税务登记的含义

税务登记是税务机关对纳税人基本情况及生产经营项目进行登记管理的一项基本制度，也是纳税人纳入税务机关管理的一项法定证明。税务登记是税收征收管理的首要环节，企业及其分支机构、个体工商户和从事生产、经营的事业单位自领取营业执照之日起三十日内，应持有关证件，向税务机关申报办理登记。

2. 税务登记的原则

（1）普遍登记的原则。

① 凡办理工商营业执照的纳税人必须办理税务登记；

② 依法可以不办理工商营业执照，如经国家民政部门批准成立的单位和组织、经国家编委批准成立的单位和组织，从事营业活动不需要办理工商营业执照，但是依法应该办理税务登记，就必须办理税务登记；

③ 没有工商营业执照、有关部门批准设立的单位和组织，如尚未正式成立处在试营业阶段的企业、民办非企业组织等发生依法应办理税务登记的情形，也必须办理税务登记。

（2）特定主管原则。

税务机关是税务登记的主管机关，依法独立行使税务登记管理。

（3）属地管辖的原则。

一般情况下，纳税人应向其所在地主管税务机关申报办理税务登记，但对税收管理权限明确规定哪一级税务机关管理的纳税人，应向指定的主管税务机关申报办理税务登记。

（4）及时准确的原则。

纳税人必须严格按照法定的期限，向其主管税务机关及时申报办理税务登记手续，不得拖延、误期；在办理税务登记时，应按照税收法律、行政法规、规章的规定，实事求是地填报各登记事项，并如实回答税务机关提出的问题。

（5）不重复登记的原则。

纳税人只需向所在地主管税务机关申报办理税务登记，每个主管税务机关只核发一份税务登记证件，而不是分税种分别办理税务登记。

3. 税务登记的范围

（1）领取法人营业执照或者营业执照（以下统称营业执照），负有缴纳增值税、消费税义务的国有企业、集体企业、私营企业、股份制企业、联营企业、外商投资企业、外国企业以及上述企业在外地设立的分支机构和从事生产、经营的场所。

（2）领取营业执照，负有缴纳增值税、消费税义务的个体工商户。

（3）经有权机关批准从事生产、经营，负有缴纳增值税、消费税义务的机关、团体、部队、学校以及其他事业单位。

（4）从事生产经营，按照有关规定不需要领取营业执照，负有缴纳增值税、消费税义务的纳税人。

（5）实行承包、承租经营，负有缴纳增值税、消费税义务的纳税人。

（6）由国家税务机关负责征收管理负有企业所得税、外商投资企业和外国企业所得税义务的纳税人。

下列纳税人可以不申报办理税务登记：

（1）偶尔取得应缴纳增值税、消费税收入的纳税人；

（2）自产自销免税农、林、牧、水产品的农业生产者；

（3）县级以上国家税务机关规定不需要办理税务登记的其他纳税人。

1.2.2 税务登记的种类

税务登记主要包括设立登记、变更登记、停业登记、复业登记和注销登记。纳税人在办理不同种类的税务登记时，必须根据税务机关的规定提交相关资料。

1. 设立登记

（1）设立登记从事生产、经营的纳税人，应当自领取营业执照之日起 30 日内，向生产经营地或纳税义务发生地的主管税务机关申报办理设立登记。其他纳税人，除国家机关和个人外，应自纳税义务发生之日起 30 日内，持有关证件向所在地主管税务机关申报办理登记。跨地区的非独立核算分支机构应当自设立之日起 30 日内，向所在地税务机关办理注册税务登记。

从事生产经营活动的纳税人到外县（市）临时从事生产经营活动，应当持税务登记证副本和所在地税务机关填开的外出经营活动税收管理证明向营业地税务机关办理报验登记。外出经营，在同一地方累计超过 180 天的，应当在营业地办理税务登记手续。

（2）税务登记表的格式

税务登记表的格式如表 1-2 所示。

表 1-2

税务登记表（适用单位纳税税人）

填表日期：

纳税人名称		纳税人识别号	
登记注册类型		批准设立机关	
组织机构代码		批准设立证明或文件号	

开业（设立）日期		生产经营期限		证照名称		证照号码	
注册地址				邮政编码		联系电话	
生产经营地址				邮政编码		联系电话	

核算方式	请选择对应项目打“√”□独立核算 □非独立核算	从业人数	____其中外籍人数____
单位性质	请选择对应项目打“√”□企业 □事业单位 □社会团体 □民办非企业单位□其他		
网站网址		国标行业	□□□□□□□ □□
适用会计制度	请选择对应项目打“√” □企业会计制度 □小企业会计制度 □金融企业会计制度 □行政事业单位会计制度		
经营范围	请将法定代表人（负责人）身份证件复印件粘贴在此处。		

项目 / 内容 / 联系人	姓　名	身份证件 种　类	身份证件 号　码	固定电话	移动电话	电子邮箱
法定代表人（负责人）						
财务负责人						
办税人						

税务代理人名称	纳税人识别号	联系电话	电子邮箱

注册资本或投资总额	币种	金额	币种	金额	币种	金额

投资方名称	投资方经济性质	投资比例	证件种类	证件号码	国籍或地址

（续表）

自然人投资比例		外资投资比例		国有投资比例	
分支机构名称		注册地址		纳税人识别号	
总机构名称			纳税人识别号		
注册地址			经营范围		
法定代表人姓名		联系电话		注册地址邮政编码	
代扣代缴代收代缴税款业务情况	代扣代缴、代收代缴税款业务内容			代扣代缴、代收代缴税种	
附报资料：					
经办人签章： ____年____月____日		法定代表人（负责人）签章： ____年____月____日		纳税人公章： ____年____月____日	

以下由税务机关填写：

纳税人所处街乡				隶属关系	
国税主管税务局		国税主管税务所（科）		是否属于国税、地税共管户	
经办人（签章）：________ 受理日期： ____年____月____日			国家税务登记机关 （税务登记专用章）： 核准日期： ____年____月____日 国税主管税务机关：		
国税核发《税务登记证副本》数量：　　本　发证日期：________年____月____日					

国家税务总局监制

2. 变更登记

纳税人税务登记的项目，如纳税人名称、法定代表人、经济性质或经济类型、住所和经营地点（不涉及主管税务机关变动的）、生产经营或经营方式、注册资金、隶属关系等发生变更时，应自工商行政管理机关或其他机关办理变更登记之日起30日内，持有关证件向原税务登记机关提交变更登记申请，领取并填写《税务登记变更表》；如涉及税种变更时，应同时领取并填写《纳税人税种登记表》，向主管税务机关申请变更税务登记。

3. 停业、复业登记

停业、复业登记只适用于实行定期定额（简称双定）征收方式缴纳税款的纳税人。“双定”纳税人，在营业执照核准的经营期限内需停业时，应在停业前向税务机关提出停业申请，其停业期限不得超过一年。停业期满复业的，应在复业前向税务机关提出复业申请，

查账征收的纳税人不予办理停业、复业登记，其在核定的纳税期内如果无经营收入或其他收入的，应办理零申报。

4. 注销登记

纳税人如发生因经营期限届满而自动解散；由于改组、分级、合并等原因而被撤销；因资不抵债而破产；纳税人住所、经营地址迁移而涉及改变原主管税务机关的；纳税人被工商行政管理部门吊销营业执照等情形时，依法中止履行纳税义务时，应当在向工商行政管理机关办理注销登记前，持有关证件向原税务登记机关申报办理注销税务登记。

纳税人发生解散、破产、撤销以及其他情形，依法中止纳税义务的，按规定不允许在工商管理机关办理注销登记的，应当自有关机关批准或宣告终止之日起 15 日内持有关证件向原税务登记机关申报办理注销税务登记。

1.2.3　税务登记证的作用

纳税人办理开立银行账户、申请减免税、免税、退税、申请办理延期申报、延期缴纳税款、领购发票、申请开具外出经营活动税收管理证明、办理停业、歇业和其他有关税务事项时，必须持税务登记证件。

纳税人遗失税务登记证件的，应当在 15 日内书面报告主管税务机关，并登报声明作废。

1.2.4　非正常户处理

1. 未按照规定的期限申报纳税

已办理税务登记的纳税人未按照规定的期限申报纳税，在税务机关责令其限期改正后，逾期不改正的，税务机关应当派工作人员实地检查，查无下落并且无法强制其履行纳税义务的，由检查人员制作非正常户认定书，存入纳税人档案，税务机关暂停其税务登记证件、发票领购簿和发票的使用。

2. 非正常户处理

纳税人被列入非正常户超过 3 个月的，税务机关可以宣布其税务登记证件失效，其应纳税款的追征仍按《税收征收管理法》及其《实施细则》的规定执行。

1.3 税款缴纳（征收）制度

1.3.1 税款征收的原则

1. 税务机关是征税的唯一行政主体的原则

《税收征收管理法》规定：除税务机关、税务人员以及经税务机关依照法律、行政法规委托的单位和个人外，任何单位和个人不得进行税款征收。税收保全措施、强制执行措施，不得由法定的税务机关以外的单位和个人行使。

2. 税务机关依照法律、行政法规征收税款的原则

税务机关在税收征收管理中必须依照法律、行政法规征收税款。税务机关不得违反法律、行政法规的规定开征、停征、多征、少征、提前征收或延缓征收税款或者摊派税款。

3. 法定权限和法定程序的原则

税务机关征收税款时，必须遵守法定权限和法定程序的原则。

4. 征收有据的原则

税务机关征收税款或扣押、查封商品、货物或其他财产时，必须向纳税人开具完税凭证或开付扣押、查封的收据或清单。纳税人缴纳的税款、滞纳金、罚款统一由税务机关上缴国库。

5. 税款优先原则

（1）税收优先于无担保债权。

（2）纳税人如发生欠税在前的情形，税收优先于抵押权、质权和留置权的执行。

（3）税收优先于罚款、没收非法所得。

1.3.2 税款征收的方式

我国现行主要的税款缴纳（征收）方式如下。

1. 查账征收

查账征收是指先由纳税人自行计算、缴纳税款，后税务机关查证核实，多退少补征收税款的方式。适用于财务会计制度较为健全的纳税单位。

2. 查定征收

查定征收是指税务机关通过按期查定纳税人的实物量而确定其应纳税额，分期征收税款的方式。适用于财务核算不准确，但能够控制原材料或进销货的纳税单位。

3. 查验征收

查验征收是指税务机关对某些难以进行源泉控制的征收对象，通过查验证、照和实物，据以征税的方式。适用于经营品种变化大，经营地点、时间和商品来源不固定的纳税人。

4. 定期定额征收

定期定额征收又称为“双定”。即先由纳税人自行申报，再由税务机关调查核实情况，后经民主评议，税务机关对纳税人一定经营时间内的应纳税收入或所得额和应纳税额进行核定，分期征收税款的方式。

在核定期限内，税额一般不作变动，如果经营情况有较大变化，定额税款应及时调整。适用于无完整考核依据的小型纳税人。

5. 委托代征税款

委托代征税款是指税务机关委托代征人以税务机关的名义征收税款，并将税款缴入国库的方式。适用于小额、零散税源的征收。

6. 代扣代缴、代收代缴

即扣缴义务人在向纳税人支付或收取款项时，对纳税人的应纳税额依法代为扣缴或收缴的征收方式。适用于有能力按期纳税，但采用其他方式又不方便的纳税人。

7. 其他方式

除上述征收方式外，纳税人还可以采用网络申报、用 IC 卡纳税等方式。

1.4 纳 税 申 报

1.4.1 纳税申报的概述

1. 纳税申报的定义

纳税申报，是指纳税人、扣缴义务人在发生纳税义务后，按照税法规定的期限和内容，向税务机关提交有关税款计算、缴纳事项的书面报告的法律行为。纳税申报是纳税人的法定义务和纳税人履行纳税义务、承担法律责任的主要依据，还是税务机关征收管理信息的主要来源。《税收征收管理法》有关纳税申报规定如下。

（1）纳税人必须依照法律、行政法规规定或者税务机关依照法律、行政法规的规定确定的申报期限、申报内容如实办理纳税申报，报送纳税申报表、财务会计报表以及税务机关要求报送其他纳税资料。

（2）扣缴义务人必须依照法律、行政法规规定或者税务机关依照法律、行政法规的规定确定的申报期限、申报内容如实报送代扣代缴、代收代缴税款报告表以及税务机关要求报送的其他有关资料。

（3）纳税人在纳税期内没有应纳税款，也应当按照规定办理纳税申报。

（4）纳税人享受减税、免税待遇，在减税、免税期间应当按照规定办理纳税申报。

（5）纳税人、扣缴义务人不能按期办理纳税申报或者报送代扣代缴、代收代缴税款报告表的，经税务机关核准，可以延期申报。

（6）经核准延期办理前款规定的申报、报送事项的，应当在纳税期内按照上期实际缴纳的税额或者税务机关核定的税额预缴税款，并在核准的延期内办理税款结算。

1.4.2 纳税申报的方式

《税收征收管理法》规定，纳税人、扣缴义务人可以采取如下纳税申报方式。

1. 直接申报

直接申报，又称“上门申报”。即指纳税人、扣缴义务人直接到税务机关申报大厅办理纳税申报或者报送代扣代缴、代收代缴税款报告表的传统申报方式。

2. 邮寄申报

邮寄申报指纳税人、扣缴义务人经税务机关批准、通过邮寄方式报送纳税申报表或者报送代扣代缴、代收代缴税款报告表及有关资料的方式。

邮寄申报以寄出的邮戳日期为实际申报日期。

3. 数字电文申报

数字电文申报，指纳税人、扣缴义务人，通过税务机关确定的电话语音、电子数据交换和网络传输（如电话、电报、电传、传真、电子数据交换、电子邮件）等电子方式，报送纳税申报表或者报送代扣代缴、代收代缴税款报告表及有关资料的申报方式。

纳税人采取电子方式办理纳税申报的，应当按照税务机关规定的期限和要求保存有关资料，并定期报送书面资料。

4. 其他方式

实行定期定额缴纳税款方式的纳税人，可以采用以下两种申报纳税方式。

（1）简易申报：纳税人按照税务机关核定的税额和期限缴清税款，即视为已纳税申报的一种方式。

（2）简并征期：月纳税额较少的定期定额征收的纳税人，可以按季度或半年合并征收税款，并在季度终了或者半年之后 10 日内缴纳税款的一种方式。

纳税人、扣缴义务人不能按期办理纳税申报或者报送代扣代缴税款报告表的，经税务机关核准，可以延期申报。经核准延期办理前款规定的申报、报送事项的，应当在纳税期内按照上期实际缴纳的税额或者税务机关核定的税额预缴税款，并在核准的延期内办理税款结算。

1.4.3 纳税申报的内容

纳税申报填写的内容包括：税种、税目，应税项目或者代扣代缴、代收代缴税款项目，计税依据，扣除项目及标准，适用税率或者单位税额，应退税项目及税额、应减免税项目及税额，应纳税额或者应代扣代缴、代收代缴税额，税款所属期限、延期缴纳税款、欠税、滞纳金等纳税申报表或者代扣代缴、代收代缴税款报告表。

1.4.4 纳税申报的意义

1. 纳税申报制度明确了纳税人的申报义务和征纳双方的法律责任

纳税申报制度从法律层面明确了纳税人的申报义务和征纳双方的责任，并对不依法申报的行为予以处罚提供法律依据，有利于培养纳税人主动申报纳税的意识，减少税收成本。改变我国纳税人主动申报纳税的意识淡薄、征纳双方权利和义务含混不清的状况，为纳税人创造了自觉申报纳税的社会环境。

2. 实行纳税申报制度有利于运用税收杠杆调节经济，促进经济和社会发展

纳税人提供的纳税申报资料，是税务机关及时分析、掌握税源情况的第一手资料。税务机关通过审核纳税人申报资料、计算应收税额、开具完税凭证等程序，基本掌握纳税人的经营活动情况。通过分析纳税人的申报资料，税务机关可以及时了解纳税人涉税行为的合法性和发展趋势，如发现纳税人违法行为的线索和动向，可以及时、准确地征收税款，防止税款流失。同时，通过对纳税资料的综合分析可以全面掌握经济运行状况，可以运用税收杠杆调节经济，促进经济和社会发展。

3. 实行纳税申报制度有利于提高税务管理水平

我国现行的新的税收征管模式以申报纳税为基础，以计算机网络为依托，集中征收，重点稽查，体现征纳双方共同依法办税之特征。特别是自行申报制度确立纳税人必须依法如实申报纳税，否则税务机关要依法对其进行处罚；税务机关根据纳税人的纳税申报资料审核计征税款的双向管理方式促使税务机关注重提高工作人员的素质和管理水平，必然促进税务管理工作的发展。

1.5 法律责任

1.5.1 违反税收征收管理程序的法律责任

1. 纳税人有下列行为之一的，由税务机关责令限期改正，可以处 2 000 元以下的罚款；情节严重的，处 2 000 元以上 1 万元以下的罚款

（1）未按照规定的期限申报办理税务登记、变更或注销登记的；

（2）未按照规定设置、保管账簿或者保管记账凭证和有关资料的；

（3）未按照规定将财务、会计制度或者财务、会计处理办法和会计核算软件报送税务机关备案的；

（4）未按照规定将其全部银行账号向税务机关报告的；

（5）未按照规定安装、使用税控装置，或者损毁或擅自改变税控装置的；

（6）纳税人未按照规定办理税务登记证件或换证手续的。

2. 未办理税务登记的法律责任

纳税人不办理税务登记的，由税务机关责令限期改正；逾期不改正的，由工商行政管理部机关吊销其营业执照。

3. 未按规定办理税务登记的法律责任

纳税人未按照规定办理税务登记证件，或转介、涂改、损毁、买卖、伪造税务登记证件的，处 2 000 元以上 1 万元以下的罚款；情节严重的，处 1 万元以上 5 万元以下的罚款。

4. 未按规定设置、保管账簿等会计凭证的法律责任

扣缴义务人未按规定设置、保管代扣代缴、代收代缴税款账簿或者保管代扣代缴、代收代缴税款凭证及有关资料的，由税务机关责令限期改正，可以处 2 000 元以下的罚款；情节严重的，处 2 000 元以上 5 000 元以下的罚款。

5. 纳税人、扣缴义务人未按规定进行纳税申报的法律责任

纳税人、扣缴义务人未按规定进行纳税申报的，由税务机关责令限期改正，可以处 2 000 元以下的罚款；情节严重的，处 2 000 元以上 1 万元以下的罚款。

1.5.2 对偷税的认定及其法律责任

1. 偷税的定义

纳税人伪造、变造、隐匿、擅自销毁账簿、记账凭证，或者在账簿上多列支出或不列、少列收人，或者经税务机关通知申报而拒不申报或者进行虚假的纳税申报，不交或者少缴应纳税款的行为称之为偷税。

2. 偷税的法律责任

（1）税务机关追缴由于纳税人偷税造成其不缴或者少缴的税款、滞纳金，并处不缴或少缴税款 50%以上 5 倍以下的罚款；构成犯罪的，依法追究刑事责任。

（2）扣缴义务人采取伪造、变造、隐匿、擅自销毁账簿、记账凭证，或者在账簿上多列支出或不列、少列收入等偷税行为使其不缴或者少缴的税款，由税务机关追缴其不缴或者少缴的税款、滞纳金，并处不缴或少缴的税款 50%以上 5 倍以下的罚款；构成犯罪的，依法追究刑事责任。

3. 偷税应负担的刑事责任

（1）纳税人、扣缴义务人偷税数额占应纳税额的10%以上不满30%，且偷税数额在1万以上不满10万元的；或者因偷税被税务机关给予二次行政处罚仍有偷税的行为的，处3年以下有期徒刑或者拘役，并处偷税数额1倍以上5倍以下罚金；

（2）偷税数额占应纳税额的30%以上，且偷税数额在10万元以上的，处3年以上7年以下有期徒刑，并处偷税数额1倍以上5倍以下罚金；

偷税比例=偷税额/应纳税额（包括所有税、也包括偷税额）

应纳税额指纳税人应缴的各种税，包括纳税人偷税未缴，以及正常应纳的。

4. 纳税人逃避追缴欠税的法律责任

（1）纳税人欠缴应纳税款，采取转移隐匿财产的手段，妨碍税务机关追缴欠缴的税款的，税务机关追缴欠缴的税款、滞纳金，并处欠缴税款50%以上5倍以下的罚款；构成犯罪的，依法追究刑事责任。

（2）纳税人欠缴应纳税款，采取转移隐匿财产的手段，致使税务机关无法追缴欠缴的税款的，数额在1万以上不满10万元的，处3年以下有期徒刑或者拘役，并处偷税数额1倍以上5倍以下罚金；数额在10万元以上的，处3年以上7年以下有期徒刑，并处偷税数额1倍以上5倍以下罚金；

（3）经税务机关责令限期缴纳税款，逾期仍未缴纳的，税务机关可采取强制执行措施追缴其不缴或少缴的税款外，可以处不缴或少缴税款50%以上5倍以下的罚款。

（4）扣缴义务人不履行扣缴义务，由税务机关向纳税人追缴税款，对扣缴义务人出应扣未扣、应收未收税款50%以上3倍以下的罚款。

（5）违反税务代理的法律责任使纳税人未缴或少缴税款的，由纳税人缴纳或者补缴应纳税款、滞纳金，对税务代理人处纳税人未缴或少缴税款50%以上5倍以下的罚款。

1.5.3 虚假申报或不申报行为应负担的法律责任

（1）纳税人、扣缴义务人虚假申报，由税务机关责令限期改正，并处5万以下的罚款。

（2）纳税人不申报，不缴或少缴税款的，由税务机关追缴其不缴或少缴的税款、滞纳金，并处不缴或少缴的税款50%以上5倍以下的罚款。

1.5.4　骗取出口退税的法律责任

1. 以假报出口或者其他欺骗手段，骗取国家出口退税的，由税务机关追缴欺骗取得退税款，并处骗税款 1 倍以上 5 倍以下罚款；构成犯罪的，依法追究刑事责任

2. 骗取出口退税的刑事责任

（1）以假报出口或者其他欺骗手段，骗取国家出口退税数额较大的，处 5 年以下有期徒刑或者拘役，并处骗税款 1 倍以上 5 倍以下的罚金。

（2）数额巨大或有其他严重情节的，处 5 年以上 10 年以下有期徒刑，并处骗税款 1 倍以上 5 倍以下的罚金。

（3）数额特别巨大或有其他特别严重情节的，处 10 年以上有期徒刑，并处骗税款 1 倍以上 5 倍以下的罚金或没收财产。

1.5.5　抗税的法律责任

1. 抗税的定义

抗税是指以暴力、威胁方法拒不交税的行为。

2. 抗税的法律责任

（1）纳税人抗税拒缴的税款，由税务机关追缴其拒缴的税款、滞纳金外，依法追究刑事责任。情节轻微的，未构成犯罪的，由税务机关追缴其拒缴的税款、滞纳金，并处拒缴税款 1 倍以上 5 倍以下的罚款。

（2）以暴力、威胁方法拒不交税的，处 3 年以下有期徒刑或拘役，并处拒缴税款 1 倍以上 5 倍以下的罚金；情节严重的处 3 年以上 7 年以下有期徒刑，并处拒缴税款 1 倍以上 5 倍以下罚金。

相关链接

1. 《中华人民共和国税收征收管理法》，主席令第 49 号，2001 年 5 月 1 日起施行。

2. 《中华人民共和国税收征收管理法实施细则》，国务院令第 362 号，2002 年 10 月 15 日起施行。

3. 国务院办公厅关于转发《国家税务总局关于调整国家税务局、地方税务局税收征收管理范围意见》的通知（1996 年 1 月 24 日　国办发【1996】4 号）

4. 国家税务总局关于调整国家税务局、地方税务局税收征收管理范围若干具体问题的通知（1996 年 3 月 1 日　国税发【1996】37 号）

5. 国家税务总局关于所得税收入分享体制改革后税收征管范围的通知（2002 年 1 月 24 日　国税发【2002】8 号）

练　习　题

一、单项选择题

1．下列各项中，表述正确的是（　　）。

A．税目是区分不同税种的主要标志

B．税率是衡量税负轻重的重要标志

C．纳税人就是履行纳税义务的法人和自然人

D．征税对象就是税收法律关系中征、纳双方权利义务所指的物品

2．税收管理体制的核心内容是（　　）。

A．税权的划分　　B．事权的划分

C．财权的划分　　D．收入的划分

3．按（　　）不同，可以将全部税收划分为流转税、所得税、财产税、行为税和资源税。

A．征收管理体制　　B．征税对象

C．计税标准　　D．收益额

4．下列各项中，属于中央税的税种是（　　）。

A．车船使用税　　B．土地增值税

C．车辆购置税　　D．车船使用牌照税

5．税收管理体制的核心内容是（　　）。

A．税权的划分　　B．事权的划分

C．财权的划分　　D．收入的划分

6．下列税种中不属于国税局系统征收管理的有（　　）。

A．增值税　　B．消费税

C．个人所得税　　D．中央企业所得税

二、多项选择题

1．下列说法正确的有（　　）。

A．我国目前除地方对车船税等个别小税种有补充性的有限的立法权外，基本上我国税收立法权均属于中央

B．税法体系就是通常所说的税收制度（简称税制）

C．我国现行税法体系由 18 个税种构成

D．省级地方税务局实行地方政府和国家税务总局双重领导，以地方政府领导为主的管理体制

2．下列各项中，属于税务机关的税收管理权限的有（　　）。

A．缓期征税权　　B．税收行政法规制定权

C．税法执行权　　D．提起行政诉讼权

3．中国现行税制中采用的累进税率有（　　）。

A．全额累进税率　　B．超率累进税率

C．超额累进税率　　D．超倍累进税率

4．税收征管法属于我国税法体系中的（　　）。

A．税收基本法　　B．税收实体法

C．税收程序法　　D．国内税法

5．下列税种中，由全国人民代表大会立法确立的税收法律有（　　）。

A．增值税　　B．企业所得税

C．关税　　D．个人所得税

6．下列各项中，有权制定税收规章的税务主管机关有（　　）。

A．国家税务总局　　B．财政部

C．国务院办公厅　　D．海关总署

7．税收立法程序通常包括的阶段有（　　）。

A．提议阶段　　B．审议阶段

C．通过和公布阶段　　D．试行阶段

8．下列税种中，全部属于中央政府固定收入的有（　　）。

A．消费税　　B．增值税

C．车辆购置税　　D．资源税

9．下列说法中，正确的是（　　）。

A．政府的征税权由宪法授予

B．税法在调整税收征纳关系时明显带有国家意志和强制的特点

C．当税法的某些规范同民法的规范基本相同时，税法一般援引民法条款

D．某些交易行为符合民法的原则规定，但不符合税法的要求时，应该以民法为准

10．在我国现行税法体系中，属于全国人民代表大会常务委员会通过的法律包括（　　）。

A．企业所得税法　　B．个人所得税法

C．税收征收管理法　　D．关于惩治偷税、抗税犯罪的补充规定

11．下列各项中，属于税务机关的税收管理权限的有（　　）。

A．缓期征税权　　B．税收行政法规制定权

C．税法执行权　　D．提起行政诉讼权

三、判断题

1．税法是调整税务机关与纳税人关系的法律规范，其本质是税务机关依据国家的行政权利向公民进行课税　　（　　）

2．在税收法律关系中，征、纳双方法律地位的平等主要体现为双方权利与义务的对等。　　（　　）

3．国务院经授权立法制定的《中华人民共和国增值税暂行条例》具有国家法律的性质和地位。　　（　　）

4．地区性地方税收的立法权可经省级立法机关或经省级立法机关授权的下级政府行使。　　（　　）

5．按照现行税法规定，税收征收管理机关可包括地方财政机关。　　（　　）

6．在税收法律关系中，征纳双方法律地位的平等主要体现为双方权利与义务的对等。　　（　　）

7．按照税法的基本内容和效力的不同，税法可分为税收实体法和税收程序法。（　　）

8．中华人民共和国现行税法体系是由税收实体法构成的。　　（　　）

9．国务院经授权立法制定的《中华人民共和国增值税暂行条例》具有国家法律的性质和地位。　　（　　）

10．地区性地方税收的立法权可经省级立法机关或经省级立法机关授权的下级政府行使。　　（　　）

11．依据国家有关法律、法规的规定，税务机关是国家税收征收的唯一行政执法主体。　　（　　）

12．在税收法律关系中，代表国家行使征税职权的税务机关是权利主体，履行纳税义务的法人，自然人是义务主体或称为权利客体。　　（　　）

第 2 章　增值税纳税申报

学习与训练目标

- ◆ 掌握的概念、特点与征税范围
- ◆ 掌握增值税的纳税义务人与扣缴义务人
- ◆ 准确区分一般纳税人与小规模纳税人
- ◆ 掌握增值税计税依据及应纳增值税税额的计算、增值税的会计处理
- ◆ 掌握增值税出口退税的程序、应退税额的计算
- ◆ 具备编制增值税纳税申报表、增值税出口退税表的能力
- ◆ 具备进行增值税纳税申报的能力

2.1　增值税概述

2.1.1　增值税的含义

增值税是对在我国境内销售货物或者提供加工、修理修配劳务，以及进口货物的单位和个人，就其取得的货物或应税劳务的销售额，以及进口货物的金额计算税款，并实行税款抵扣制度的一种流转税。

增值税之所以称为“增值税”，是由于其征税的依据是商品生产和流通中各环节的新增价值或商品附加值。如果没有“增值”额，是不需缴纳增值税的。

2.1.2　增值税的特点

1．普遍征收

增值税的征税范围包括于生产、批发、零售和进口商品及加工、修理修配等领域的各个环节。

2. 价外计税

增值税是以不含增值税税额的价格为计税依据。税收负担不受流转环节的影响，这是增值税与其他流转税的重要区别。

3. 中性原则

根据增值税的计税原理，不论生产经营经过多少环节，只要该商品的最后售价相同，该种商品的增值税总负担保持不变。

4. 实行税款抵扣制度

计算企业应纳税款时，要扣除商品以前生产环节已负担的税款，以避免重复征税。

5. 税收负担由商品最终消费者承担

虽然增值税是向企业征收，但企业通过销售商品将税收负担转嫁给下一生产流通环节，谁消费谁纳税，最后由最终消费者负担。

2.1.3 征税范围

1. 征税范围的基本规定

（1）销售或者进口的货物。

货物指有形动产，包括电力、热力和气体。销售货物，是指有偿转让货物所有权的行为，包括生产、批发与零售各环节。

（2）提供加工、修理修配劳务。

加工是指受托加工货物，即由委托方提供原料及主要材料，受托方按照委托方的要求制造货物并收取加工费的业务；修理修配是指受托对损伤和丧失功能的货物进行修复，使其恢复原状和功能的业务。

2. 征税范围的特殊规定

（1）属于征税范围的特殊项目。

① 货物的期货（包括商品期货和贵金属期货），应当征收增值税。具体的征纳环节是在期货的实物交割环节纳税。

② 银行销售金银的业务，应当征收增值税。

③ 典当业的死当物品销售业务和寄售业代委托人销售寄售物品的业务，均应征收增值税。

④ 集邮商品（如邮票、首日封、邮折等）的生产以及邮政部门以外的其他单位和个人销售的，均应征收增值税。

（2）属于征税范围的特殊行为。

① 视同销售货物的行为：

- 将货物交付他人或单位代销；
- 销售代销货物；
- 设有两个以上机构并实行统一核算的纳税人，将货物从一个机构移送至其他机构用于销售，但相关机构设在同一县（市）的除外；
- 将自产或委托加工的货物用于非应税项目；
- 将自产、委托加工或购买的货物作为投资，提供给其他单位或个体工商户；
- 将自产、委托加工或购买的货物分配给股东或投资者；
- 将自产、委托加工的货物用于集体福利或个人消费；
- 将自产、委托加工或购买的货物无偿赠送其他单位或个人。

视同销售货物的行为，均要征收增值税。

② 混合销售行为。

- 混合销售行为的概念。

所谓混合销售行为，是指同一销售行为中既包括销售货物又包括提供非应税劳务，即同一纳税人同一项销售行为中存在两类经营项目的混合，二者有从属关系。

- 混合销售行为的税务处理。

我国税法规定，对于从事货物的生产、批发或零售的企业、企业性单位及个体工商户的混合销售行为，均视为销售货物，征收增值税，其销售额为货物与非应税劳务销售额的合计，该非应税劳务销售额为含税销售额；对于其他单位和个人的混合销售行为，视为销售非应税劳务，不征收增值税。

③ 混合销售行为的特殊规定。

纳税人销售自产货物的同时还提供建筑业劳务的行为和财政部、国家税务总局规定的其他情形，应当分别核算货物的销售额与非应税劳务的营业额，并根据货物的销售额计征增值税。

④ 兼营非应税劳务的行为。

- 兼营非应税劳务的行为的概念。

所谓兼营非应税劳务，是指纳税人的经营范围既包括销售货物和应税劳务，又包括提供非应税劳务。即同一纳税人的经营活动中存在两类经营项目，二者无直接从属关系，销售货物或应税劳务与提供非应税劳务不同时发生在同一购买者身上，即不发生在同一项销售行为中。

● 兼营非应税劳务的行为的税务处理。

我国税法规定，纳税人兼营非应税劳务的，应分别核算货物或应税劳务和非应税劳务的销售额。货物与应税劳务按各自的销售额和适用的税率计征增值税；非应税劳务根据其销售（营业）额和适用税率计征营业税。如果不分别核算或不能准确核算货物、应税劳务和非应税劳务销售额的，由主管税务机关核定其货物或应税劳务的销售额。

3. 增值税的征税范围的特殊规定

（1）《增值税暂行条例》规定的免税项目。

① 农业生产者销售的自产农业产品。农业包括种植业、养殖业、林业、牧业、水产业。农业生产者包括从事农业生产的单位与个人。

② 避孕药品和用具。

③ 古旧图书，是指向社会收购的古书和旧书。

④ 直接用于科学研究、科学试验和教学的进口仪器、设备；

⑤ 外国政府、国际组织无偿援助的进口物资和设备；

⑥ 由残疾人组织直接进口供残疾人专用的物品；

⑦ 销售的自己使用过的物品。

（2）财政部、国家税务局规定的其他征免税项目。

①《关于资源综合利用及其他产品增值税政策的通知》和《关于再生资源的增值税政策的通知》规定：对再生水、以废旧轮胎为全部生产原料生产的胶粉、翻新轮胎、污水处理劳务等免征增值税；对销售以工业废气为原料生产的高纯度二氧化碳产品、以垃圾为燃料生产的电力或者热力、以煤炭开采过程中伴生的舍弃物油母页岩为原料生产的页岩油等自产货物实行增值税即征即退的政策等。

② 自2008年6月1日起，纳税人生产销售和批发、零售有机肥料、有机——无机复混肥料和生物有机肥产品免征增值税。

③ 依照《中华人民共和国农民合作社法》规定设立的农民专业合作社销售本社成员生产的农业产品，视同农业生产者销售自产农业产品免征增值税；农民专业合作社向本社成员销售的农膜、种子、种苗、化肥、农药、农机免征增值税。

④ 纳税人在机场、港口、车站、陆路边境等出境口岸海关隔离区内免税店销售免税品或在市内免税店销售但在海关隔离区内提取免税品的行为，不计征增值税；免税店销售非免税品，应当计征增值税。

⑤ 除经中国人民银行和对外经济贸易合作部（现为商务部）批准经营融资租赁业务的单位所从事的融资租赁业务外，其他单位从事的融资租赁业务，租赁的货物的所有权转让

给承租方，征收增值税，租赁的货物的所有权未转让给承租方，不征收增值税。

⑥ 转让企业全部产权涉及应税货物的转让，不属于增值税的征收范围，不征收增值税。

⑦ 对从事热力、电力、燃气、自来水等公用事业的增值税纳税人收取的一次性费用，凡与货物的销售数量有直接关系的，征收增值税；凡与货物的销售数量无直接关系的，不征收增值税。

⑧ 纳税人代有关行政管理部门收取的费用，凡同时符合以下条件的，不属于价外费用，不征收增值税：

- 经国务院、国务院有关部门或省级政府批准；
- 开具经财政部门批准使用的行政事业收费专用票据；
- 所收款项全额上缴财政或虽不上缴财政但由政府部门监管，专款专用。

⑨ 纳税人销售货物的同时代办保险而向购买方收取的保险费，以及从事汽车销售的纳税人向购买方收取的代购买方缴纳的车辆购置税、牌照费，不作为价外费用征收征增值税。

⑩ 纳税人销售软件并随同销售一并收取的软件安装费、维护费、培训费等收入，应按照增值税混合销售的有关规定征收增值税，并可享受软件产品增值税即征即退政策。软件产品交付使用后，按期或按次收取的维护、技术服务费、培训费等不征收增值税。纳税人受托开发软件产品，著作权属于受托方的征收增值税，著作权属于委托方或属于双方共同拥有的不征收增值税。

⑪ 印刷企业接受出版单位委托，自行购买纸张，印刷有统一刊号（CN）以及采用国际标准书号编序的图书、报纸和杂志，按货物销售征收增值税。

⑫ 对增值税纳税人收取的会员费收入不征收增值税。

⑬ 按债转股企业与金融资产管理公司签订的债转股协议，债转股原企业将货物作为投资提供给债转股新公司的，免征增值税。

⑭ 各燃油电厂从政府财政专户取得的发电补贴不属于增值税的价外费用，不计入应税销售额，不征收增值税。

（3）增值税起征点。

增值税起征点的适用范围限于个人。纳税人销售额未达到国务院财政、税务主管部门规定的增值税起征点的，免征增值税；达到起征点的，依照规定全额计算缴纳增值税。具体规定如下：

① 销售货物的，为月销售额 2 000—5 000 元；

② 销售应税劳务的，为月销售额 1 500—3 000 元；

③ 按次纳税的，为每次（日）销售额 100—200 元。

（4）纳税人兼营免税、减税项目的，应分别核算免税、减税项目的销售额；未分别核算销售额的，不得免税、减税。

（5）纳税人销售货物或提供应税劳务适用免税规定，可以放弃免税，按照《增值税暂行条例》的规定计征增值税。放弃免税后，36 个月内不得再申请免税。

2.1.4 纳税义务人和扣缴义务人

1. 纳税义务人

在中华人民共和国境内销售货物或者提供加工、修理修配劳务以及进口货物的单位和个人，为增值税的纳税义务人。

企业租赁或承包给他人经营的，以承租人或承包人为纳税义务人。

2. 扣缴义务人

境外的单位或个人在境内销售应税劳务而在境内未设有经营机构的，其应纳税款以代理人为扣缴义务人；没有代理人的，以购买者为扣缴义务人。

2.1.5 一般纳税人和小规模纳税人的划分与认定

《增值税暂行条例实施细则》将纳税人按其经营规模大小和会计核算是否健全两个标准划分为一般纳税人与小规模纳税人两类。一般纳税人实行凭发票扣税的计税方法；小规模纳税人实行简易的计税方法。

1. 一般纳税人的认定

（1）一般纳税人的认定标准。

① 年销售额。

- 从事货物生产或者提供应税劳务为主的纳税人，年应征增值税销售额（以下简称应税销售额）超过 50 万元的；
- 以货物批发或者零售为主的纳税人，年应税销售额超过 80 万元的。

② 会计核算水平（非商业企业）。

能够正确计算进项税额、销项税额和应纳税额，有会计，有账册，能够按税务机关的规定报送有关税务资料，年应税销售额不低于 30 万元的单位可以认定为增值税一般纳税人。

③ 为了加强对加油站成品油销售的增值税征收管理，从 2002 年 1 月 1 日起，对从事成品油销售的加油站，一律按增值税一般纳税人征税。

纳税人一经认定为一般纳税人后，不得转为小规模纳税人。

（2）一般纳税人的认定程序。

增值税纳税人符合一般纳税人条件的，应在按规定的时期内，向主管税务机关申请办理一般纳税人的认定手续，税务机关审批核准后方具有增值税一般纳税人资格。其认定程序如下。

① 申请。企业申请办理一般纳税人认定手续，应提出书面申请报告。

自 2009 年 6 月 1 日起，新办工业企业（指生产、提供加工、修理修配劳务等非商业企业）符合一般纳税人认定条件的，应直接认定为一般纳税人；2009 年 6 月 1 日前已纳入一般纳税人预认定（暂认定）的工业企业，预认定期限未满，主管税务机关通过一定的方式，将其转为正式一般纳税人。因年应税销售额未达到规定标准被取消一般纳税人资格的企业，在取消当年（指公历年度）年应税销售额达到规定标准的，可于达到规定标准的次月起申请认定一般纳税人，但最迟不得超过次年一月底；销售免税货物的纳税人，若免税货物全部或部分恢复征税，且年应税销售额达到规定标准的，应于恢复征税后三十日内，申请办理一般纳税人认定手续。

② 初审。主管税务机关在收到企业的申请报告和有关资料后，初审认为符合条件的，发放《增值税一般纳税人申请认定表》。企业填报的《增值税一般纳税人申请认定表》一式两份，审批后，一份交基层征收机关，一份退企业留存。

③ 受理。主管税务机关接到纳税人《增值税一般纳税人申请认定表》及相关申请资料后，审阅填报内容是否符合要求，所附资料是否齐全。认为符合规定条件的纳税人，制发《税务文书领取通知单》。

④ 核准。县级以上税务机关具有一般纳税人认定的审批权限。负责审批的税务机关，自收到企业填报的《增值税一般纳税人申请认定表》之日起 30 日内审核完毕。对于符合一般纳税人条件的企业，认定为一般纳税人，并在其《税务登记证》副本首页上方加盖“增值税一般纳税人”确认专章。

纳税人取得增值税一般纳税人资格，其填开使用增值税专用发票，必须纳入增值税防伪税控系统。

（3）新办商贸企业增值税一般纳税人的认定。

① 自 2009 年 6 月 1 日起，凡新办小型商贸企业申请增值税一般纳税人资格认定的，

主管税务机关通过案头审核、约谈和实地查验等程序，对无证据证明企业存在骗取一般纳税人资格行为的，可直接认定为增值税一般纳税人，并在六个月内实行跟踪管理。

② 对直接认定为一般纳税人的新办小型商贸企业，主管税务机关应在跟踪管理期间重点监控该类企业能否在法定期限内办理增值税纳税申报，是否存在虚开或接受虚开增值税抵扣凭证等情况。

③ 直接认定为一般纳税人的新办小型商贸企业，在六个月跟踪管理期内，有下列情形之一的，应从发现问题的次月 1 日起转为辅导期一般纳税人，按国家税务总局《关于加强新办商贸企业增值税征收管理有关问题的紧急通知》及其补充通知的规定实行辅导期管理。

- 未能按照规定的期限办理增值税纳税申报、报送纳税资料，经主管税务机关责令限期改正未改正的；
- 有虚开或接受虚开增值税抵扣凭证行为的。
- 2009 年 6 月 1 日前已实行一般纳税人辅导期管理的新办小型商贸企业，主管税务机关通过一定的方式，将其转为正式一般纳税人，并在原辅导期剩余期限内按本相关规定管理。

④ 预认定或辅导期到期企业，可于预认定或辅导期到期的次月初携带“企业公章”及“税务登记证副本原件”到 29 号窗口领取正式认定通知书，并加盖“增值税一般人”戳记。

⑤ 对设有固定经营场所和拥有货物实物的新办商贸零售企业以及注册资金在 500 万元以上、人员在 50 人以上的新办大中型商贸企业，提出一般纳税人资格认定申请的，经主管税务机关案头审核、法定代表人约谈和实地查验，确认符合条件的，可直接认定为一般纳税人，不实行辅导期一般纳税人管理。

⑥ 暂认定一般纳税人申请转正。

暂认定一般纳税人应在有效期满后三十日内，申请办理一般纳税人正式认定手续。纳税人到主管税务机关办税服务厅领取并填写《增值税一般纳税人认定申请书》，并附报如下资料：

- 一般纳税人申请认定表；
- 年度内增值税纳税申报表和财务报表；
- 税务登记的有关内容发生变化的，还应提供变更后的有关证件、资料。

2. 一般纳税人的年审

所谓一般纳税人年审，是国家税务机关按年度实施的对一般纳税人资格审验、确认的一项制度。具有增值税一般纳税人资格的纳税人，每年 1 月至 5 月按照税务机关的规定进行年审，如不年审将被取消增值税一般纳税人资格、停止使用增值税专用发票、不得抵扣增值税进项税额。一般纳税人报送年审的资料为申请年审当年的上一年度的资料。年审程序如下。

（1）纳税人申请。

纳税人根据税务机关年审公告期限要求，向主管税务机关领取并填写《增值税一般纳税人年审申请审批表》，并附报税务机关要求报送的相关资料。

（2）主管税务机关进行审核。

主管税务机关对纳税人按照下列条件进行审核：

① 上一年度应税销售额是否达到增值税一般纳税人限额标准；

② 会计人员配备、会计账簿设置和会计核算方法是否符合要求；

③ 有无偷税或虚开增值税专用发票行为；

④ 有无不按规定保管增值税专用发票造成严重后果的；

⑤ 有无连续 3 个月被列入《逾期未申报清册》或连续 6 个月被纳入《申报异常户清册》中；

⑥ 有无固定的经营场所。

（3）年审结果的处理。

① 对年审符合增值税一般纳税人认定标准的纳税人，主管税务机关在《税务登记证》副本上加盖增值税一般纳税人年审合格章。

② 对上一年度应税销售额达到一般纳税人限额标准，但有不符合其他上述条件之一的纳税人，应进行限期整改，主管税务机关通知纳税人领取《限期整改通知书》。整改期间的纳税人，不得使用增值税专用发票、不得抵扣增值税进项税额并按增值税税率计征增值税。

③ 对上一年度应税销售额未达到一般纳税人限额标准的增值税一般纳税人，经批准取消其一般纳税人资格的，主管税务机关将向纳税人制发《取消增值税一般纳税人资格决定书》。取消一般纳税人资格的纳税人如果为防伪税控企业，还应缴回金税卡和 IC 卡。

3. 小规模纳税人的认定

（1）从事生产货物或提供应税劳务的纳税人，以及以从事货物生产或提供应税劳务为主，并兼营货物批发或零售的纳税人，年应税销售额在 50 万元以下的，属于小规模纳税人。

（2）从事货物批发或零售货物的纳税人，年应税销售额在 80 万元以下的，属于小规模纳税人。

（3）年应税销售超过小规模纳税人标准的其他个人（自然人）按小规模纳税人纳税。

（4）非企业性单位和不经常发生应税行为的企业可以自行选择是否按小规模纳税人纳税。

小规模纳税人的确认，由主管税务机关依税法规定的标准认定。

2.1.6 增值税专用发票的使用规定

增值税专用发票（以下简称专用发票）既是记录一般纳税人销售货物、提供应税劳务的计税凭证，又是购买方据以抵扣进项税额的依据，因此，为规范使用专用发票，国家税务总局特制定《增值税专用发票使用规定》。

1. 增值税专用发票的适用范围

（1）一般纳税人销售货物或者提供应税劳务，应通过增值税防伪税控系统（以下简称防伪税控系统）向购买方开具专用发票。

开具增值税专用发票应注意。

① 销售免税货物不得开具专用发票（法律、法规及国家税务总局另有规定的除外）；

② 商业企业零售的烟、酒、食品、化妆品、服装、鞋帽（不包括劳保专用部分）等不得开具专用发票。

（2）增值税小规模纳税人（以下简称小规模纳税人）不具备开具增值税专用发票之资格，需要开具专用发票的，可到主管税务机关申请代开。

2. 增值税的专用发票开具要求

专用发票的基本联次为发票联、抵扣联和记账联三联。其中，发票联，是购买方核算采购成本和增值税进项税额的记账凭证；抵扣联，是购买方报送主管税务机关认证和留存备查的凭证；记账联，是销售方核算销售收入和增值税销项税额的记账凭证。企业开具的专用发票应符合以下要求：

（1）项目齐全，与实际交易相符；

（2）字迹清楚，不得压线、错格；

（3）发票联和抵扣联加盖财务专用章或者发票专用章；

（4）按照增值税纳税义务的发生时间开具。

对不符合上列要求的专用发票，购买方有权拒收。

一般纳税人在开具专用发票当月，发生销货退回、开票有误等情形，收到退回的发票联、抵扣联符合作废条件的，按作废处理；开具时发现有误的，可即时作废。作废专用发票须在防伪税控系统中将相应的数据电文按“作废”处理，在纸质专用发票（含未打印的专用发票）各联次上注明“作废”字样，全联次留存。

一般纳税人取得专用发票后，发生销货退回、开票有误等情形但不符合作废条件的，或者因销货部分退回及发生销售折让的，购买方应向主管税务机关填报《开具红字增值税专用发票申请单》。

3. 不得领购开具增值税专用发票的情形

一般纳税人有以下情况者，不得领购开具专用发票。如已领购专用发票，主管税务机关暂扣其结存的专用发票和 IC 卡。

（1）会计核算不健全，不能向税务机关准确提供增值税销项税额、进项税额、应纳税额数据及其他有关增值税纳税资料的。

（2）有违犯《税收征管法》规定的行为，拒不接受税务机关处理的。

（3）有虚开增值税专用发票、借用他人专用发票、未按规定开具专用发票、未按规定保管专用发票和专用设备、未按规定申请办理防伪税控系统变更发行、未按规定接受税务机关检查等行为之一者，经税务机关责令限期改正而仍未改正的。

一般纳税人注销税务登记或者转为小规模纳税人，应将专用设备和结存未用的纸质专用发票送交主管税务机关。

4. 丢失增值税专用发票的规定

（1）一般纳税人如丢失了已认证相符的专用发票，购买方凭销售方提供的相应专用发票记账联复印件、销售方所在地主管税务机关出具的《丢失增值税专用发票已报税证明单》，经购买方主管税务机关审核同意后，可作为增值税进项税额的抵扣凭证。

（2）一般纳税人如丢失了未认证的的专用发票，购买方凭销售方提供的相应专用发票记账联复印件到主管税务机关进行认证，认证相符的凭该专用发票记账联复印件及销售方所在地主管税务机关出具的《丢失增值税专用发票已报税证明单》，经购买方主管税务机关审核同意后，可作为增值税进项税额的抵扣凭证。

（3）一般纳税人将已开具的专用发票丢失，如果已认证相符的，可使用专用发票发票联复印件留存备查；如果丢失前未认证的，可将专用发票发票联到主管税务机关认证，发票联复印件留存备查。

（4）专用发票抵扣联无法认证的，可使用专用发票发票联到主管税务机关认证。专用发票发票联复印件留存备查。

2.2 税率与征收率

2.2.1 增值税税率

我国增值税使用的是三档税率，即 17%的基本税率、13%的低税率和对出口货物施行的零税率。

1. 基本税率

纳税人提供加工、修理修配应税劳务，销售或者进口货物，除使用低税率和零税率的外，绝大部分货物销售适用的是 17%的基本税率。

2. 低税率

纳税人销售或进口下列货物，适用 13%的低税率：

（1）粮食、食用植物油、鲜奶；

（2）自来水、暖气、冷气、热水、煤气、液化石油气、天然气、沼气、居民用煤炭制品；

（3）图书、报纸、杂志、音像制品和电子出版物；

（4）农业产品及与农业生产相关的饲料、化肥、农药、农机、农膜；

（5）国务院规定的其他货物。

3. 零税率

纳税人出口货物，税率为零；但是，国务院另有规定的除外。

4. 确定税率时应注意的事项

（1）税率的调整，由国务院决定；

（2）纳税人兼营不同税率的货物或者应税劳务，应当分别核算不同税率货物或者应税劳务的销售额。未分别核算销售额的，从高适用税率。

（3）纳税人销售不同税率货物或应税劳务，并兼营应属一并征收增值税的非应税劳务的，其非应税劳务应从高适用税率。

2.2.2 增值税征收率

增值税的征收率有 2%、3%、4%、6%四档，其中小规模纳税人一般涉及 2%、3%两档；

一般纳税人在某些特殊情况下使用 4%、6%两档征收率。

1. 增值税征收率的一般规定

自 2009 年 1 月 1 日起，小规模纳税人不再区分商业企业或工业企业，一律使用 3%的征收率。

2. 征收率的特殊规定

（1）小规模纳税人（除其他个人外）销售自己使用过的固定资产，减按 2%征收率征收增值税。

（2）小规模纳税人（除其他个人外）销售自己使用过的非固定资产物品，应适用 3%的征收率征收增值税。

（3）一般纳税人销售自己使用不得抵扣且未抵扣进项税额的固定资产，适用 4%的征收率征收增值税。

（4）一般纳税人销售自己使用过的非固定资产物品，适用 4%的征收率征收增值税。

（5）一般纳税人销售代销寄售物品（包括居民个人寄售的物品在内）、销售死当物品、经国务院或国务院授权机关批准的免税商店零售的免税品，可按照简易办法暂按 4%征收率计算缴纳增值税。

（6）一般纳税人销售自产的下列货物，可按照简易办法依照 6%征收率计算缴纳增值税：

① 县级及县级以下小型水力发电单位（装机容量为 5 万千瓦以下含 5 万千瓦）生产的电力；

② 建筑用和生产建筑材料所用的砂、土、石料；

③ 以自己采掘的砂、土、石料或其他矿物连续生产的砖、瓦、石灰（不含黏土实心砖、瓦）；

④ 用微生物、微生物代谢产物、动物毒素、人或动物的血液或组织制成的生物制品；

⑤ 自来水；

⑥ 商品混凝土（仅限于以水泥为原料生产的水泥混凝土）。

一般纳税人按照简易办法计算缴纳增值税需要注意：

① 一般纳税人选择简易办法计算缴纳增值税后，36 个月内不得变更；

② 属于一般纳税人的自来水公司，销售自来水如按简易办法依照 6%征收率征收增值税，不得抵扣其购进自来水时取得专用发票上注明的增值税税款。

2.3 增值税应纳税额的计算

2.3.1 一般纳税人应纳税额的计算

一般纳税人当期应交纳的增值税额的多少，主要取决于当期的销项税额、进项税额和上期期末留抵税额（当期期初留抵税额）等因素。其计算公式为：

应纳增值税＝当期销项税额－（当期进项税额＋期初留抵税额）

其中期初留抵税额，为上期销项税额小于上期进项税额之差额，未抵扣部分形成期末留抵税额，结转下期即为期初留抵税额继续抵扣。

1. 增值税的销项税额

所谓销项税额是指一般纳税人销售货物或提供应税劳务，按照销售额或应税劳务收入和适用的税率计算收取的增值税额。其计算公式为：

销项税额＝销售额×税率　或　销项税额＝组成计税价格×税率

由此可见，销项税额的大小主要取决于销售额（组成计税价格）和适用税率两项因素。其中，适用税率参见 2.2 税率与征收率一节，销售额的确定如下：

（1）一般销售方式下销售额及销项税额的确定。

销售额为纳税人销售货物或者提供应税劳务，向购买方收取的全部价款和价外费用，不包括收取的销项税额。

价外费用，是指价外向购买方收取的手续费、补贴、基金、集资费、返还利润、奖励费、违约金、滞纳金、延期付款利息、赔偿金、代收款项、代垫款项、包装费、包装物租金、储备费、优质费、运输装卸费以及其他各种性质的收费。价外费用不包括如下项目。

① 受托加工应征消费税的消费品而代收代缴的消费税。

② 运输费用发票是开具给购买方，销售方将该项发票转交给购买方的代垫运输费用。

③ 所收款项全额上缴财政，同时符合以下条件代为收取的政府性基金或者行政事业性收费：

- 由国务院或者财政部批准设立的政府性基金，由国务院或者省级人民政府及其财政、价格主管部门批准设立的行政事业性收费；
- 收取时开具省级以上财政部门印制的财政票据；
- 销售货物的同时代办保险等面向购买方收取的保险费、代购买方缴纳的车辆购置税、车辆牌照费。

一般纳税人销售货物或者提供应税劳务，采用销售额和销项税额合并定价方法的，应将含税销售额，换算成不含税销售额。计算公式为：

销售额＝含税销售额÷（1＋税率）

一般情况下，价外费用、逾期包装物押金均为含税收入，必须换算成不含增值税的销售额。

【例 2-1】 东方商城为增值税一般纳税人，2009 年 5 月销售服装共取得含税销售额 608.4 万元，则该商城服装销项税额计算如下：

销项税额＝608.4÷（1＋17%）×17%＝520×17%＝88.4（万元）。

（2）特殊销售方式销售额的确定。

① 折扣方式销售。

- 折扣销售（商业折扣）销售额和折扣额在同一张发票上分别注明的，可按折扣后的余额作为销售额计算销项税。
- 销售折扣（现金折扣）折扣额不得从销售额中减除。
- 纳税人开具专用发票后，购买方由于累计购买到一定量或市场价格下降等原因，销货方给与购货方的价格优惠等折扣、折让行为可按规定开具红字专用发票冲减销售额。
- 折扣销售仅限于货物价格的折扣，不包括实物折扣，若将货物用于实物折扣，则该实物货款应视同销售计算缴纳增值税。

② 以旧换新方式销售。

以旧换新业务除金银首饰，按销售方实际收到的不含增值税的全部价款征税外，其他以旧换新销售货物的业务，应按新货物同期销售价格确定销售额，不得减除旧货物的收购价格。

【例 2-2】 东方商城为增值税一般纳税人，2009 年 5 月采取“以旧换新”方式销售 15 台电视机，新电视机每台零售价 3 250 元，旧电视每台作价 150 元，每台电视机收取差价 3 100 元，销售金项链 600 条，新项链每条零售价 3 500 元，旧项链每条作价 2 500 元，每条项链取得差价款 1 000 元，则该“以旧换新”业务的销项税额计算如下：

销售电视的销项税额＝3 250×15÷（1＋17%）×17%＝41 666.67×17%＝7 083.33（元）。

销售项链的销项税额＝600×1 000÷（1＋17%）×17%＝87 179.49（元）

③ 还本销售方式销售。

还本销售方式实际上是一种筹资行为。税法规定，采用还本销售方式销售货物，其销售额就是货物的销售价格。

④ 以物易物方式销售。

交易双方以各自发出货物价格作为销售额。

⑤ 包装物押金。

- 销售除黄酒、啤酒外的酒类产品而收取的包装物押金，视为含税销售额。
- 销售黄酒、啤酒收取的包装物押金，一年以内且未过企业规定期限，单独核算者，不做销售处理；虽在一年以内但过企业规定期限，视为销售（含税）；一年以上（特殊放宽期限的要经税务机关批准），一般视为销售（含税）。

【例 2-3】 明珠酒厂为一般纳税人，本月不含税销售收入为 120 万元，当期发出包装物收取押金为 3.51 万元，当期逾期未归还包装物押金为 2 万元。该企业本期应申报的销项税额计算如下：

$$当期销项税额=1\,200\,000\times17\%+35\,100\div1.17\times17\%=209\,100（元）$$

（3）视同销售行为销售额的确定。

纳税人销售价格明显偏低并无正当理由、有视同销售货物行为而无销售额的，其销售额应按照如下规定的顺序来确定。

① 按纳税人最近时期同类货物的平均销售价格确定。

② 按其他纳税人最近时期同类货物的平均销售价格确定。

③ 按组成计税价格确定：

$$组成计税价格=成本\times（1+成本利润率）\quad(1)$$

公式（1）适用于不应征消费税的货物。其成本是指：销售自产货物的成本就是实际生产成本，销售外购货物的成本就是实际采购成本。成本利润率由国家税务总局规定。

$$组成计税价格=成本\times（1+成本利润率）+消费税\quad(2)$$

公式（2）适用于应征消费税的货物。其消费税包括从价计算、从量计算、复合计算的全部消费税额。

（4）销售已使用过的固定资产。

① 2009 年 1 月 1 日以后购进或者自制的固定资产，按照适用税率征收增值税；

② 2008 年 12 月 31 日以前购进或者自制的固定资产，纳税人 2008 年 12 月 31 日以前未纳入扩大增值税抵扣范围，按照 4%征收率减半征收增值税。计算公式为：

$$应纳税额=销售额\div（1+4\%）\times4\%\times50\%$$

无法确定销售额的，以固定资产净值为销售额。

【例 2-4】 2009 年 6 月南方公司（非转型试点范围）开具面额普通发票销售于 2008 年 1 月购入的机床和 2009 年 1 月购入小轿车。其中，机床原购货发票注明价款为 24 万元，增值税 4.08 万元，现售价 27 万元；小轿车原购货发票注明价款为 10 万元，增值税 1.17 万元，现售价 9.36 万元；则该公司转让固定资产行为应纳增值税计算如下：

销售机床的销项税额＝270 000÷（1＋4%）×4%×50%＝5 200（元）

销售小轿车的销项税额＝9.36÷（1＋17%）×17%＝13600（元）

注：企业自用的小轿车不能抵扣进项税，这一点与其他固定资产不一样。

2. 增值税的进项税额

所谓进项税额是指一般纳税人购买货物或接受应税劳务，所支付（负担）的增值税额。进项税额与销项税额实质是同一购销业务的两个方面：销货方销售货物时，除收取货款外还同时收取增值税，即销项税额；购货方购进货物时，除支付货款外还同时支付增值税，即进项税额。也可以说，销售方收取的销项税额就是购货方支付的进项税额。

一般纳税人在计算应纳增值税额时，必须按照《增值税暂行条例》及其实施细则的规定，依法确定进项税额的抵扣范围、抵扣的数额。

（1）准予抵扣的进项税额。

① 从销售方取得的增值税专用发票上注明的增值税额。

② 从海关取得的完税凭证上注明的增值税额。

③ 购进烟叶以外的农产品，按照买价和 13%的扣除率计算进项税额。其计算公式为：

准予抵扣的进项税额＝买价×扣除率

收购农产品的买价，包括纳税人购进农产品在农产品收购发票或者销售发票上注明的价款。

【例 2-5】 光明食品厂从农民手中收购一批大米用于生产，在税务机关批准使用的专用收购凭证上注明价款 20 万元，可抵扣进项税额和采购成本计算如下：

可抵扣进项税额＝200 000×13%＝26 000（元）

采购成本＝200 000-260 000＝174 000（元）

④ 收购烟叶的进项税额。

农产品中收购烟叶的进项税抵扣公式比较特殊：

烟叶收购金额＝烟叶收购价款×（1＋10%）

烟叶税应纳税额＝烟叶收购金额×税率（20%）

准予抵扣进项税＝（烟叶收购金额＋烟叶税应纳税额）×扣除率（13%）

即：　准予抵扣进项税＝烟叶收购价款×（1＋10%）×（1＋20%）×13%

＝烟叶收购价款×17.16%

【例 2-6】 沈阳卷烟厂 2009 年 6 月收购烟叶生产卷烟，收购凭证上注明价款 50 万元，并向烟叶生产者支付了价外补贴。该卷烟厂 6 月份收购烟叶可抵扣的进项税额计算如下：

烟叶收购金额＝500 000×（1＋10%）＝550 000（元）

烟叶税应纳税额＝55×20%＝110 000（元）

准予抵扣进项税＝（550 000＋110 000）×13%＝85 800（元）

或　　收购烟叶可抵扣的进项税额＝500 000×17.16%＝85 800（元）

⑤ 运输费用的进项税额。

一般纳税人购进或者销售货物所支付的运输费用，必须取得货运发票税控系统开具的新版发票上注明的运费、建设基金（不包括随同运费支付的装卸费、保险费等其他杂费）和7%的扣除率计算的进项税额。

【例 2-7】 沈阳卷烟厂 2009 年 6 月收购烟叶共支付运杂费共计 15 万元，取得运输发票上注明运输费 12 万元、建设基金 0.96 万元、保险费 0.24 万元、装卸费 1.8 万元。可抵扣进项税额计算如下：

可抵扣进项税额＝（120 000＋9 600）×7%＝9 072（元）

（2）不得抵扣的进项税额。

① 用于免税项目、非应税项目、集体福利、个人消费的购进货物及相关的运输费用或者应税劳务。

② 由于管理不善造成的如被盗、丢失、霉烂变质等非正常损失的购进货物及货物的运输费用和相关的应税劳务。

③ 非正常损失的在产品、产成品所耗用的购进货物及货物的运输费用和相关的应税劳务。

④ 纳税人自用的摩托车、汽车、游艇等消费品的进项税额及货物的运输费用不得从销项税额中抵扣。

⑤ 销售免税货物的运输费用。

⑥ 无法划分免税项目或者应税劳务时，纳税人不得抵扣的进项税额需要计算。其计算公式为：

$$\text{不得抵扣的进项税额}=\text{当月无法划分的进项税额}\times\frac{\text{当月免税项目销售额}+\text{非应税劳务营业额}}{\text{当月全部销售额、营业额}}$$

⑦ 纳税人进口货物向境外实际支付的货款低于进口报关价格的差额部分以及从境外供应商取得的退还或返还的资金，不作进项税额转出处理。

⑧ 购进货物或应税劳务时，取得的完税凭证不符合法律、行政法规或有关规定的，其进项税额不得抵扣。

【例 2-8】 光明食品厂外购一批面粉用于生产面包，取得增值税发票，价款 20 万元，增值税 3.4 万元；外购一批价款为 10 万元，增值税为 1.7 万元的豆油，其中 50%用于生产，

50%作为福利发放给职工；另有账面价值为 5 万元的奶油由于保管不善毁损。该厂不可抵扣的进项税额计算如下：

不可抵扣的进项税额＝100 000×17%×50%＋50 000×17%＝17 000（元）

3. 应纳税额的计算

（1）计算应纳税额的时间限定。

① 销项税额的时间限定。

计算销项税额的时间，为纳税义务发生时间和增值税发票开具时限。采取直接收款方式销售货物，不论货物是否发出，均为收到销售额或取得索取销售额凭据，并将提货单交给买方的当天；采用托收承付和委托银行收款方式销售货物，为办妥托收手续的当天；视同销售为移送货物的当天。

② 进项税额抵扣的时间限定。

- 一般纳税人取得防伪税控系统开具的增值税专用发票，必须自发票开具之日起 90 日内到税务机关认证，计入认证当月的进项税额。
- 一般纳税人人通过认证的防伪税控系统开具增值税专用发票，应在认证通过的当月计算、申报抵扣进项税额，否则不予抵扣进项税额。
- 一般纳税人进口货物，取得海关开具的完税凭证，必须自开具之日起 90 天后的第一个纳税申报期结束前向税务机关申报抵扣，逾期不得抵扣；

③ 计算增值税的其他规定。

- 扣减当期销项税额的规定。

一般纳税人因销货退回或折让而退还给购买方的增值税额，应从发生销货退回或折让当期的销项税额中扣减。

- 扣减当期进项税额的规定。

一般纳税人因进货退回和折让而从销货方收回的增值税额，应从发生进货退回或折让当期的进项税额扣减。如不按规定扣减，不纳或少纳增值税的，按偷税予以处罚。

- 期末留抵税额的规定。

一般纳税人当期应纳增值税，是其当期销项税额减当期进项税额之差。当期销项税额＞当期进项税额时，两者之差就是当期应纳增值税；当期销项税额＜当期进项税额，两者之差为负数，进项税额尚未抵扣完，税法允许结转下期予以抵扣，即形成期末留抵税额。

- 一般纳税人注销时存货及留抵税额处理。

一般纳税人注销或转为小规模纳税人时，其存货不得作进项税额转出，其留抵税额也不予以退税。

【例 2-9】 北宇真空设备有限公司为增值税一般纳税人，2009 年 6 月初留抵税额 3．46 万元，本月发生下列业务：

（1）销售真空设备 6 台，每台不含税售价为 52 万元；

（2）角余料及铁屑 3.51 万元；

（3）外购电脑 10 台，取得增值税发票，每台不含税单价 0.5 万元，购入后 5 台办公使用，5 台捐赠希望小学；

（4）购入生产用不锈钢板一批，税控专用发票注明价款为 230 万元，增值税 39.1 万元；

（5）从小规模纳税人处购买焊条 5 箱，取得税务机关代开的发票，价款 3 万元，税款 0.09 万元，货物已验收入库；

（6）购买建材一批用于建造新厂房，价款 20 万元，税款 3.4 万元；

（7）将购入的账面成本为 16 万元的不锈钢板用于建造新厂房门及隔断；

（8）将 2004 年购入原价为 12 万元的小轿车出售，取得收入 4 万元。

假定相关可抵扣进项税的发票均经过认证，北宇公司 6 月可抵扣的进项税额、税销项税和应纳增值税额计算如下：

（1）当期可抵扣的进项税额＝5 000×17%×5＋（391 000－160 000×17%）＋900
＝4 250＋364 700
＝368 950（元）

（2）当期销项税额＝520 000×17%×6＋35 100÷1.17×17%
＝530 400＋5 100＝535 500（元）

（3）出售固定资产的销项税额＝40 000÷（1＋4%）×4%×50%＝769.23（元）

（4）当期应纳增值税税额＝535 500＋769.23－368 950－34 600
＝132 689.23（元）

2.3.2 小规模纳税人应纳税额的计算

《增值税暂行条例》规定，小规模纳税人采用简易办法计算应纳增值税。由于小规模纳税人自身不具备开具增值税专用发票的资格，其销售额为含税金额，在计算应纳税额时必须将含税销售额换算为不含税的销售额。其计算公式为：

销售额＝含税销售额÷（1＋征收率）

应纳税额＝销售额×征收率

小规模纳税人（除其他个人外）销售自己使用过的固定资产，减按 2%征收率征收增值税。

【例 2-10】 某小规模纳税人，2009 年 6 月销售产品由税务机关代开增值税专用发票，取得含税收入 6.18 万元，销售已使用过的机床一台，售价 1.4 万元。该企业应交纳的增值税计算如下：

应纳增值税＝61 800÷（1＋3%）×3%＋14 000÷（1＋3%）×2%

＝1 800＋271.84＝2 071.84（元）

2.3.3 进口货物应纳税额的计算

1. 进口货物的征税范围及纳税人

（1）进口货物的征税范围。

凡是增值税征税范围内的进口货物，除以下特殊规定外，不分产地、用途、是否付款，除特殊规定外，都需要缴纳增值税。

特殊规定主要包括：

① 科研单位、教学单位直接进口的用于生产科研的仪器设备，进口时免税；

②“来料加工、进料加工”贸易方式进口国外的原材料、零部件等在国内加工复出口的，对进口的料、件按规定给予免税或减税，但这些进口免、减税的料、件若不能加工复出口，而是销往国内的，就要予以补税。

（2）进口货物的纳税人。

进口货物的纳税人，即进口货物的收货人或办理报关手续的单位和个人。

对于委托代理进口应征增值税的货物，以海关开具的完税凭证上的纳税人为增值税纳税人。

2. 进口货物应纳税额的计算

进口货物一律按照组成计税价格计算应纳增值税，其税率为 17%和 13%，不使用征收率。其组成计税价格中包含关税完税价格、关税税额、消费税税额。计算公式为：

应纳税额＝组成计税价格×税率

组成计税价格＝关税完税价格＋关税＋消费税

【例 2-11】 某企业为增值税小规模纳税人，2009 年 6 月从国外进口设备一台，关税完税价格 9 万元人民币，假定关税率 20%，消费税率 10%，其进口环节应纳增值税计算如下：

应纳关税＝90 000×20%＝1 8000（元）

应纳消费税＝108 000÷（1-10%）×10%＝12 000（元）

进口环节应纳增值税＝（90 000＋18 000＋12 000）×17%＝20 400（元）

【例 2-12】 某一般纳税人企业进口买价为 60 万元货物，该批货物运抵我国海关前发生的运输费、包装费、保险费等共计 25 万元。该企业在货物进口报关时，缴纳了增值税并取得了海关开具的完税凭证。假定该批进口货物在国内已全部销售，取得不含税销售额 150 万元。假设该货物的关税税率为 15%，增值税税率为 17%，该批货物进口环节、国内销售环节分别应缴纳的增值税税额计算如下：

关税的组成计税价格＝600 000＋250 000＝850 000（元）

应交进口关税＝850 000×15%＝127 500（元）

进口环节应纳增值税组成计税价格＝850 000＋127 500＝977 500（元）

进口环节应纳增值税＝977 500×17%＝166 175（元）

国内销售环节的销项税额＝1 500 000×17%＝255 000（元）

国内销售环节应纳的增值税＝255 000－166 175＝88 825（元）

2.4 特殊经营行为和产品的税务处理

2.4.1 兼营不同税率的货物或应税劳务

1. 兼营不同税率的货物或应税劳务的含义

所谓兼营不同税率的货物或应税劳务，是指纳税人或是生产销售的货物所适用的税率不同；或是纳税人既销售又提供应税劳务。如某超市既销售税率为 17%的日用品，又销售税率为 13%鲜奶；某机械厂既生产税率为 13%的农机，又生产税率为 17%的农机配件，同时对外提供税率为 17%的加工、修理、修配业务。

2. 兼营不同税率的货物或应税劳务的税务处理

纳税人兼营不同税率的货物或应税劳务，应就适用不同税率的货物、应税劳务分别划清销售额，按各自的销售额分别计算各自的应纳税额，对未分别核算销售额适用高税率计算应纳税额。收入对应的税率计算纳税。对划分不清的销售额，一律采用高税率从重计税。

2.4.2 电力产品应纳的增值税

电力产品是一种特殊的产品，为加强电力产品增值税的征收管理，我国制定了《电力产品增值税征收管理办法》，于 2005 年 2 月 1 日施行，具体内容如下。

1. 电力产品的纳税人

生产、销售电力产品的单位与个人为电力产品增值税的纳税人。

2. 电力产品销售额

电力产品的销售额为电力产品的纳税人销售电力产品向购买方收取的全部价款和价外费用，但不包括收取的增值税。这里所说的价外费用，是指纳税人销售电力产品在目录电价或上网电价之外向购买方收取的各种性质的费用。

供电企业收取的电费保证金，凡逾期（超过合同约定时间）未退还的，一律并入价外费用缴纳增值税。

3. 电力产品的主要征税办法

(1) 发电企业（电厂、电站、机组，下同）主要征税办法。

① 独立核算的发电企业。

独立核算的发电企业生产销售电力产品，按照增值税一般纳税人的计税方法；具有一般纳税人资格或核算条件非独立核算的发电企业生产销售电力产品，按照一般纳税人的计税方法，计算缴纳增值税，并在其机构所在地主管税务机关申报纳税。

② 不具有一般纳税人资格或核算条件的非独立核算的发电企业，生产销售电力产品时，不得抵扣进项税额，且依核定的定额税率和上网电量计算发电环节预缴的增值税，向发电企业所在地主管税务机关申报纳税。预缴税额的计算公式为：

预缴税额＝上网电量×核定的定额税率

③ 月末按照隶属关系由独立核算的发电企业结算缴纳增值税（上级结算）：

应纳税额＝销项税额－进项税额

应补（退）税额＝应纳税额－发（供）电环节预缴增值税额

(2) 供电企业主要征税办法。

供电企业销售电力产品，施行在供电环节预征、由独立核算供电企业统一结算的办法计算缴纳增值税。

① 独立核算的供电企业所属的区县级供电企业，凡能正确核算销售额，在不抵扣进项税额的前提下，依核定的预征率计算供电环节的增值税，向其机构所在地主管税务机关申报纳税；不能正确核算销售额的，由上级供电企业预缴供电环节的增值税。计算公式为：

预缴税额＝销售额×核定的预征率

② 供电企业随同电力产品销售收取的价外费用一律在预征环节采用电力产品适用的税率计算缴纳增值税，不得抵扣进项税额。

③ 独立核算的供电企业月末按照隶属关系结算缴纳增值税，计算公式为：

应纳税额＝销项税额－进项税额

应补（退）税额＝应纳税额－发（供）电环节预缴增值税额

2.4.3 油气田企业应纳的增值税

为加强石油、天然气企业增值税的征收管理工作，我国制定了《油气田企业增值税管理办法》，并于 2009 年 1 月 1 日起施行，主要内容如下。

1. 征税范围

本办法适用于在中华人民共和国境内从事原油、天然气生产的企业。包括中国石油天然气集团公司和中国石油化工集团公司重组改制后设立的油气田分（子）公司、存续公司和其他石油、天然气生产企业，不包括经国务院批准适用 5%征收率缴纳增值税的油气田企业。

2. 征税对象

油气田企业为生产原油、天然气提供的生产性劳务应缴纳增值税。

生产性劳务是指油气田企业为生产原油、天然气，从地质普查、勘探开发到原油、天然气销售的一系列生产过程所发生的劳务，主要包括地质勘探、钻井、测井、录井、试井、固井、试油（气）、井下作业、油（气）集输、采油采气、海上油田建设、供排水、供电、供热、通讯、油田基本建设、环境保护等。

缴纳增值税的生产性劳务仅限于油气田企业间相互提供属于《增值税生产性劳务征税范围注释》内的劳务。油气田企业与非油气田企业之间相互提供的生产性劳务不缴纳增值税。

3. 适用税率

油气田企业提供的生产性劳务，增值税税率为 17%。

4. 应纳税额的计算

（1）销售额的计算。

油气田企业提供的应税劳务与非应税劳务应分别核算各自的销售额，未分别核算销售额的，由主管税务机关核定应税劳务的销售额。

（2）进项税额的计算。

油气田企业为生产原油、天然气而接受其他其他油气田企业提供的生产性劳务所发生的进项税额，可以据验证相符的增值税专用发票注明的税额予以抵扣。但下列项目的进项税额不得抵扣。

① 用于非增值税应税项目、免征增值税项目、集体福利或个人消费的购进货物和应税劳务。

② 非正常损失的购进货物及相关的应税劳务。

③ 非正常损失的在产品、产成品所耗用的购进货物与应税劳务。

④ 国务院、税务主管部门规定纳税人自用消费品。

⑤ 上述 1 项至 4 项规定的货物的运输费用和销售免税货物的运输费用。

5. 纳税申报

油气田企业应统一申报货物及应税劳务应缴纳的增值税。

① 纳税义务发生时间。

油气田企业为生产原油、天然气提供的生产性劳务的纳税义务发生时间为油气田企业收讫劳务收入款或者取得索取劳务收入款项凭据的当天；先开具发票的，为开具发票的当天。

收讫劳务收入款的当天，是指油气田企业应税行为发生过程中或者完成后收取款项的当天；采取预收款方式的，为收到预收款的当天。

② 纳税地点和预征。

- 跨省、自治区、直辖市开采石油、天然气的油田企业，由总机构汇总计算应纳增值税税额，并按照各油气田（井口）石油、天然气产量比例进行分配，各油气田按所分配的应纳增值税额向所在地税务机关缴纳。石油、天然气应缴纳增值税的计算办法由总机构所在地省级税务机关与石油、天然气所在地同级税务机关协商确定。
- 油气田企业跨省、自治区、直辖市提供生产性劳务，应当在劳务发生地按 3%预征率计算缴纳增值税。在劳务发生地预缴的税款可从其应纳增值税中抵减。

2.5　出口货物退（免）税

2.5.1　我国出口货物退（免）税的基本政策

1. 出口免税并退税——“先征后退”和“免、抵、退”

出口免税是指对货物在出口销售环节不征增值税、消费税，把货物出口环节与出口前的销售环节视为同一征税环节；出口退税是指对货物在出口前纳税环节的已纳税款，按规定的退税率计算后予以退还，退的是以前环节缴纳的进项税额。

2. 出口免税不退税

出口免税的含义同上。出口不退税是指适用这个政策的出口货物因在前一道生产、销售环节或进口环节是免税的，出口时该货物的价格中不含税，也无须退税。

3. 出口不免税也不退税

出口不免税是指对国家限制或禁止出口的某些货物的出口环节视同内销环节，照常征税；出口不退税是指对这些出口货物不退还出口前其所负担的税款。

2.5.2 出口退（免）税的适用范围

1. 出口货物适用出口退（免）税政策应具备的条件

（1）属于增值税、消费税征税范围的货物。

（2）已报关离境的货物。所谓报关离境，即出口，就是货物输出海关，这是衡量货物是否应退（免）税的主要标准之一。

（3）已在财务上作销售处理的货物。

（4）出口收汇并已核销的货物。

此外，有些出口货物虽然不具备上述四个条件，国家特准退还或免征增值税、消费税。

2. 下列企业出口满足上述四个条件的货物，除另有规定，给予免税并退税

（1）生产企业自营出口或委托外贸企业代理出口的自产货物。

（2）有出口经营权的外贸企业收购后直接出口或委托其他外贸企业代理出口的货物。

（3）下列特定出口的货物：有一些出口货物，虽然不同时具备上述四个条件，但由于其销售方式、消费环节、结算办法的特殊性，以及国际间的特殊情况，国家特准退还或免征其增值税和消费税。主要包括：

① 对外承包工程公司运出境外用于对外承包项目的货物；

② 对外承接修理修配业务的企业用于对外修理修配的货物；

③ 外轮供应公司、远洋运输供应公司销售给外轮、远洋货轮而收取外汇的货物；

④ 于国内采购并运往境外作为在国外投资的货物。

3. 下列企业出口的货物，除另有规定外，给予免税，但不予退税

（1）属于生产企业的小规模纳税人自营出口或委托外贸企业代理出口的自产货物。

（2）外贸企业从小规模纳税人购进并持普通发票的货物出口，免税但不予退税。但对规定列举的 12 类出口货物考虑其占出口比重较大及其生产、采购的特殊因素，特准退税。

（3）外贸企业直接购进国家规定的免税货物（包括免税农产品）出口的，免税但不予退税。

需要说明的是，上述企业出口的货物如属于税法列举规定的限制或禁止出口的货物，则不能免税，更不能退税。

4. 下列出口货物，免税但不退税

（1）来料加工复出口的货物，即原材料进口免税，加工自制的货物出口不退税。

（2）避孕药品和用具、古旧图书，内销免税，出口也免税。

（3）出口卷烟：有出口卷烟权的企业出口国家出口卷烟计划内的卷烟，在生产环节免征增值税、消费税，出口环节不办理退税。其他非计划内出口的卷烟照章征收增值税和消费税，出口一律不退税。

（4）军品以及军队系统企业出口军需工厂生产或军需部门调拨的货物免税。

（5）国家规定的其他免税货物，如：农业生产者销售的自产农业产品、饲料、农膜等。

出口享受免征增值税的货物，其耗用的原材料、零部件等支付的进项税额，包括准予抵扣的运输费用所含的进项税额，不能从内销货物的销项税额中抵扣，应计入产品成本处理。

5. 除经批准属于进料加工复出口贸易以外，下列出口货物不免税也不退税

（1）国家计划外出口的原油；

（2）援外出口货物（自 1999 年 1 月 1 日起，对一般物资援助项下出口货物，仍实行出口不退税政策；对利用中国政府的援外优惠贷款和合作项目基金方式下出口的货物，比照一般贸易出口，实行出口退税政策）；

（3）国家禁止出口的货物，包括天然牛黄、麝香、铜及铜基合金（出口电解铜自 2001 年 1 月 1 日起按 17%的退税率退还增值税）、白金等。

2.5.3 出口货物的退税率

出口货物的退税率是指对出口货物的退税比例。“征多少，退多少，未征不退”是我国制定出口货物退税率的基本原则。现行出口货物的增值税退税率有 17%、15%、14%、13%、11%、9%、8%、6%、5%九档。

2.5.4 出口货物应退税额的计算

1. 出口货物退免税办法

（1）“免抵退”办法：主要适用于自营和委托出口自产货物（含视同自产货物）的生产企业。

（2）“先征后退”办法：主要适用于收购货物出口的外（工）贸企业。

2. 生产企业适用的“免抵退”税计算方法

（1）“免抵退”税的含义。

“免”，是指对生产企业自营出口或委托外贸企业代理出口的自产货物，免征本企业生产销售环节增值税；“抵”，是指生产企业自营出口或委托外贸企业代理出口的自产货物所耗用原材料、零部件等应予免征或退还的已纳税款抵顶内销货物的应纳税款；“退”，是指生产企业自营出口或委托外贸企业代理出口自产货物在一个月内，因应抵顶的税额大于应纳税额而未抵顶完时，经主管出口退税的税务机关批准，对未抵顶完的税额予以退税。

（2）“免、抵、退”税计算方法。

出口货物“免、抵、退税额”应根据生产企业出口货物离岸价和出口货物退税率计算。

“免、抵、退”税通过计算应纳税额、免抵退税不得免征和抵扣税额和免抵退税额，最终计算出免抵税额和应退税额。其计算步骤如下。

① 当期应纳税额的计算。

当期应纳税额＝当期内销货物的销项税额－（当期进项税额－当期免抵退税不得免征和抵扣税额）－上期留抵税额

② 抵退税不得免征和抵扣税额的计算。

免抵退税不得免征和抵扣税额＝当期出口货物离岸价×外汇人民币牌价×（出口货物征税税率－出口货物退税率）－免抵退税不得免征和抵扣税额抵减额

免抵退税不得免征和抵扣税额抵减额＝免税购进原材料价格×（出口货物征税税率－出口货物退税率）。

免税购进原材料包括国内购进免税原材料和进料加工免税进口料件，其中进料加工免税进口料件的价格为组成计税价格。

进料加工免税进口料件组成计税价格＝货物到岸价格＋海关实征关税＋海关实征消费税

③ 免抵退税额的计算。

免抵退税额＝出口货物离岸价×外汇人民币牌价×出口货物退税率－免抵退税额抵减额

免抵退税额抵减额＝免税购进原材料价格×出口货物退税率

④ 当期应退税额和当期免抵税额的计算。

- 当期期末留抵税额≤当期免抵退税额时，当期应退税额＝当期期末留抵税额

  当期免抵税额＝当期免抵退税额－当期应退税额

- 当期期末留抵税额＞当期免抵退税额时，当期应退税额＝当期免抵退税额

当期免抵税额＝0，“期末留抵税额”为当期《增值税纳税申报表》的“期末留抵税额”。

【例 2-13】 某化工厂（一般纳税人），兼营出口业务。2009 年 6 月购入原材料，取得防伪税控系统开具的专用发票注明增值税额 22.15 万元；发生购货运费 5 万元，取得运输公司开具的普通发票，材料已验收入库。内销货物取得不含税收入 100 万元，出口销售货物离岸价格 240 万元；进料加工免税进口料件到岸价格 10 万元；上月留抵税额 5 万元。假设化工厂取得的专业发票均通过税务机关认证，其货物适用的增值税税率为 17%，退税率为 11%。其当期进项税额、销项税额、出口退税额、应纳税额计算如下：

（1）当期进项税额＝221 500＋50 000×7%＝22 5000（元）

（2）当期销项税额＝1 000 000×17%＝170 000（元）

（3）免抵退税不得免征和抵扣税额＝1 000 000×（17%－11%）＝60 000（元）

（4）当期应纳税额＝170 000－（225 000－60 000）－50 000＝－45 000（元）

（5）出口货物“免、抵、退”税额＝1 000 000×11%＝110 000（元）

（6）当期应退税额＝45 000（元）

（7）当期免抵税额－110 000－45 000－65 000（元）

【例 2-14】 假如沈北化工厂上月留抵税额为 15 万元，其他条件同【例 2-13】，则：

（1）当期应纳税额＝170 000－（225 000－60 000）－150 000＝－145 000（元）

（2）出口货物“免、抵、退”税额＝1 000 000×11%＝110 000（元）

（3）当期退税额＝110 000（元）

（4）当期免抵税额＝0（元）

（5）期末留抵税额＝145 000－110 000＝35 000（元）

3. 外贸企业“现征后退”的计算方法

（1）外贸企业以及实行外贸企业财务制度的工贸企业收购货物出口，免征其出口销售环节的增值税；外贸企业在支付收购货款的同时也支付了增值税的进项税额，因此在货物

出口后，应按收购成本与退税率退税给外贸企业，征、退税之间的差额计入企业成本。

外贸企业出口货物计算增值税的依据为购进出口货物增值税专用发票上所注明的不含税的价款和退税率。计算公式如下：

应退税额＝外贸收购不含增值税购进金额×退税率

（2）外贸企业收购小规模纳税人出口货物增值税的退税规定。

① 凡从小规模纳税人购进持普通发票特准退税的抽纱、工艺品等 12 类出口货物，同样实行销售出口货物的收入免税，并退还出口货物进项税额的办法。计算公式如下：

应退税额＝[普通发票所列（含增值税）销售金额] / （1＋征收率）×6%或 5%

② 凡从小规模纳税人购进税务机关代开的增值税专用发票的出口货物，按以下公式计算退税：

应退税额＝增值税专用发票注明的金额×6%或 5%

（3）外贸企业委托生产企业加工出口货物的退税规定。

外贸企业委托生产企业加工收回后报关出口的货物，按购进国内原辅材料的增值税专用发票上注明的进项税额，依原辅材料的退税率计算原辅材料应退税额。支付的加工费，凭受托方开具货物的退税率，计算加工费的应退税额。

【例 2-15】 某外贸公司 2009 年 6 月购进某小规模纳税人抽纱工艺品，取得税务机关代开的专用发票，发票注明价款 9 000 元，全部出口。假设该工艺品的退税率为 6%，该公司应退税额计算如下：

9 000×6%＝540（元）

2.6 增值税纳税申报实务操作

2.6.1 一般纳税人纳税申报实务

1. 一般纳税人纳税申报概述

增值税一般纳税人（以下简称纳税人）纳税申报，是指纳税人依照税收法律法规规定或主管税务机关依法确定的申报期限，向主管税务机关办理增值税纳税申报的业务。

使用防伪税控系统开具增值税专用发票的纳税人必须在报税成功后，方可进行纳税申报。

纳税人进行纳税申报时，除向主管税务机关报送必报资料的电子数据外，还需报送纸介的《增值税纳税申报表（适用于一般纳税人）》（主表及附表）。

2. 增值税纳税申报资料

增值税纳税申报资料包括必报资料和备查资料。

（1）必报资料。

纳税人在纳税申报期内，应及时将全部必报资料的电子数据报送主管税务机关，并在主管税务机关依法确定的申报期限内报送的纸介必报资料。必报资料包括：

①《增值税纳税申报表（适用于增值税一般纳税人）》及其《增值税纳税申报表附列资料（表一）、（表二）》；

② 税控 IC 卡（使用小容量税控 IC 卡的企业还需要持有报税数据软盘）；

③ 防伪税控开具发票汇总表及明细表；

④《资产负债表》和《损益表》；

⑤ 主管税务机关规定的其他必报资料。

（2）备查资料。

纳税人在月度终了后，应将备查资料认真整理并装订成册。备查资料是否需要在当期报送，由各省级国家税务局确定。备查资料主要包括：

① 已开具的增值税专用发票和普通发票存根联；

② 符合抵扣条件并且在本期申报抵扣的增值税专用发票抵扣联；

③ 海关进口货物完税凭证、运输发票、购进农产品普通发票的复印件；

④ 收购凭证的存根联或报查联；

⑤ 代扣代缴税款凭证存根联；

⑥ 主管税务机关规定的其他备查资料。

3. 增值税相关的会计处理

（1）增值税核算使用的会计科目。

① 应缴税费—应缴增值税—进项税额

—销项税额

—进项税额转出

—出口退税（应退税额）

—出口抵减内销应纳税额（免抵额）。

② 应收补贴款－出口退税。

③ 主营业务成本。

④ 存货。

⑤ 主营业务收入。

（2）增值税核算的账务处理。

① 根据（购进）出口货物所耗用原材料、零部件的专用发票：

借：原材料等

　　应交税金－应交增值税－进项税额

　贷：银行存款

② 根据内销确定的收入和税金：

借：应收账款、银行存款等

　贷：应交税金－应交增值税－销项税额

　　主营业务收入

③ 根据外销确定的收入：

借：应收账款、银行存款等

　贷：主营业务收入

④ 根据计算出的不予免征和抵扣税额：

借：主营业务成本

　贷：应交税金－应交增值税－进项税额转出

⑤ 根据计算出的应退税额：

借：应收补贴款－出口退税

　贷：应交税金－应交增值税－出口退税（应退税额）

⑥ 根据计算出的免抵税额：

借：应交税金－应交增值税－出口抵减内销应纳税额（免抵额）

　贷：应交税金－应交增值税－出口退税（免抵额）

⑦ 根据收到的退税款：

借：银行存款

　贷：应收补贴款－出口退税

4. 增值税一般纳税人纳税申报表的填制

自 2009 年 2 月 1 日起，一般纳税人增值税纳税申报表包括《增值税纳税申报表（适用于增值税一般纳税人）》、《增值税纳税申报表附列资料（表一）、（表二）》和《固定资产进项税额抵扣情况表》。

（1）《增值税纳税申报表（适用于一般纳税人）》的格式如表 2-1 所示。

表 2-1

增值税纳税申报表

（适用于增值税一般纳税人）

根据《中华人民共和国增值税暂行条例》第二十二条和第二十三条的规定制定本表。纳税人不论有无销售额，均应按主管税务机关核定的纳税期限按期填报本表，并于次月一日起十五日内，向当地税务机关申报。

税款所属时间：自　　　　至　　　　填表日期：　　　　金额单位元（列至角分）

纳税人识别号			所属行业：			
纳税人名称		法定代表人姓名		注册地址	营业地址	
开户银行及账号		企业登记注册类型			电话号码	

项目		栏次	一般货物及劳务		即征即退货物及劳务	
			本月数	本年累计	本月数	本年累计
销售额	（一）按适用税率征税货物及劳务销售额	1				
	其中：应税货物销售额	2				
	应税劳务销售额	3				
	纳税检查调整的销售额	4				
	（二）按简易征收办法征税货物销售额	5				
	其中：纳税检查调整的销售额	6				
	（三）免、抵、退办法出口货物销售额	7			——	——
	（四）免税货物及劳务销售额	8			——	——
	其中：免税货物销售额	9			——	——
	免税劳务销售额	10			——	——
税款计算	销项税额	11				
	进项税额	12				
	上期留抵税额	13		——		——
	进项税额转出	14				
	免抵退货物应退税额	15			——	——
	按适用税率计算的纳税检查应补缴税额	16			——	——
	应抵扣税额合计	17＝12＋13－14－15＋16		——		——
	实际抵扣税额	18（如17<11，则为17，否则为11）				
	应纳税额	19＝11－18				
	期末留抵税额	20＝17－18		——		——
	简易征收办法计算的应纳税额	21				

（续表）

税款计算	按简易征收办法计算的查补应纳税额	22			——	——
	应纳税额减征额	23				
	应纳税额合计	24=19+21−23				
税款缴纳	期初未缴税额（多缴为负数）	25				
	实收出口开具专用缴款书退税额	26			——	——
	本期已缴税额	27=28+29+30+31				
	①分次预缴税额	28		——		——
	②出口开具专用缴款书预缴税额	29		——	——	——
	③本期缴纳上期应纳税额	30				
	④本期缴纳欠缴税额	31				
	期末未缴税额（多缴为负数）	32=24+25+26−27				
	其中：欠缴税额（≥0）	33=25+26−27		——		——
	本期应补（退）税额	34=24−28−29				——
	即征即退实际退税额	35	——	——		
	期初未缴查补税额	36			——	——
	本期入库查补税额	37			——	——
	期末未缴查补税额	38=16+22+36−37			——	——
授权声明	如果你已委托代理人申报，请填写下列资料：为代理一切税务事宜，现授权（地址）　　　为本纳税人的代理申报人，任何与本申报表有关的往来文件，都可寄予此人。 授权人签字：		申报人声明	此纳税申报表是根据《中华人民共和国增值税暂行条例》的规定填报的，我相信它是真实的、可靠的、完整的。 声明人签字：		

以下由税务机关填写：

收到日期：　　　　　　　　接收人：　　　　　　　　主管税务机关盖章：

（2）《增值税纳税申报表（适用于一般纳税人）》的填制。

① 本表“税款所属时间”是指纳税人申报的增值税应纳税额的所属时间，应填写具体的起止年、月、日。

②“填表日期”栏，指纳税人填写本表的具体日期。

③“纳税人识别号”栏，税务机关为纳税人确定的识别号，即：税务登记证号码。

④“所属行业”栏，按照国民经济行业分类与代码中的最细项（小类）进行填写。

⑤“纳税人名称”栏，填写纳税人单位名称全称，不得填写简称。

⑥“法定代表人姓名”栏，填写纳税人法定代表人的姓名。

⑦“注册地址”栏，填写纳税人税务登记证所注明的详细地址。

⑧“营业地址”栏，填写纳税人营业地的详细地址。

⑨“开户银行及账号”栏，填写纳税人开户银行的名称和纳税人在该银行的结算账户号码。

⑩“企业登记注册类型”栏，按税务登记证填写。

⑪“电话号码”栏，填写纳税人注册地和经营地的电话号码。

⑫“一般货物及劳务”栏，是指享受即征即退的货物及劳务以外的其他货物及劳务。

⑬“即征即退货物及劳务”栏，是指纳税人按照税法规定享受即征即退税收优惠政策的货物及劳务。

⑭ 本表第 1 项“（一）按适用税率征税货物及劳务销售额”栏数据，填写纳税人本期按适用税率缴纳增值税的应税货物和应税劳务的销售额（销货退回的销售额用负数表示）。包括在财务上不作销售但按税法规定应缴纳增值税的视同销售货物和价外费用销售额，外贸企业作价销售进料加工复出口的货物，税务、财政、审计部门检查按适用税率计算调整的销售额。“一般货物及劳务”的“本月数”栏数据与“即征即退货物及劳务”的“本月数”栏数据之和，应等于《附表一》第 7 栏的“小计”中的“销售额”数。“本年累计”栏数据，应为年度内各月数之和。

⑮ 本表第 2 项“应税货物销售额”栏数据，填写纳税人本期按适用税率缴纳增值税的应税货物的销售额（销货退回的销售额用负数表示）。包括在财务上不作销售但按税法规定应缴纳增值税的视同销售货物和价外费用销售额，以及外贸企业作价销售进料加工复出口的货物。“一般货物及劳务”的“本月数”栏数据与“即征即退货物及劳务”的“本月数”栏数据之和，应等于《附表一》第 5 栏的“应税货物”中 17%税率“销售额”与 13%税率“销售额”的合计数。“本年累计”栏数据，应为年度内各月数之和。

⑯ 本表第 3 项“应税劳务销售额”栏数据，填写纳税人本期按适用税率缴纳增值税的应税劳务的销售额。“一般货物及劳务”的“本月数”栏数据与“即征即退货物及劳务”的“本月数”栏数据之和，应等于《附表一》第 5 栏的“应税劳务”中的“销售额”数。“本年累计”栏数据，应为年度内各月数之和。

⑰ 本表第 4 项“纳税检查调整的销售额”栏数据，填写纳税人本期因税务、财政、审计部门检查、并按适用税率计算调整的应税货物和应税劳务的销售额。但享受即征即退税收优惠政策的货物及劳务经税务稽查发现偷税的，不得填入“即征即退货物及劳务”部分，而应将本部分销售额在“一般货物及劳务”栏中反映。“一般货物及劳务”的“本月数”栏数据与“即征即退货物及劳务”的“本月数”栏数据之和，应等于《附表一》第 6 栏的“小计”中的“销售额”数。“本年累计”栏数据，应为年度内各月数之和。

⑱ 本表第 5 项“按简易征收办法征税货物的销售额”栏数据，填写纳税人本期按简易征收办法征收增值税货物的销售额（销货退回的销售额用负数表示）。包括税务、财政、审计部门检查、并按简易征收办法计算调整的销售额。“一般货物及劳务”的“本月数”栏数据与“即征即退货物及劳务”的“本月数”栏数据之和，应等于《附表一》第 14 栏的“小计”中的“销售额”数。“本年累计”栏数据，应为年度内各月数之和。

⑲ 本表第 6 项“其中：纳税检查调整的销售额”栏数据，填写纳税人本期因税务、财政、审计部门检查、并按简易征收办法计算调整的销售额，但享受即征即退税收优惠政策的货物及劳务经税务稽查发现偷税的，不得填入“即征即退货物及劳务”部分，而应将本部分销售额在“一般货物及劳务”栏中反映。“一般货物及劳务”的“本月数”栏数据与“即征即退货物及劳务”的“本月数”栏数据之和，应等于《附表一》第 13 栏的“小计”中的“销售额”数。“本年累计”栏数据，应为年度内各月数之和。

⑳ 本表第 7 项“免、抵、退办法出口货物销售额”栏数据，填写纳税人本期执行免、抵、退办法出口货物的销售额（销货退回的销售额用负数表示）。“本年累计”栏数据，应为年度内各月数之和。

㉑ 本表第 8 项“免税货物及劳务销售额”栏数据，填写纳税人本期按照税法规定直接免征增值税的货物及劳务的销售额（销货退回的销售额用负数表示），但不包括适用免、抵、退办法出口货物的销售额。“一般货物及劳务”的“本月数”栏数据，应等于《附表一》第 18 栏的“小计”中的“销售额”数。“本年累计”栏数据，应为年度内各月数之和。

㉒ 本表第 9 项“免税货物销售额”栏数据，填写纳税人本期按照税法规定直接免征增值税货物的销售额（销货退回的销售额用负数表示），但不包括适用免、抵、退办法出口货物的销售额。“一般货物及劳务”的“本月数”栏数据，应等于《附表一》第 18 栏的“免税货物”中的“销售额”数。“本年累计”栏数据，应为年度内各月数之和。

㉓ 本表第 10 项“免税劳务销售额”栏数据，填写纳税人本期按照税法规定直接免征增值税劳务的销售额及适用零税率劳务的销售额（销货退回的销售额用负数表示）。“一般货物及劳务”的“本月数”栏数据，应等于《附表一》第 18 栏的“免税劳务”中的“销售额”数。“本年累计”栏数据，应为年度内各月数之和。

㉔ 本表第 11 项“销项税额”栏数据，填写纳税人本期按适用税率计征的销项税额。该数据一般情况下应与“应交税金—应交增值税”明细科目贷方“销项税额”专栏本期发生数一致。“一般货物及劳务”的“本月数”栏数据与“即征即退货物及劳务”的“本月数”栏数据之和，应等于《附表一》第 7 栏的“小计”中的“销项税额”数。“本年累计”栏数据，应为年度内各月数之和。

㉕ 本表第 12 项“进项税额”栏数据，填写纳税人本期申报抵扣的进项税额。该数据一般情况下应与“应交税金—应交增值税”明细科目借方“进项税额”专栏本期发生数一致。“一般货物及劳务”的“本月数”栏数据与“即征即退货物及劳务”的“本月数”栏数据之和，应等于《附表二》第 12 栏中的“税额”数。“本年累计”栏数据，应为年度内各月数之和。

㉖ 本表第 13 项“上期留抵税额”栏数据，为纳税人前一申报期的“期末留抵税额”数，该数据应与“应交税金——应交增值税”明细科目借方月初余额一致。

㉗ 本表第 14 项“进项税额转出”栏数据，填写纳税人已经抵扣但按税法规定应作进项税转出的进项税额总数，但不包括销售折扣、折让，销货退回等应负数冲减当期进项税额的数额。该数据一般情况下应与“应交税金—应交增值税”明细科目贷方“进项税额转出”专栏本期发生数一致。“一般货物及劳务”的“本月数”栏数据与“即征即退货物及劳务”的“本月数”栏数据之和，应等于《附表二》第 13 栏中的“税额”数。“本年累计”栏数据，应为年度内各月数之和。

㉘ 本表第 15 项“免、抵、退货物应退税额”栏数据，填写退税机关按照出口货物免、抵、退办法审批的应退税额。“本年累计”栏数据，应为年度内各月数之和。

㉙ 本表第 16 项“按适用税率计算的纳税检查应补缴税额”栏数据，填写税务、财政、审计部门检查按适用税率计算的纳税检查应补缴税额。“本年累计”栏数据，应为年度内各月数之和。

㉚ 本表第 17 项“应抵扣税额合计”栏数据，填写纳税人本期应抵扣进项税额的合计数。

㉛ 本表第 18 项“实际抵扣税额”栏数据，填写纳税人本期实际抵扣的进项税额。“本年累计”栏数据，应为年度内各月数之和。

㉜ 本表第 19 项“应纳税额”栏数据，填写纳税人本期按适用税率计算并应缴纳的增值税额。“本年累计”栏数据，应为年度内各月数之和。

㉝ 本表第 20 项“期末留抵税额”栏数据，为纳税人在本期销项税额中尚未抵扣完，留待下期继续抵扣的进项税额。该数据应与“应交税金——应交增值税”明细科目借方月末余额一致。

㉞ 本表第 21 项“按简易征收办法计算的应纳税额”栏数据，填写纳税人本期按简易征收办法计算并应缴纳的增值税额，但不包括按简易征收办法计算的纳税检查应补缴税额。“一般货物及劳务”的“本月数”栏数据与“即征即退货物及劳务”的“本月数”栏数据之和，应等于《附表一》第 12 栏的“小计”中的“应纳税额”数。“本年累计”栏数据，应为年度内各月数之和。

㉟ 本表第 22 项“按简易征收办法计算的纳税检查应补缴税额”栏数据，填写纳税人本期因税务、财政、审计部门检查并按简易征收办法计算的纳税检查应补缴税额。“一般货物及劳务”的“本月数”栏数据与“即征即退货物及劳务”的“本月数”栏数据之和，应等于《附表一》第 13 栏的“小计”中的“应纳税额”数。“本年累计”栏数据，应为年度内各月数之和。

㊱ 本表第 23 项“应纳税额减征额”栏数据，填写纳税人本期按照税法规定减征的增值税应纳税额。“本年累计”栏数据，应为年度内各月数之和。

㊲ 本表第 24 项“应纳税额合计”栏数据，填写纳税人本期应缴增值税的合计数。“本年累计”栏数据，应为年度内各月数之和。

㊳ 本表第25项“期初未缴税额（多缴为负数）”栏数据，为纳税人前一申报期的“期末未缴税额（多缴为负数）”。

㊴ 本表第26项“实收出口开具专用缴款书退税额”栏数据，填写纳税人本期实际收到税务机关退回的，因开具《出口货物税收专用缴款书》而多缴的增值税款。该数据应根据“应交税金—未交增值税”明细科目贷方本期发生额中“收到税务机关退回的多缴增值税款”数据填列。“本年累计”栏数据，为年度内各月数之和。

㊵ 本表第27项“本期已缴税额”栏数据，是指纳税人本期实际缴纳的增值税额，但不包括本期入库的查补税款。“本年累计”栏数据，为年度内各月数之和。

㊶ 本表第28项“①分次预缴税额”栏数据，填写纳税人本期分次预缴的增值税额。

㊷ 本表第29项“②出口开具专用缴款书预缴税额”栏数据，填写纳税人本期销售出口货物而开具专用缴款书向主管税务机关预缴的增值税额。

㊸ 本表第30项“③本期缴纳上期应纳税额”栏数据，填写纳税人本期缴纳上期应缴未缴的增值税款，包括缴纳上期按简易征收办法计提的应缴未缴的增值税额。“本年累计”栏数据，为年度内各月数之和。

㊹ 本表第31项“④本期缴纳欠缴税额”栏数据，填写纳税人本期实际缴纳的增值税欠税额，但不包括缴纳入库的查补增值税额。“本年累计”栏数据，为年度内各月数之和。

㊺ 本表第32项“期末未交税额（多缴为负数）”栏数据，为纳税人本期期末应缴未缴的增值税额，但不包括纳税检查应缴未缴的税额。“本年累计”栏与“本月数”栏数据相同。

㊻ 本表第33项“其中：欠缴税额（≥0）”栏数据，为纳税人按照税法规定已形成欠税的数额。

㊼ 本表第34项“本期应补（退）税额”栏数据，为纳税人本期应纳税额中应补缴或应退回的数额。

㊽ 本表第35项“即征即退实际退税额”栏数据，填写纳税人本期因符合增值税即征即退优惠政策规定，而实际收到的税务机关返还的增值税额。“本年累计”栏数据，为年度内各月数之和。

㊾ 本表第36项“期初未缴查补税额”栏数据，为纳税人前一申报期的“期末未缴查补税额”。该数据与本表第25项“期初未缴税额（多缴为负数）”栏数据之和，应与“应交税金—未交增值税”明细科目期初余额一致。“本年累计”栏数据应填写纳税人上年度末的“期末未缴查补税额”数。

㊿ 本表第37项“本期入库查补税额”栏数据，填写纳税人本期因税务、财政、审计部门检查而实际入库的增值税款，包括：按适用税率计算并实际缴纳的查补增值税款和按简易征收办法计算并实际缴纳的查补增值税款。“本年累计”栏数据，为年度内各月数之和。

(51) 本表第38项“期末未缴查补税额”栏数据，为纳税人纳税检查本期期末应缴未缴的增值税额。该数据与本表第 32 项“期末未缴税额（多缴为负数）”栏数据之和，应与“应交税金—未交增值税”明细科目期末余额一致。“本年累计”栏与“本月数”栏数据相同。

（3）《增值税纳税申报表附列资料（表一）》格式见表 2-2 所示。填表说明可寻找相关链接。

（4）《增值税纳税申报表附列资料（表二）》格式见表 2-3 所示。填表说明可寻找相关链接。

表 2-2

增值税纳税申报表附列资料（表一）（本期销售情况明细）

纳税人名称：（公章） **税款所属时间： 年 月** 填表日期： 年 月 日

一、按适用税率征收增值税货物及劳务的销售额和销项税额明细		
项 目	栏 次	
防伪税控系统开具的增值税专用发票	1	
非防伪税控系统开具的增值税专用发票	2	自 2009 年 2 月 1 日起，取消该栏次，不需填写
开具普通发票	3	
未开具发票	4	
上期已申报、当月开具发票	A	
小 计	5＝1＋2＋3＋4－A	
纳税检查调整	6	
合 计	7＝5＋6	
二、简易征收办法征收增值税货物的销售额和应纳税额明细		
项 目	栏 次	
防伪税控系统开具的增值税专用发票	8	
开具普通发票	9	
未开具发票	10	
上期已申报、当月开具发票	11	
小 计	12＝8＋9＋10＋11－B	
纳税检查调整	13	
合 计	14＝12＋13	
三、免征增值税货物及劳务销售额明细		
项 目	栏 次	
防伪税控系统开具的增值税专用发票	15	
开具普通发票	16	
未开具发票	17	
合 计	18＝15＋16＋17	

表 2-3

增值税纳税申报表附列资料（表二）

（本期进项税额明细）

税款所属时间：　　年　　月

纳税人名称：（公章）　　填表日期：　　年　　月　　日　　单位：元

一、申报抵扣的进项税额		
项　　目	栏　次	
（一）认证相符的防伪税控增值税专用发票	1	
其中：本期认证相符且本期申报抵扣	2	
前期认证相符且本期申报抵扣	3	
（二）非防伪税控增值税专用发票及其他扣税凭证	4	
其中：海关进口增值税专用缴款书	5	
农产品收购发票或者销售发票	6	
废旧物资发票	7	
运输费用结算单据	8	
6%征收率	9	
4%征收率	10	
（三）外贸企业进项税额抵扣	11	
当期申报抵扣进项税额合计	12	
二、进项税额转出额		
项　　目	栏　次	
本期进项税转出额	13	
其中：免税货物用	14	
非应税项目用、集体福利、个人消费	15	
非正常损失	16	
按简易征收办法征税货物用	17	
免抵退税办法出口货物不得抵扣进项税额	18	
纳税检查调减进项税额	19	
未经认证已抵扣的进项税额及其他	20	
红字专用发票通知单注明的进项税额	21	

（续表）

三、待抵扣进项税额		
项　目	栏　次	
（一）认证相符的防伪税控增值税专用发票	22	
期初已认证相符但未申报抵扣	23	
本期认证相符且本期未申报抵扣	24	
期末已认证相符但未申报抵扣	25	
其中：按照税法规定不允许抵扣	26	
（二）非防伪税控增值税专用发票及其他扣税凭证	27	
其中：海关进口增值税专用缴款书	28	
农产品收购发票或者销售发票	29	
废旧物资发票	30	
运输费用结算单据	31	
6%征收率	32	
4%征收率	33	
	34	
四、其他		
项　目	栏　次	
本期认证相符的全部防伪税控增值税专用发票	35	
期初已征税款挂账额	36	
期初已征税款余额	37	
代扣代缴税额	38	

注：第 1 栏＝第 2 栏＋第 3 栏＝第 23 栏＋第 35 栏-第 25 栏；第 2 栏＝第 35 栏-第 24 栏；第 3 栏＝第 23 栏＋第 24 栏-第 25 栏；第 4 栏等于第 5 栏至第 10 栏之和；
第 12 栏＝第 1 栏＋第 4 栏＋第 11 栏；第 13 栏等于第 14 栏至第 21 栏之和；第 27 栏等于第 28 栏至第 34 栏之和。

2.6.2 小规模纳税人的纳税申报

1. 小规模纳税人纳税申报概述

增值税小规模纳税人纳税申报是指增值税小规模纳税人依照税收法律法规规定或主管税务机关依法确定的申报期限，向主管税务机关办理增值税纳税申报的业务。

2. 纳税申报应提供的资料

（1）《增值税纳税申报表（适用小规模纳税人）》；

（2）《机动车销售统一发票领用存月报表》，以及已开具的统一发票存根联（机动车经销企业报送）；

（3）按月报送《机动车辆销售统一发票清单》及其电子信息（机动车经销企业报送）；

（4）按月报送《机动车辆经销企业销售明细表》及其电子信息（机动车经销企业报送）；

（5）推行税控收款机的纳税人需报送税控收款机IC卡。

3. 纳税申报表的填制

（1）《增值税纳税申报表（适用小规模纳税人）》格式。

增值税纳税申报表（适用小规模纳税人）

纳税人识别号：□□□□□□□□□□□□□□□□□□□□

纳税人名称（公章）： 金额单位：元（列至角分）

税款所属期： 年 月 日至 年 月 日 填表日期： 年 月 日

	项 目	栏 次	本期数	本年累计
一、计税依据	（一）应征增值税货物及劳务不含税销售额	1		
	其中：税务机关代开的增值税专用发不含税销售额	2		
	税控器具开具的普通发票不含税销售额	3		
	（二）销售使用过的应税固定资产不含税销售额	4		
	其中：税控器具开具的普通发票不税税销售额	5		
	（三）免税货物及劳务销售额	6		
	其中：税控器具开具的普通发票销售额	7		
	（四）出口免税货物销售额	8		
	其中：税控器具开具的普通发票销售额	9		
二、税款计算	本期应纳税额	10		
	本期应纳税额减征额	11		
	应纳税额合计	12＝10－11		
	本期预缴税额	13		——
	本期应补（退）税额	14＝12－13		——

纳税人或代理人声明：	如纳税人填报，由纳税人填写以下各栏：
此纳税申报表是根据国家税收法律的规定填报的，我确定它是真实的、可靠的、完整的。	办税人员（签章）： 财务负责人（签章）： 法定代表人（签章）： 联系电话：
	如委托代理人填报，由代理人填写以下各栏：
	代理人名称： 经办人（签章）： 联系电话： 代理人（公章）：

受理人： 受理日期： 年 月 日 受理税务机关（签章）：

（2）增值税纳税申报表（适用于小规模纳税人）填表说明见相关链接。

2.6.3　纳税申报期限

1. 纳税人办理业务的时限要求

纳税人以一个月为一期纳税的，自期满之日起十日内申报纳税；以一日、三日、五日、十日或者十五日为一期纳税的，自期满之日起五日内预缴税款，于次月一日起十日内申报纳税并结清上月应纳税款；纳税人进口货物，应当自海关填发税款缴纳凭证的次日起七日内申报缴纳税款。

2. 税务机关承诺时限

纳税人提供的纳税申报资料完整、填写内容准确、各项手续齐全、无违章问题，符合条件的税务机关应当场办结。

3. 税务机关受理纳税申报的工作程序

税务机关受理纳税申报的工作程序如下。

① 审核《增值税纳税申报表》、附表和资料是否齐全，内容填写是否完整准确，印章是否齐全；

② 审核纳税人提供的《增值税纳税申报表》与附报资料数字是否符合逻辑关系；

③ 纸质资料不全或填写不符合规定的，应当场一次性告知纳税人补正或重新填报；

④ 将申报信息采集录入系统；

⑤ 确认税款是否入库（已实行“税银联网”或“税库银联网”的地区）；

⑥ 为增值税防伪税控一般纳税人办理防伪税控报税业务；

⑦ 进行“一窗式”票表税比对；

⑧“一窗式”票表税比对异常的，按照规定处理。

⑨ 符合申报条件的，在《增值税纳税申报表》上签章，为增值税防伪税控一般纳税人办理税控 IC 卡解锁处理。

2.7　增值税案例评析

案例：沈北化工厂（一般纳税人），兼营出口业务。2009 年 6 月发生业务如下：

（1）国内购原材料，防伪税控系统开具的专用发票注明增值税额 31.45 万元；发生购货运费 10 万元，取得运输公司开具的普通发票，款付，材料已验收入库。

（2）外购燃料取得防伪税控系统开具的专用发票，注明增值税额 13 万元，其中 20%用于本企业基建工程，20%用于职工食堂，款未付。

（3）委托某公司加工货物，支付加工费 30 万元，防伪税控系统开具的专用发票上注明税款 5.1 万元。

（4）内销货物不含税收入 230 万元，出口货物离岸价格 240 万元；支付销货运费 2 万元，取得运输企业开具的普通发票。

（5）进料加工免税进口料件到岸价格 40 万元，海关实征关税 10 万元。

（6）上月留抵税额 16 万元。

假设沈北化工厂取得的专业发票均通过税务机关认证，其货物适用的增值税税率为 17%，退税率为 11%。其当期进项税额、销项税额、出口退税额、应纳税额计算如下：

（1）当期进项税额＝314 500＋（100 000＋20 000）×7%＋130 000＋51 000＝503 900（元）

（2）当期不允许抵扣的进项税额＝130 000×40%＝52 000（元）

（3）当期内销的销项税额＝2 300 000×17%＝391 000（元）

（4）免抵退税不得免征和抵扣税额抵减额＝400 000×（17%－11%）＝24 000（元）

（5）免抵退税不得免征和抵扣税额＝2 400 000×（17%－11%）－24 000＝120 000（元）

（6）当期应纳税额＝391 000－（503 900－52 000＋160 000－120 000＋24 000）

＝－124 900（元）

（7）免抵退税额抵减额＝400 000×11%＝44 000（元）

（8）出口货物“免、抵、退”税额＝2 400 000×11%－44 000＝220 000（元）

（9）当期应退税额＝124 900（元）

（10）当期免抵税额＝220 000－124 900＝95 100（元）

账务处理如下：

（1）借：原材料	1 943 000	
应交税费－应交增值税－进项税额	321 500	
贷：银行存款		2 264 500
（2）借：在建工程	226 000	
管理费用	226 000	
原材料	600 000	
应交税费－应交增值税－进项税额	78 000	
贷：应付账款		1 130 000
（3）借：存货	300 000	
应交税费－应交增值税－进项税额	51 000	

贷：银行存款　351 000

（4）借：银行存款　2 691 000

贷：主营业务收入　2 300 000

应交税金－应交增值税－销项税额　391 000

借：银行存款　2 400 000

贷：主营业务收入　2 400 000

借：营业费用　18 600

应交税费－应交增值税－进项税额　1 400

贷：银行存款　20 000

（5）借：原材料　500 000

贷：应交税费——应缴关税　100 000

物资采购　400 000

（6）借：主营业务成本　120 000

贷：应交税金－应交增值税－进项税额转出　120 000

（7）借：应收补贴款－出口退税　124 900

贷：应交税金－应交增值税－出口退税（应退税额）　124 900

（8）借：应交税金－应交增值税－出口抵减内销应纳税额（免抵额）　95 100

贷：应交税金－应交增值税－出口退税（免抵额）　95 100

增值税纳税申报表填列如下：

增值税纳税申报表（适用于增值税一般纳税人）

税款所属时间：自 2009.6.1 至 2009.6.30　　填表日期：2009.7.5　　　　金额单位：元

纳税人识别号		略			所属行业：化工			
纳税人名称		沈北化工厂	法定代表人姓名	略	注册地址	略	营业地址	略
开户银行及账号		略	企业登记注册类型	略			电话号码	略
项　目			栏　次	一般货物及劳务			即征即退货物及劳务	
				本月数	本年累计		本月数	本年累计
销售额	（一）按适用税率征税货物及劳务销售额		1	2 300 000				
	其中：应税货物销售额		2	2 300 000				

（续表）

销售额	应税劳务销售额	3				
	纳税检查调整的销售额	4				
	（二）按简易征收办法征税货物销售额	5				
	其中：纳税检查调整的销售额	6				
	（三）免、抵、退办法出口货物销售额	7			124 900	
	（四）免税货物及劳务销售额	8				
	其中：免税货物销售额	9				
	免税劳务销售额	10				
税款计算	销项税额	11	391 000			
	进项税额	12	503 900			
	上期留抵税额	13	160 000			
	进项税额转出	14	148 000			
	免抵退货物应退税额	15			124 900	
	按适用税率计算的纳税检查应补缴税额	16				
	应抵扣税额合计	17＝12＋13－14－15＋16	515 900			
	实际抵扣税额	18（如17<11，则为17，否则为11）	391 000			
	应纳税额	19＝11－18	0			
	期末留抵税额	20＝17－18	0			
	简易征收办法计算的应纳税额	21				
	按简易征收办法计算的查补应纳税额	22				
	应纳税额减征额	23				
	应纳税额合计	24＝19＋21－23	0			
税款缴纳	期初未缴税额（多缴为负数）	25				
	实收出口开具专用缴款书退税额	26			——	——
	本期已缴税额	27＝28＋29＋30＋31				
	①分次预缴税额	28		——		——

（续表）

税款缴纳	②出口开具专用缴款书预缴税额	29		——	——	——
	③本期缴纳上期应纳税额	30				
	④本期缴纳欠缴税额	31				
	期末未缴税额（多缴为负数）	32＝24＋25＋26－27				
	其中：欠缴税额（≥0）	33＝25＋26－27		——		——
	本期应补（退）税额	34＝24－28－29		——	124 900	——
	即征即退实际退税额	35	——	——		
	期初未缴查补税额	36			——	——
	本期入库查补税额	37			——	——
	期末未缴查补税额	38＝16＋22＋36－37			——	——
授权声明	如果你已委托代理人申报，请填写下列资料： 为代理一切税务事宜，现授权（地址）　　　为本纳税人的代理申报人，任何与本申报表有关的往来文件，都可寄予此人。 授权人签字：		申报人声明	此纳税申报表是根据《中华人民共和国增值税暂行条例》的规定填报的，我相信它是真实的、可靠的、完整的。 声明人签字：		

相关链接

1. 《中华人民共和国增值税暂行条例》（修订后）中华人民共和国国务院令第 538 号 2009 年 1 月 1 日起施行。

2. 《中华人民共和国增值税暂行条例实施细则》（财政部令第 50 号）2009 年 1 月 1 日起施行。

3. 关于修订《增值税专用发票使用规定》的通知国税发[2006]156 号

4. 国家税务总局《关于修订增值税专用发票使用规定的补充通知》国税发〔2007〕18 号

练　习　题

一、单项选择题

1. 下列出口货物，符合增值税免税并退税政策的是（　　）。

A. 加工企业对来料加工后又复出口的货物。

B. 对外承包工程公司运出境外用于境外承包项目的货物

C．属于小规模纳税人的生产性企业自营出口的自产货物

D．外资企业从小规模纳税人购进并持有普通发票的出口货物

2．家具厂销售货物 30 000 元（不含税）同时送货上门，单独收取运费 1 000 元，则该家具厂的增值税销项税额为（　　）。

A．5 100 元　　B．5 270 元　　C．5 245.30 元　　D．5 621.36 元

3．某小规模纳税人企业，销售边角余料 82 400 元，销售使用过的小汽车 1 辆，取得含税收入 72 100 元（原值为 140 000 元）。该企业上述业务应缴纳增值税（　　）。

A．2 400 元　　B．3 773.08 元　　C．3 800 元　　D．4 500 元

4．下列支付的运费中不允许计算扣除进项税额的是（　　）。

A．销售生产设备支付的运输费用

B．外购电力支付的运输费用

C．外购的管理部门使用的小轿车的运输费用

D．向小规模纳税人购买农业产品的运输费用

5．某小规模纳税人企业，2009 年 2 月从国外进口小轿车一辆，关税完税价格 85 500 元人民币，假定关税率 20%，消费税率 5%，其进口环节应纳增值税为（　　）元。

A．3 078　　B．3 240　　C．17 442　　D．18 360

6．一般纳税人发生的不准抵扣进项税额的业务为（　　）。

A．进口材料取得的海关完税凭证上注明的增值税额

B．购进辅助材料取得增值税专用发票上注明的增值税额

C．购料时取得卖方化工厂开具的运费的普通发票

D．为办公设施购得复印材料取得增值税专用发票上注明的增值税额

7．一般纳税人总分支机构不在同一个市，总机构已申请办理了一般纳税人认定手续，其分支机构税务处理正确的是（　　）。

A．在总机构所在地申请办理一般纳税人认定手续

B．不必申请，持总机构的一般纳税人资格证副本就可以了

C．在临时销售地申请办理一般纳税人认定手续

D．在分支机构所在地的主管国家税务机关申请办理一般纳税人认定手续

8．下列项目中应当征收增值税的有（　　）。

A．农业生产者出售的自产农产品　　B．邮电局销售报刊、杂志

C．企业转让商标取得的收入　　D．工商银行销售金银业务

9．下列混合销售行为中，应当征收增值税的是（　　）。

A．饭店提供餐饮服务并销售酒水

B．电信部门自己销售宽带和传输设备并为客户提供网络服务
C．建筑公司为客户修建房屋
D．建材城销售建材并实行有偿送货上门

10．下列行为属于视同销售货物，应征收增值税的是（　　）。
A．自产产品对外投资
B．某批发部门将外购的部分饮料用于职工福利
C．某企业将外购的水泥用于基建工程
D．某企业将外购的产品用于个人消费

二、多项选择题

1．依据增值税的有关规定，下列混合销售行为中，应征收增值税的有（　　）。
A．家具厂生产板式家具并负责安装
B．宾馆提供餐饮服务并销售烟酒饮料
C．批发企业销售货物并实行送货上门
D．电信部门为客户提供电信服务同时销售电话机

2．下列各项中，符合增值税纳税义务发生时间规定的有（　　）。
A．供电企业采取预收电费结算方式的，为发行电量的当天
B．发、供电企业将电力产品用于集体福利的，为发出电量的当天
C．发、供电企业之间互供电力，为双方核对数量且开具抄表确认单据的当天
D．供电企业将电售给企事业单位且采购直接收取电费结算方式的，为收款的当天

3．下列行为中，涉及的进项税额不得从销项税额中抵扣的是（　　）。
A．将外购的货物用于基建工程　　D．将外购的货物发给职工作福利
C．将外购的货物无偿赠送给外单位　D．将外购的货物作为实物投资

4．油气田企业增值税的纳税人提供生产性劳务，增值税税率不符合的是（　　）。
A．17%　B．13%　C．10%　D．0　E．4%

5．按照现行增值税制度规定，下列项目应当征收增值税的有（　　）。
A．银行融资租赁业务　B．集邮商品的生产
C．报社销售报刊的收入　D．商品期货的实物交割环节

6．按照现行增值税制度的规定，下列行为应按“提供加工和修理修配劳务”征收增值税的有（　　）。
A．门窗厂为客户修理门窗　B．企业受托为另一企业加工金属防盗网
C．企业为另一企业修理锅炉　D．汽车修配厂为本厂修理汽车

7. 关于小规模纳税人出口货物退税的政策陈述，正确的是（　）。

A. 小规模纳税人自营出口货物免征增值税和消费税并不可以退税

B. 小规模纳税人委托出口货物免征增值税和消费税，并可以退税

C. 小规模纳税人销售给其他出口企业的货物，其他出口企业再出口后，一律按 5%的退税率计算退税

D. 小规模纳税人销售给其他出口企业的货物，其他出口企业再出口后，一律按 4%的退税率计算退税

E. 小规模纳税人销售给其他出口企业的货物，其他出口企业再出口后，退税率按规定执行

8. 混合销售行为的基本特征为（　　）。

A. 既涉及货物销售又涉及非应税劳务

B. 发生在同一项销售行为中

C. 从一个购买方取得货款

D. 从不同购买方收取货款

9. 按现行增值税规定，下列纳税人中，可以适用 6%征收率的有（　　）。

A. 用动物的血液或组织制成生物制品的纳税人

B. 销售棉布的小规模商业企业

C. 电力公司

D. 自来水公司

E. 寄售店

10. 依据增值税的有关规定，下列增值税一般纳税人，可按 6%征收率计算纳税的有（　　）。

A. 县以下小型水力发电单位生产的电力

B. 销售自来水

C. 建筑用和生产建筑材料所用的砂、土、石料

D. 用微生物制成的生物制品

E. 用高炉水渣生产的墙体材料

11. 依照增值税的有关规定，下列货物销售，适用 13%增值税的税率的有（　　）。

A. 生产销售渔业的捞机械、饵料机　　B. 食品店加工方便面销售

C. 粮食加工厂加工玉米面销售　　D. 食品厂加工速冻水饺销售

12. 下列项目中，可以从增值税计税销售额中扣除的有（　　）。

A. 折扣额与销售额开在一张发票情形下的折扣额

B．销售折扣额

C．销售折让额

D．销售退货额

三、计算题

1．某企业为增值税一般纳税人，2009 年 2 月发生以下业务从农业生产者手中收购烟叶 40 吨，每吨收购价 3 000 元，共计支付收购价款 120 000 元。企业将收购的烟叶从收购地直接运往异地的某烟丝厂生产加工烟丝，烟丝厂在加工过程中代垫辅助材料款 15 000 元。烟丝加工完毕，企业收回烟丝时取得烟丝厂开具的增值税专用发票，注明加工费 30 000 元、增值税额 5 100 元，加工的烟丝当地无同类产品市场价格。本月内企业将收回的烟丝批发售出，取得不含税销售额 260 000 元。另外支付给运输单位的销货运输费用 12 000 元，取得普通发票。烟叶税税率为 20%，计算该企业本月可以抵扣的进项税及应纳增值税。

2．某机械厂（一般纳税人，兼营运输业务、兼营行业咨询）销售机械收取机械款（不含税）200 000 元，给其他单位运货收取运费 200 元，给其他单位做行业咨询收取咨询费 4 000 元，为生产机器和咨询发生电费，发票注明价款 6 000 元，增值税进项税 1 020 元，计算该企业本月可以抵扣的进项税及应纳增值税。

3．某制药厂 5 月采购原材料发生进项税 20 万元，其中直接用于免税项目的进项税 3 万元，难以划分征免用途的进项税 8 万元。将数月前外购的一批生产用材料改变用途，用于职工福利，账面成本 10 000 元，当月应税项目销售额 40 万元，免税项目销售额 10 万元，计算该企业本月可以抵扣的进项税及应纳增值税。

4．某有进出口经营权的图书销售企业为增值税一般纳税人，2009 年进口图书一批，关税完税价格 500 000 元，关税额 10 000 元，进口后入库时该批图书的 20%因人为失误毁损，当月该企业销售图书不含税收入 800 000 元，进口环节海关代征增值税多少元？当月该企业应向税务机关缴纳增值税多少元？

5．某钢厂（增值税一般纳税人），2009 年 6 月将不含税价为 6 万元的钢材，委托钢窗厂加工一批钢窗用于修建本厂职工宿舍，支付加工费 0.6 万元；将成本为 1.6 万元的钢材用于向 A 厂投资。本月销售钢材 200 万元（不含税价），当月购进生产用水电，取得专用发票上注明的税金 0.51 万元，购进生产用原材料取得专用发票上注明的税金为 1.7 万元，购进一批吊灯用于本厂正在修建的职工中心，取得专用发票上注明的税金为 1.85 万元。计算该厂 6 月份应纳增值税税额。

四、综合分析题

1．某企业为增值税一般纳税人，2009 年 6 月发生以下业务。

（1）将从农业生产者手中收购的每吨购价 3 000 元的玉米 40 吨直接运往异地的某酒厂生产加工药酒，酒厂在加工过程中代垫辅助材料款 15 000 元。药酒加工完毕，企业收回药酒时取得酒厂开具的增值税专用发票，注明加工费 30 000 元、增值税额 5 100 元，加工的药酒当地无同类产品市场价格。本月内企业将收回的药酒批发售出，取得不含税销售额 260 000 元。另外支付给运输单位的销货运输费用 12 000 元，取得普通发票。

（2）购进货物取得增值税专用发票，注明金额 450 000 元、增值税额 76 500 元；支付给运输单位的购货运输费用 22 500 元，取得普通发票。本月将已验收入库货物的 80%零售，取得含税销售额 585 000 元，20%用于本企业集体福利。

（3）购进原材料取得增值税专用发票，注明金额 160 000 元、增值税额 27 200 元，材料验收入库。本月生产加工一批新产品 450 件，每件成本价 380 元（无同类产品市场价格），全部售给本企业职工，取得不含税销售额 171 000 元。月末盘存发现上月购进的原材料被盗，成本金额 50 000 元（其中含分摊的运输费用 4 850 元）。

（4）销售使用过的摩托车 5 辆，其中：2 辆低于原值销售，取得含税销售额 11 640 元，其余 3 辆高于原值销售，取得含税销售额 20 800 元。

（5）当月发生逾期押金收入 12 870 元。

分析该企业 6 月份应纳的增值税税额。

2．某增值税一般纳税人以制造为主业，2009 年 6 月发生以下业务。

（1）外购一批原料，取得的增值税专用发票上注明货款 100 万元、税款 17 万元。

（2）上月购进的一批货物因质量问题本月全部退货，取得红字专用发票并收到价税合计的退货款 48 万元。

（3）受托加工一批应税消费品，收取加工费（不含税）20 万元并收回代委托方缴纳的消费税 2 万元。

（4）销售自产货物，增值税专用发票上注明货款 300 万元，并随同收取包装物租金 5 万元和押金 8 万元（押金期限为 6 个月）。

（5）外购原材料，取得的增值税专用发票上注明税款 1.5 万元，委托某企业制作一批礼品取得增值税专用发票注明制作费 3 万元，在当月销售货物时以赠送方式送出 60%。

（6）外购汽油作为公司车辆使用，取得增值税专用发票注明价款 11 万元；外购管材模具，取得增值税专用发票注明价款 20 万。

（7）从某汽配零售店处购进小汽车零配件一批，并取得当地税务机关代开具的增值税专用发票注明价款 10 万元，货已验收入库。

（8）本月支付电费价税款合计 58.5 万和自来水价税款合计 15 万，均取得专用发票。

（9）本月购进的劳保用品 20 万，取得专用发票列明税金 3.4 万，将其中的 40%作为福利发给在建工程工人（相关增值税专用发票均通过税务机关认证）。

3．某制药股份公司（一般纳税人）系具有进出口经营权单位，2005 年 8 月份发生如下经济业务：

（1）从境外进口一批本公司制药机器的修理用零备件，支付价款（FOB）35 万元，运抵我国海关前支付运输费用 2 万元，支付保险费 0.5 万元，向海关缴纳了相关税款，并取得了完税凭证（关税率为 20%）；

（2）内销本企业的产品取得货款 95 万元（未含税）；

（3）出口一批药品，取得销售额 70 万元，退税率为 13%；

（4）发货给湖北省分支机构药品一批用于销售，同类市价不含税 55 万，支付运费 8 万元，建设基金 0.6 万元，保险费用 0.5 万元，取得运费发票；

（5）购进防伪税控机系统 1 套，单价 1.5 万元，增值税专用发票上注明的增值税税额是 0.255 万元；

（6）从境外进口小轿车 1 辆作为公司业务使用车，关税完税价 45 万元（关税税率为 60%，消费税税率为 8%）；

（7）本月处理自己使用 2 年的运货车 3 辆，以扣除折旧 4.5 万元后的账面净值 4 万元低价处理并开具普通发票；

（8）从药材种植基地采购中药材（根茎）黄芩 20 吨，共支付货款 20 万，取得普通发票，途中支付运费 2 万，其中：含装卸费 0.3 万、建设基金 0.2 万，取得运费发票。（要求：以万元为单位，小数点后保留 2 位有效数字）

第 3 章　消费税纳税申报

学习与训练目标

- 掌握消费税的纳税义务人的概念
- 理解消费税征税范围、计税依据、税率
- 能够进行应纳消费税额的计算和会计处理
- 掌握税收优惠等相关知识
- 能够填制消费税纳税申报表

3.1　消费税概述

3.1.1　消费税的含义

消费税是对在我国境内生产、委托加工和进口应税消费品的单位和个人，就其应税消费品的销售额或销售量征收的一种税。目前，世界已有 120 多个国家或地区征收消费税。

《中华人民共和国消费税暂行条例》是我国现行消费税的基本法规。

3.1.2　消费税的征税范围

我国现行消费税的纳税范围分为五类。

（1）过度消费会对人类健康、社会秩序、生态环境等方面造成危害的特殊消费品，如烟、酒、鞭炮、焰火等。

（2）非生活必需品和奢侈品，如高尔夫球及球具、珠宝玉石、化妆品等。

（3）高耗能及高档消费品，如摩托车、小汽车等。

（4）不能再生和替代的稀缺资源消费品，如汽油、柴油、实木地板等。

（5）税基宽广，消费普遍，具有一定财政意义的消费品，如汽车轮胎、酒精等。

我国消费税实行单一环节课征制。我国应税消费品列举了 5 种类型的 14 种消费品作为征税范围。详细内容见税目、税率表。

3.1.3 消费税纳税义务人和扣缴义务人

在中华人民共和国境内生产、委托加工和进口本条例规定的消费品的单位和个人，以及国务院确定的销售本条例规定的消费品的其他单位和个人，为消费税的纳税义务人，应当依照本条例缴纳消费税。

“单位”是指国有企业、集体企业、私有企业、股份制企业、其他企业和行政单位、事业单位、军事单位、社会团体及其他单位。“个人”，是指个体经营者及其他个人。

“在中华人民共和国境内”，是指生产、委托加工和进口属于应当征收消费税的消费品（以下简称“应税消费品”）的起运地或所在地在境内。

消费税的纳税人具体指：生产销售（包括自用）的应税消费品，以生产销售的单位和个人为纳税人；委托加工的应税消费品，以委托加工的单位（除受托方为个人外）为纳税人，由受托方代收代缴税款受托方为扣缴义务人；进口的应税消费品，以进口单位和个人为纳税人，由海关代征税款。

3.2 应纳消费税额的计算

3.2.1 消费税的计税依据

我国现行消费税分别采用从价计征和从量定额两种方法征收，其计税依据也就相应分为计税销售额和计税销售量两类。白酒和卷烟从2001年5月1日、6月1日起实行复合计税方法。

1. 计税销售额

实行从价定率计征方法的相关计算公式如下：

应纳消费税额＝销售额×比例税率

其中，销售额为纳税人销售应税消费品向购买方收取的全部价款和价外费用。在确定销售额时，应注意从以下几个方面理解其含义：

（1）“销售额”不包括应向购货方收取的增值税税款。如果纳税人应税消费品的销售额中未扣除增值税税款或者因不得开具增值税专用发票而发生价款和增值税税款合并收取的，在计算消费税时，应当换算为不含增值税税款的销售额。其换算公式为：

应税消费品的销售额＝含增值税的销售额÷（1＋增值税税率或征收率）

（2）“价外费用”，是指价外收取的基金、集资费、返还利润、补贴、违约金（延期付款利息）和手续费、包装费、储备费、优质费、运输装卸费、代收款项、代垫款项以及其他各种性质的价外收费。但下列款项不包括在内：

① 承运部门的运费发票开具给购货方的；

② 纳税人将该项发票转交给购货方的。

其他价外费用，无论是否属于纳税人的收入，均应并入销售额计算征税。

（3）包装物及押金的处理。

① 从价定率办法计算应纳税额的应税消费品连同包装销售的，无论包装是否单独计价，也不论在会计上如何核算，均应并入应税消费品的销售额中征收消费税。

② 如果包装物不作价随同产品销售，而是收取押金，此项押金则不应并入应税消费品的销售额中征税。但对因逾期未收回的包装物不再退还的和已收取一年以上的押金，应并入应税消费品的销售额，按照应税消费品的适用税率征收消费税。

③ 对既作价随同应税消费品销售，又另外收取押金的包装物的押金，凡纳税人在规定的期限内不予退还的，均应并入应税消费品的销售额，按照应税消费品的适用税率征收消费税。

④ 对酒类产品生产企业销售酒类产品而取得包装物押金，无论押金是否返还与会计上如何核算，均并入销售额中，以酒类产品的税率计算应纳税额。

⑤ 销售额以人民币计算。纳税人销售的应税消费品，以外汇计算销售额的，应当按外汇市场价格折合成人民币计算应纳税额。

2. 计税销售量

实行从量定额计征方法的相关公式如下：

应纳消费税额＝销售数量×定额税率

按消费税暂行条例的规定实行从量定额计征的消费品有：啤酒、黄酒、汽油、柴油。

销售数量是指纳税人生产、加工和进口应税消费品的数量，具体规定为：

（1）销售应税消费品的，为应税消费品的销售数量。

（2）自产自用应税消费品的，为应税消费品的移送使用数量。

（3）委托加工应税消费品的，为纳税人收回的应税消费品数量。

（4）进口的应税消费品，为海关核定的应税消费品进口征税数量。

实行从量定额办法计算应纳税额的应税消费品，计量单位的换算标准如下：

啤酒 1 吨＝988 升

黄酒 1 吨＝962 升

汽油 1 吨＝1 388 升

柴油 1 吨＝1 176 升

3. 复合计税依据

复合计税方法的相关计算公式如下：

实行复合计税办法计算的应纳税额＝销售额×比例税率＋销售数量×定额税率

使用复合计税方法的有卷烟、粮食白酒和薯类白酒。除了上述关于销售额和销售数量的规定外，税法还对卷烟的计税价格给予如下明确规定。

（1）调拨价格。

调拨价格是指卷烟生产企业通过卷烟交易市场与购货方签订的卷烟交易价格。

（2）核定价格。

核定价格是指不进入交易中心和交易会交易，没有调拨价格的卷烟，应有税务机关按其零售价格，按照一定比例推算的办法核定计税的价格。核定价格的计算公式如下：

某牌号卷烟的核定价格＝该牌号卷烟市场零售价格÷（1＋35%）

当卷烟的实际销售价格高于调拨价格或核定价格时，应按实际销售价格征收消费税；当实际销售价格低于调拨价格或核定价格时，按调拨价格或核定价格缴纳消费税。

4. 视同销售情况下销售额的确定

（1）自产自用应税消费品。

纳税人自产自用的应税消费品，用于连续生产应税消费品的不纳税，即作为最终应税消费品的直接材料并构成最终产品实体的应税消费品不纳税。除此之外，用于其他方面的应税消费品应纳消费税。包括用于生产非应税消费品和在建工程、管理部门、其他非生产机构、提供劳务以及用于馈赠、赞助、集资、广告、样品、职工福利、奖励等非生产方面，虽然没有取得销售收入，从性质上仍视同销售，予以征税。

计税额应按纳税当月同类消费品销售价格的加权平均价格计算，当月没有同类消费品销售价格的，按照纳税人上月或最近月份销售同类消费品的加权平均价格计算纳税；最近没有销售应税消费品价格的，按照组成计税价格计算纳税。组成计税价格计算公式如下：

实行从价定率办法计算纳税的组成计税价格计算公式：

组成计税价格＝（成本＋利润）÷（1－消费税税率）＝成本＋利润＋消费税

实行复合计税办法计算纳税的组成计税价格计算公式：

组成计税价格＝（成本＋利润＋自产自用数量×定额税率）÷（1－比例税率）

应纳税额＝组成计税价格×适用税率

“成本”是指应税消费品的生产成本；“利润”是指根据应税消费品的全国平均成本利润率计算的利润，应税消费品平均成本利润率由国家税务总局确定。

“同类消费品的销售价格”，是指纳税人或代收代缴义务人当月销售的同类消费品的销售价格。如果当月同类消费品各期销售价格高低不同，应按销售数量加权平均计算。但销售的应税消费品有下列情况之一的，不得列入加权平均计算：

① 销售价格明显偏低又无正当理由的；

② 无销售价格的。

（2）纳税人用于换取生产资料和消费资料、投资入股和抵偿债务等方面的应税消费品实同销售行为，应当按照同类应税消费品的最高销售价格作为计税依据。

5. 委托加工应税消费品的计税额

（1）委托加工的应税消费品的含义。

委托加工的应税消费品，是指由委托方提供原料和主要材料，受托方只收取加工费或代垫部分辅助材料加工的应税消费品。对于由受托方提供原材料生产的应税消费品，或者受托方先将原材料卖给委托方，然后再接受加工的应税消费品，以及由受托方以委托方名义购进原材料生产的应税消费品，不论纳税人在财务上是否作销售处理，都不得作为委托加工应税消费品，而应当按照销售自制应税消费品缴纳消费税。

（2）委托加工的应税消费品的税务处理。

委托加工的应税消费品，由受托方向委托方交货时代收代缴消费税。委托加工的应税消费品直接销售的不再征收消费税。消费税暂行条例规定，委托加工的应税消费品，按照受托方同类消费品的销售价格作为计税销售额，没有同类消费品销售价格的以组成计税价格作为计税销售额。公式如下：

实行从价定率办法计算纳税的组成计税价格计算公式：

组成计税价格＝（材料成本＋加工费）÷（1－消费税税率）

实行复合计税办法计算纳税的组成计税价格计算公式：

组成计税价格＝（材料成本＋加工费＋委托加工数量×定额税率）÷（1－比例税率）

同类消费品销售价格是指代收代缴义务人当月销售的同类消费品的销售价格，如果当月同类消费品各期销售价格高低不同，应按销售数量加权平均计算。

如果当月无销售或当月未完结，应按同类消费品上月或最近月份的销售价格计算纳税。

“材料成本”是指委托方所提供加工材料的实际成本。委托加工应税消费品的纳税人，必须在委托加工合同上如实注明（或以其他方式提供）材料成本。凡未提供材料成本的，受托方所在地主管税务机关有权核定其材料成本。

“加工费”，是指受托方加工应税消费品向委托方所收取的全部费用（包括代垫辅助材料的实际成本）。

6. 进口应税消费品的计税额

进口应税消费品的计税额为组成计税价格。

（1）实行从价定率办法计算纳税的组成计税价格的计算公式：

组成计税价格＝（关税完税价格＋关税）÷（1－消费税税率）

应纳消费税额＝组成计税价格×适用税率

（2）实行从量定额办法计算的应纳税额的计算公式：

应纳消费税额＝进口数量×消费税定额税率

（3）实行复合计税办法计算纳税的组成计税价格计算公式：

组成计税价格＝（关税完税价格＋关税＋进口数量×消费税定额税率）÷（1－消费税比例税率）

应纳消费税额＝组成计税价格×适用税率＋进口数量×消费税定额税率

其中，“关税完税价格”是指海关核定的关税计税价格。

3.2.2　消费税纳税义务发生时间

1. 纳税人销售的应税消费品纳税义务发生时间

（1）纳税人采取赊销和分期收款结算方式的，其纳税义务的发生时间，为销售合同规定的收款日期的当天。

（2）纳税人采取预收货款结算方式的，其纳税义务的发生时间，为发出应税消费品的当天。

（3）纳税人采取托收承付和委托银行收款方式销售的应税消费品，其纳税义务的发生时间，为发出应税消费品并办妥托收手续的当天。

（4）纳税人采取其他结算方式的，其纳税义务的发生时间，为收讫销售款或者取得索取销售款的凭据的当天。

2. 自产自用的应税消费品纳税义务发生时间

纳税人自产自用的应税消费品，其纳税义务的发生时间，为移送使用的当天。

3. 委托加工的应税消费品纳税义务发生时间

纳税人委托加工的应税消费品，其纳税义务的发生时间，为纳税人提货的当天。

4. 进口的应税消费品纳税义务发生时间

纳税人进口的应税消费品，其纳税义务的发生时间，为报关进口的当天。

3.2.3 消费税纳税期限

消费税的纳税期限分别为1日、3日、5日、10日、15日、1个月或者1个季度。纳税人的具体纳税期限，由主管税务机关根据纳税人应纳税额的大小分别核定；不能按照固定期限纳税的，可以按次纳税。

纳税人以1个月或者1个季度为1个纳税期的，自期满之日起15日内申报纳税；以1日、3日、5日、10日或者15日为1个纳税期的，自期满之日起5日内预缴税款，于次月1日起15日内申报纳税并结清上月应纳税款。

纳税人进口应税消费品，应当自海关填发海关进口消费税专用缴款书之日起15日内缴纳税款。

3.2.4 消费税的纳税地点

纳税人销售的应税消费品，以及自产自用的应税消费品，除国务院财政、税务主管部门另有规定外，应当向纳税人机构所在地或者居住地的主管税务机关申报纳税。

委托加工的应税消费品，除受托方为个人外，由受托方向机构所在地或者居住地的主管税务机关解缴消费税税款。

进口的应税消费品，应当向报关地海关申报纳税。

纳税人到外县（市）销售或委托外县（市）代销自产应税消费品的，于应税消费品销售后，回纳税人核算地或所在地缴纳消费税。

纳税人的总机构与分支机构不在同一县（市）的，应在生产应税消费品的分支机构所在地缴纳消费税。但经国家税务总局及所属税务分局批准，纳税人分支机构应纳消费税税款也可由总机构汇总向总机构所在地主管税务机关缴纳。

3.2.5 消费税征缴方法

消费税的征缴税款办法，由所在地主管税务机关视不同情况，于下列办法中核定一种。

（1）纳税人按期向税务机关填报纳税申报表，并填开纳税缴款书，向所在地代理金库的银行缴纳税款，即“三自缴税法”。

（2）纳税人按期向税务机关填报纳税申报表，由税务机关审核后填发缴款书，按期缴纳，即“自报核缴法”。

（3）对会计核算不健全的小型企业，税务机关可根据其产销情况，按季或按年核定其应纳税额，分月缴纳，即“定期定额法”。

3.2.6　消费税征税机关

消费税由税务机关征收，进口的应税消费品的消费税由海关代征。

个人携带或者邮寄进境的应税消费品的消费税，连同关税一并计征。具体办法由国务院关税税则委员会会同有关部门制定。

3.2.7　消费税税率

消费税的税率采用比例税率和定额税率两种形式，以适应不同应税消费品的实际情况。消费税根据不同的税目或子目确定相应的税率或单位税额。消费税税目、税率见表 3-1。

表 3-1　消费税税目、税率表

税　目	税　率
一、烟	
1.卷烟	
（1）甲类卷烟	56%加 0.003 元/支
（2）乙类卷烟	36%加 0.003 元/支
2.雪茄烟	36%
3.烟丝	30%
二、酒及酒精	
1.白酒	20%加 0.5 元/500 克（或者 500 毫升）
2.黄酒	240 元/吨
3.啤酒	
（1）甲类啤酒	250 元/吨
（2）乙类啤酒	220 元/吨
4.其他酒	10%
5.酒精	5%
三、化妆品	30%
四、贵重首饰及珠宝玉石	
1.金银首饰、铂金首饰和钻石及钻石饰品	5%
2.其他贵重首饰和珠宝玉石	10%
五、鞭炮、焰火	15%

（续表）

税　　目	税　　率
六、成品油	
1.汽油	
（1）含铅汽油	0.28 元/升
（2）无铅汽油	0.20 元/升
2.柴油	0.10 元/升
3.航空煤油	0.10 元/升
4.石脑油	0.20 元/升
5.溶剂油	0.20 元/升
6.润滑油	0.20 元/升
7.燃料油	0.10 元/升
七、汽车轮胎	3%
八、摩托车	
1.气缸容量（排气量，下同）在 250 毫升（含 250 毫升）以下的	3%
2.气缸容量在 250 毫升以上的	10%
九、小汽车	
1.乘用车	
（1）气缸容量（排气量，下同）在 1.0 升（含 1.0 升）以下的	1%
（2）气缸容量在 1.0 升以上至 1.5 升（含 1.5 升）的	3%
（3）气缸容量在 1.5 升以上至 2.0 升（含 2.0 升）的	5%
（4）气缸容量在 2.0 升以上至 2.5 升（含 2.5 升）的	9%
（5）气缸容量在 2.5 升以上至 3.0 升（含 3.0 升）的	12%
（6）气缸容量在 3.0 升以上至 4.0 升（含 4.0 升）的	25%
（7）气缸容量在 4.0 升以上的	40%
2.中轻型商用客车	5%
十、高尔夫球及球具	10%
十一、高档手表	20%
十二、游艇	10%
十三、木制一次性筷子	5%
十四、实木地板	5%

需要注意的事项如下。

（1）《中华人民共和国消费税暂行条例》规定卷烟的税率由比例税率调整为复合税率。定额税率为：每标准箱（50000 支）150 元，比例税率为：每标准条（200 支）调拨价格在 70 元（含 50 元，不含增值税，下同）以上的卷烟税率为 56%；每标准条调拨价格不足 70 元的，税率 36%。

在卷烟批发环节加征一道从价税。

① 纳税义务人：在中华人民共和国境内从事卷烟批发业务的单位和个人。

② 征收范围：纳税人批发销售的所有牌号规格的卷烟。

③ 计税依据：纳税人批发卷烟的销售额（不含增值税）。

④ 纳税人应将卷烟销售额与其他商品销售额分开核算，未分开核算的，一并征收消费税。

⑤ 适用税率：5%。

⑥ 纳税人销售给纳税人以外的单位和个人的卷烟于销售时纳税。纳税人之间销售的卷烟不缴纳消费税。

⑦ 纳税义务发生时间：纳税人收讫销售款或者取得索取销售款凭据的当天。

⑧ 纳税地点：卷烟批发企业的机构所在地，总机构与分支机构不在同一地区的，由总机构申报纳税。

⑨ 卷烟消费税在生产和批发两个环节征收后，批发企业在计算纳税时不得扣除已含的生产环节的消费税税款。

调整后的烟产品消费税税目、税率表见表 3-2。

表 3-2　调整后的烟产品消费税、税目税率表

税　　目	税　　率	征收环节
烟		
1.卷烟		
工业		
（1）甲类卷烟	56%加 0.003 元/支	生产环节
（调拨价 70 元（不含增值税）/条以上（含 70 元））		
（2）乙类卷烟	36%加 0.003 元/支	生产环节
（调拨价 70 元（不含增值税）/条以下）		
商业批发	5%	批发环节
2.雪茄	36%	生产环节
3.烟丝	30%	生产环节

本条例自 2009 年 5 月 1 日起执行。此前有关文件规定与本条例相抵触的，以本条例为准。

（2）酒类产品中的粮食白酒、薯类白酒消费税税率由比例税率调整为复合税率。粮食白酒、薯类白酒的定额税率为每斤 0.5 元，原来适用的比例税率不变；啤酒消费税单位税额作了调整，每吨啤酒出厂价格（含包装物及包装物押金）在 3 000 元（含 3 000 元，不含增值税）以上的，单位税额每吨 250 元；在 3 000 元以下的单位税额每吨 220 元；娱乐业和饮食业自制啤酒，单位税额为每吨 250 元。

（3）金银（含铂金）首饰、钻石减按 5%税率征税。金银首饰、钻石及钻石饰品由生产销售、进口环节征税改为零售环节征税。

（4）汽油税目中分列了"含铅汽油"和"无铅汽油"。"含铅汽油"税率为 0.28 元/升，"无铅汽油"税率为 0.2 元/升。

（5）子午线轮胎免征消费税。

（6）纳税人兼营不同税率的应税消费品，应当分别核算不同税率应税消费品的销售额、销售数量；未分别核算销售额、销售数量，或者将不同税率的应税消费品组成成套消费品销售的，从高适用税率。

3.2.8 消费税应纳税额的计算

1. 生产销售环节应纳消费税的计算

生产销售应税消费品的具体情况有：生产后直接销售、生产后自用的、外购已税消费品连续生产应税消费品销售或自用的。

（1）生产后直接用于销售的应税消费品应纳税额的计算。

① 从价计征：应纳消费税额＝销售额×适用税率。

如果销售额为含增值税销售额，应换算为不含增值税销售额。

② 从量计征：应纳消费税税额＝销售量×单位税额。

③ 复合计征：应纳消费税税额＝销售额×税率＋销售数量×单位税额。

【例 3-1】 某化妆品厂为增值税一般纳税人，增值税税率为 17%，该厂本月销售给某商店（小规模纳税人）化妆品 117 000 元，消费税税率为 30%，开出普通发票。该业务的应纳消费税计算如下：

不含增值税的销售额＝117 000÷（1＋17%）＝100 000（元）

应纳消费税＝100 000×30%＝30 000（元）

【例 3-2】 某股份有限公司 2009 年 12 月销售黄酒 400 吨，该公司当月应纳消费税税额为：

应纳消费税＝400×240＝96 000（元）

纳税人通过自设非独立核算门市部销售的资产应税消费品，应当按照门市部对外销售额或者销售数量征收消费税，

【例 3-3】 某酒厂（增值税一般纳税人）以粮食为原料加工生产白酒。2009 年 6 月份销售白酒 50 000 瓶，每瓶 500 克，每瓶不含税售价为 100 元，本月应纳消费税计算如下：

应纳消费税＝100×50 000×20%＋0.5×50 000＝1 025 000（元）

（2）用于其他方面应税消费品应纳税额的计算。

【例 3-4】 某摩托车厂将自产的一批摩托车（气缸容量 250 毫升以上）用于摩托车比赛赞助，这批摩托车的成本为 80 000 元，摩托车的全国平均成本利润率为 6%，这批摩托车应纳消费税计算如下：

组成计税价格＝（80 000＋80 000×6%）÷（1－10%）＝94 222.22（元）

应纳消费税＝94 222.22×10%＝9 422.22（元）

（3）外购已税消费品生产应税消费品应纳税额的计算。

用外购已缴纳消费税的应税消费品连续生产的应税消费品，在计算征收消费税时，按当期生产领用数量计算准予扣除外购的应税消费品已纳的消费税税款。

① 外购已税烟丝生产的卷烟；

② 外购已税化妆品生产的化妆品；

③ 外购已税珠宝玉石生产的贵重首饰及珠宝玉石；

④ 外购已税鞭炮焰火生产的鞭炮焰火；

⑤ 外购已税汽车轮胎（内胎和外胎）生产的汽车轮胎；

⑥ 外购已税摩托车生产的摩托车；

⑦ 外购的已税杆头、杆身和握把为原料生产的高尔夫球杆；

⑧ 外购的已税木制一次性筷子为原料生产的木制一次性筷子；

⑨ 外购的已税实木地板为原料生产的实木地板；

⑩ 外购的已税石脑油为原料生产的应税消费品；

⑪ 外购的已税润滑油为原料生产的润滑油。

应纳消费税－最终应税消费品应纳税额－当期准予扣除的外购已税消费品已纳消费税额

当期准予扣除外购已税消费品已纳税款，采取实耗扣除法计算。

- 实行从价定率办法的计算公式如下：

当期准予扣除外购应税消费品已纳税额＝当期准予扣除外购应税消费品买价×外购应税消费品适用税率

当期准予扣除外购应税消费品买价＝期初库存外购应税消费品买价＋当期购进应税消费品买价－期末库存的外购应税消费品买价

- 实行从量定额办法计算公式如下：

当期准予扣除的外购应税消费品已纳税额＝当期准予扣除外购应税消费品数量×外购应税消费品单位税额

当期准予扣除外购应税消费品数量＝期初库存外购应税消费品数量＋当期购进应税消

费品数量－期末库存外购应税消费品数量

● 进口应税消费品已纳税款扣除计算公式如下：

当期准予扣除的进口应税消费品已纳税额＝期初库存的进口应税消费品已纳税额＋当期进口应税消费品已纳税额－期末库存的进口应税消费品已纳税额

● 以外购已税珠宝玉石生产的金银首饰（镶嵌首饰），因已改在零售环节征税，所以计算应纳税额时，一律不得扣除外购已税珠宝玉石的已纳消费税额。

● 从商业企业购进应税消费品连续生产应税消费品，符合抵扣条件的，准予扣除外购应税消费品已纳消费税额。

【例 3-5】 某卷烟厂外购烟丝生产卷烟，2009 年 10 月份期初库存的外购烟丝 100 000 元，本月购进烟丝 1 000 000 元，月末库存烟丝 50 000 元，计算本月准予扣除的外购烟丝已纳税额。

本月准予扣除的外购烟丝的买价＝100 000＋1 000 000－50 000＝1 050 000（元）

本月准予扣除的外购烟丝已纳消费税税额＝1 050 000×30%＝315 000（元）

2. 零售环节应纳税额的计算

金银首饰、钻石及钻石饰品已改在零售环节纳税，由零售者按销售额（不含增值税）按 5%税率计算缴纳。对于纳税人采用以旧换新方式销售金银首饰的，按实际收到的不含增值税的价款计算缴纳。

【例 3-6】 某珠宝店（增值税一般纳税人），2007 年 12 月份零售金银首饰 1 170 000 元（含增值税）。计算珠宝店应纳消费税额。

不含增值税的销售额＝1 170 000÷（1＋17%）＝1 000 000（元）

应纳消费税＝1 000 000×5%＝50 000（元）

3. 委托加工应税消费品应纳税额的计算

委托加工应税消费品，按照受托方的同类消费品的销售价格计算纳税；没有同类消费品销售价格的，按照组成计税价格计算纳税。

【例 3-7】 某汽车制造厂委托一轮胎厂加工 500 个轮胎，加工合同注明汽车厂提供材料成本 80 000 元，受托单位垫付辅助材料 30 000 元，增值税发票注明的加工费为 40 000 元，增值税税率 17%，消费税税率 3%，加工收回时，应纳消费税额（受托方没有同类产品销售）计算如下：

组成计税价格＝（80 000＋40 000＋30 000）÷（1－3%）＝154 639.18（元）

应纳消费税＝154 639.18×3%＝4 639.18（元）

税法规定，对下列委托方收回后用于连续生产的应税消费品，在计算消费税时，准予按当期生产另用数量计算扣除委托加工收回的应税消费品已纳的消费税税款。

① 委托加工收回的已税烟丝生产的卷烟；

② 委托加工收回的已税化妆品生产的化妆品；

③ 委托加工收回的已税珠宝玉石生产的贵重首饰及珠宝玉石；

④ 委托加工收回的已税鞭炮焰火生产的鞭炮焰火；

⑤ 委托加工收回的已税汽车轮胎（内胎和外胎）生产的汽车轮胎；

⑥ 委托加工收回的已税摩托车生产的摩托车；

⑦ 委托加工收回的已税杆头、杆身和握把为原料生产的高尔夫球杆；

⑧ 委托加工收回的已税木制一次性筷子为原料生产的木制一次性筷子；

⑨ 委托加工收回的已税实木地板为原料生产的实木地板；

⑩ 委托加工收回的已税石脑油为原料生产的应税消费品；

⑪ 委托加工收回的已税润滑油为原料生产的润滑油。

应纳税额的计算公式如下：

应纳税额＝最终应税消费品应纳税额－当期准予扣除的委托加工收回已税消费品已纳消费税额

当期准予扣除委托加工收回已税消费品已纳税款，采取实耗扣除法计算。

● 实行从价定率办法计算应纳税额的，计算公式如下：

当期准予扣除委托加工收回应税消费品已纳税额＝期初库存委托加工收回应税消费品已纳税款＋当期收回的委托加工应税消费品已纳税款－期末库存的委托加工收回应税消费品已纳税款

● 实行从量定额办法计算应纳税额的，计算公式如下：

当期准予扣除的委托加工收回应税消费品已纳税额＝当期准予扣除委托加工收回应税消费品数量×委托加工收回应税消费品单位税额

当期准予扣除委托加工收回应税消费品数量＝期初库存委托加工收回应税消费品数量＋当期购进应税消费品数量－期末库存委托加工收回应税消费品数量

● 以委托加工收回的已税珠宝玉石生产的金银首饰（镶嵌首饰），因已改在零售环节征税，所以计算应纳税额时，一律不得扣除委托加工收回已税珠宝玉石的已纳消费税额。

【例 3-8】 某轮胎厂（一般纳税人）月初结存委托加工的内胎 200 条，消费税款 1 100 元，本月收回委托加工的内胎 700 条，支付消费税 3 600 元。本月领用 700 条内胎生产汽车轮胎。本月销售汽车轮胎 600 套，取得不含增值税销售额 500 000 元，货款已收到。轮胎的消费税率为 3%，轮胎厂本月应纳消费税额计算如下：

当月准予扣除的委托加工收回内胎的已纳消费税额＝（1 100＋3 600）÷（200＋700）×700
＝3 655.56（元）

当月应纳消费税＝500 000×3%－3 655.56＝11 344.44（元）

4. 进口环节应纳消费税的计算

纳税人进口的应税消费品，应向海关申报纳税。

【例 3-9】 某商店从国外进口成套化妆品一批，关税完税价格为 80 万元，应缴纳关税 20 万元，化妆品消费税税率为 30%，计算进口货物的消费税额。

组成计税价格＝（80＋20）÷（1－30%）＝142.86（万元）

应纳消费税额＝142.86×30%＝42.86（万元）

3.2.9 消费税的会计处理

为了准确反映企业消费税的缴纳情况，纳税人和代收代缴税款的扣缴义务人应在“应交税费”账户下设置“应交消费税”明细账户进行会计核算，该明细账户采用三栏式结构。该账户借方登记实际缴纳的消费税，贷方登记按规定应缴纳的消费税额，期末余额可能在贷方，也可能在借方。期末贷方余额反映企业应交未交的消费税额，期末借方余额反映企业多交的或留待抵扣的消费税税额。

消费税属于价内税，为反映消费税对损益的影响，纳税人还应设置“营业税金及附加”、“委托加工物资”等账户，与“应交税费—应缴消费税”账户对应。

3.3 消费税的优惠政策

消费税是一种选择税，选择征收的消费品一般为非生活必需品，因此不能要求国家给予减免税来满足消费需求。为了体现公平税负，确保国家的财政收入，充分发挥消费税调节社会特殊消费的作用，消费税一般不再给予减免税。

为鼓励企业积极出口产品，纳税人出口应税消费品，除国家限制出口的应税消费品外，规定相关优惠政策，主要表现为：

1. 免税不退税

免税不退税的政策适用于有出口经营权的生产企业自营出口，或者生产企业委托外贸企业代理出口自产的应税消费品。依据其实际出口数量免征消费税，不予办理退还消费税。

2. 免税并退税

免税并退税政策适用于有出口经营权的外贸企业购进应税消费品直接出口，以及外贸企业受其他外贸企业委托代理出口应税消费品。在报关出口时可退还其已在生产环节或委托加工环节征收的消费税税款。

3. 不免税也不退税

不免税也不退税政策适用于一般商贸企业委托外贸企业代理出口的应税消费品。在报关出口时一律不予退（免）税。

出口应税消费品应退税的税率或单位税额，依据《消费税暂行条例》的《消费税税目税率税额表》规定税率或单位税额执行。办理出口退、免税企业，应将不同税率的应税消费品分开核算和申报，凡是未分别核算而划分不清适用税率的，一律从低适用税率计算退、免税税额。

3.4 消费税纳税申报实务操作

消费税纳税人主要采用自行计算应纳税额，向税务机关填报纳税申报表，经税务机关审查核定后，自行到银行缴纳消费税的纳税方式。由于应税消费品不同，其纳税申报表亦不同。

3.4.1 烟类应税消费品纳税申报表

烟类应税消费品纳税申报表包括主表与三张附表。

1. 烟类应税消费品纳税申报表主表

（1）烟类应税消费品纳税申报表主表的格式见表3-3。

（2）烟类应税消费品纳税申报表的填表说明

① 本表仅限烟类消费税纳税人使用。

② 本表“销售数量”为《中华人民共和国消费税暂行条例》、《中华人民共和国消费税暂行条例实施细则》及其他法规、规章规定的当期应申报缴纳消费税的烟类应税消费品销售（不含出口免税）数量。

③ 本表“销售额”为《中华人民共和国消费税暂行条例》、《中华人民共和国消费税暂行条例实施细则》及其他法规、规章规定的当期应申报缴纳消费税的烟类应税消费品销售（不含出口免税）收入。

表 3-3

烟类应税消费品消费税纳税申报表

税款所属期：　年　月　日　至　年　月　日

纳税人名称（公章）：　纳税人识别号：

填表日期：　年　月　日　　单位：卷烟万支、雪茄烟支、烟丝千克；金额单位：元（列至角分）

项目 应税消费品名称	适用税率		销售数量	销售额	应纳税额
	定额税率	比例税率			
卷烟	30 元/万支	56%			
卷烟	30 元/万支	36%			
雪茄烟	——	26%			
烟丝	——	30%			
合计	——	——	——	——	

本期准予扣除税额：	**声明** **此纳税申报表是根据国家税收法律的规定填报的，我确定它是真实的、可靠的、完整的。** 经办人（签章）：　财务负责人（签章）： 联系电话：
本期减（免）税额：	
期初未缴税额：	
本期缴纳前期应纳税额：	（如果你已委托代理人申报，请填写） 授权声明 为代理一切税务事宜，现授权________（地址）________为本纳税人的代理申报人，任何与本申报表有关的往来文件，都可寄予此人。 授权人签章：
本期预缴税额：	
本期应补（退）税额：	
期末未缴税额：	

以下由税务机关填写

受理人（签章）：　　受理日期：　年　月　日　　受理税务机关（章）：

④ 根据《中华人民共和国消费税暂行条例》和《财政部 国家税务总局关于调整烟类产品消费税政策的通知》（财税[2001]91 号）的规定，本表“应纳税额”计算公式如下：

- 卷烟　　应纳税额＝销售数量×定额税率＋销售额×比例税率
- 雪茄烟、烟丝　　应纳税额＝销售额×比例税率

⑤ 本表“本期准予扣除税额”按本表附件一的本期准予扣除税款合计金额填写。

⑥ 本表“本期减（免）税额”不含出口退（免）税额。

⑦ 本表“期初未缴税额”填写本期期初累计应缴未缴的消费税额，多缴为负数。其数

值等于上期“期末未缴税额”。

⑧ 本表“本期缴纳前期应纳税额”填写本期实际缴纳入库的前期消费税额。

⑨ 本表“本期预缴税额”填写纳税申报前已预先缴纳入库的本期消费税额。

⑩ 本表“本期应补（退）税额”计算公式如下，多缴为负数：

本期应补（退）税额＝应纳税额（合计栏金额）－本期准予扣除税额－本期减（免）税额－本期预缴税额

⑪ 本表“期末未缴税额”计算公式如下，多缴为负数：

期末未缴税额＝期初未缴税额＋本期应补（退）税额－本期缴纳前期应纳税额

⑫ 本表为 A4 竖式，所有数字小数点后保留两位。一式二份，一份纳税人留存，一份税务机关留存。

2. 烟类应税消费品纳税申报表附表 1

烟类应税消费品纳税申报表附表 1 格式见表 3-4。

表 3-4

本期准予扣除税额计算表

税款所属期：　年　月　日　　至　　年　月　日

纳税人名称（公章）：　　纳税人识别号：

填表日期：　　年　月　日　　　　　　　　　　　金额单位：元（列至角分）

一、当期准予扣除的委托加工烟丝已纳税款计算
1. 期初库存委托加工烟丝已纳税款：
2. 当期收回委托加工烟丝已纳税款：
3. 期末库存委托加工烟丝已纳税款：
4. 当期准予扣除的委托加工烟丝已纳税款：
二、当期准予扣除的外购烟丝已纳税款计算
1. 期初库存外购烟丝买价：
2. 当期购进烟丝买价：
3. 期末库存外购烟丝买价：
4. 当期准予扣除的外购烟丝已纳税款：
三、本期准予扣除税款合计：

3. 烟类应税消费品纳税申报表附表 2

烟类应税消费品纳税申报表附表 2 格式见表 3-5。

表 3-5

本期代收代缴税额计算表

税款所属期：　　年　月　日　　至　　年　月　日

纳税人名称（公章）：　　纳税人识别号：

填表日期：　　年　月　日　　　　金额单位：元（列至角分）

项目＼应税消费品名称		卷烟	卷烟	雪茄烟	烟丝	合计
适用税率	定额税率	30 元/万支	30 元/万支	——	——	——
	比例税率	45%	30%	25%	30%	——
受托加工数量						——
同类产品销售价格						——
材料成本						——
加工费						——
组成计税价格						——
本期代收代缴税款						

4. 烟类应税消费品纳税申报表附表 3

烟类应税消费品纳税申报表附表 3 格式见表 3-6。

表 3-6

卷烟销售明细表

所属期：　　年　月　日　　至　　年　月　日

纳税人名称（公章）：　　纳税人识别号：

填表日期：　　年　月　日　　　　单位：万支、元、元/条（200 支）

卷烟牌号	烟支包装规格	产　量	销　量	消费税计税价格	销 售 额	备　注
合　计	——			——	——	——

3.4.2 酒及酒精消费税纳税申报表

酒及酒精消费税纳税申报表包括主表与三张附表。

1. 酒及酒精类应税消费品纳税申报表主表

酒及酒精类应税消费品纳税申报表主表的格式见表 3-7。

表 3-7

酒及酒精消费税纳税申报表

税款所属期： 年 月 日 至 年 月 日

纳税人名称（公章） 纳税人识别号：

填表日期： 年 月 日 金额单位：元（列至角分）

项目 应税消费品名称	适用税率		销售数量	销售额	应纳税额
	定额税率	比例税率			
粮食白酒	0.5 元/斤	20%			
薯类白酒	0.5 元/斤	20%			
啤酒	250 元/吨	——			
啤酒	220 元/吨	——			
黄酒	240 元/吨	——			
其他酒	——	10%			
酒精	——	5%			
合计	——	——	——	——	

本期准予抵减税额：	**声明：此纳税申报表是根据国家税收法律的规定填报的，我确定它是真实的、可靠的、完整的。** 经办人（签章）：财务负责人（签章）： 联系电话：
本期减（免）税额：	
期初未缴税额：	
本期缴纳前期应纳税额：	（如果你已委托代理人申报，请填写） 授权声明 为代理一切税务事宜，现授权________ ________（地址）________________为本纳税人的代理申报人，任何与本申报表有关的往来文件，都可寄予此人。 授权人签章：
本期预缴税额：	
本期应补（退）税额：	
期末未缴税额：	

以下由税务机关填写

受理人（签章）： 受理日期： 年 月 日 受理税务机关（章）：

2. 烟类应税消费品纳税申报表附表 1

酒及酒精消费税纳税申报表附表 1 的格式见表 3-8。

表 3-8

本期准予抵减税额计算表

税款所属期： 年 月 日 至 年 月 日

纳税人名称（公章）： 纳税人识别号：□□□□□□□□□□□□□□□□□□□□

填表日期： 年 月 日　　　　单位：吨、元（列至角分）

一、当期准予抵减的外购啤酒液已纳税款计算
1.期初库存外购啤酒液数量：
2.当期购进啤酒液数量：
3.期末库存外购啤酒液数量：
4.当期准予抵减的外购啤酒液已纳税款：
二、当期准予抵减的进口葡萄酒已纳税款：
三、本期准予抵减税款合计：

附：准予抵减消费税凭证明细

	号码	开票日期	数量	单价	定额税率（元/吨）
啤酒（增值税专用发票）					
	合计			——	——
葡萄酒（海关进口消费税专用缴款书）	号码	开票日期	数量	完税价格	税款金额
	合计	——			

3. 酒及酒精消费税纳税申报表附表 2

酒及酒精消费税纳税申报表附表 2 格式见表 3-9。

表 3-9

本期代收代缴税额计算表

税款所属期：　　年　月　日　　至　　年　月　日

纳税人名称（公章）：　　纳税人识别号：

填表日期：　　年　月　日　　　　　　　　　　　　　金额单位：元（列至角分）

应税消费品名称 / 项目		粮食白酒	薯类白酒	啤酒	啤酒	黄酒	其他酒	酒精	合计
适用税率	定额税率	0.5 元/斤	0.5 元/斤	250 元/吨	220 元/吨	240 元/吨	——	——	
	比例税率	20%	20%	——	——	——	10%	5%	
受托加工数量									
同类产品销售价格									
材料成本						——			
加工费						——			
组成计税价格						——			
本期代收代缴税款									

4. 酒及酒精消费税纳税申报表附表 3

酒及酒精消费税纳税申报表附表 3 格式见表 3-10。

表 3-10

生产经营情况表

税款所属期：　　年　月　日　　至　　年　月　日

纳税人名称（公章）：　　纳税人识别号：

填表日期：　　年　月　日　　　　　　　　　　　　　金额单位：元（列至角分）

应税消费品名称 / 项目	粮食白酒	薯类白酒	啤酒（适用税率 250 元/吨）	啤酒（适用税率 220 元/吨）	黄酒	其他酒	酒精
生产数量							
销售数量							
委托加工收回酒及酒精直接销售数量							
委托加工收回酒及酒精直接销售额							
出口免税销售数量							
出口免税销售额							

3.4.3 成品油消费税纳税申报表及其附表

1. 成品油消费税纳税申报表

成品油消费税纳税申报表的格式见表 3-11。

表 3-11

成品油消费税纳税申报表

税款所属期：　年　月　日　至　年　月　日

纳税人名称（公章）：　纳税人识别号：□□□□□□□□□□□□□□□□□□□□

填表日期：　年　月　日　　　计量单位：升；金额单位：元（列至角分）

项目 应税消费品名称	适用税率（元/升）	销售数量	应纳税额
汽油	0.20		
柴油	0.10		
石脑油	0.2 0		
溶剂油	0.20		
润滑油	0.20		
燃料油	0.10		
航空煤油	0.10		
合计		——	

	声明 **此纳税申报表是根据国家税收法律的规定填报的，我确定它是真实的、可靠的、完整的。** 经办人（签章）：　财务负责人（签章）： 联系电话：
本期准予扣除税额：	
本期减（免）税额：	
期初未缴税额：	
本期缴纳前期应纳税额：	（如果你已委托代理人申报，请填写） **授权声明** 为代理一切税务事宜，现授权________（地址）________为本纳税人的代理申报人，任何与本申报表有关的往来文件，都可寄予此人。 授权人签章：
本期预缴税额：	
本期应补（退）税额：	
期末未缴税额：	

以下由税务机关填写

受理人（签章）：　受理日期：　年　月　日　　受理税务机关（章）：

2. 成品油消费税纳税申报表附表 1

成品油消费税纳税申报表附表 1 的格式见表 3-12。

表 3-12

本期准予扣除税额

税款所属期：　　年　月　日　　至　　年　月　日

纳税人名称（公章）：　　纳税人识别号：

填表日期：　　年　月　日　　　　　　计量单位：升；　金额单位：元（列至角分）

项目 应税消费品名称	石脑油	润滑油	燃料油
一、当期准予扣除的委托加工收回应税消费品已纳税款计算	——	——	——
1. 期初库存委托加工应税消费品已纳税款			
2. 当期收回委托加工应税消费品已纳税款			
3. 期末库存委托加工应税消费品已纳税款			
4. 当期准予扣除的委托加工应税消费品已纳税款			
二、当期准予扣除的外购应税消费品已纳税款计算	——	——	——
1.期初库存外购应税消费品数量			
2.当期购进应税消费品数量			
3.期末库存外购应税消费品数量			
4.当期准予扣除的外购应税消费品数量			
5.当期准予扣除的外购应税消费品税款			
三、以外购和委托加工收回石脑油为原料在同一生产过程中既生产非应税消费品，同时又生产应税消费品的，外购和委托加工收回石脑油扣除已纳税款计算			
1. 当期应税消费品的产出量：			
2.生产当期应税消费品所有原料投入数量：			
3.收率：			
4.当期准予扣除的外购和委托加工石脑油已纳税款：			
四、本期准予扣除税款合计：			

3. 成品油消费税纳税申报表附表 2

成品油消费税纳税申报表附表 2 的格式见表 3-13。

4. 成品油消费税纳税申报表附表 3

成品油消费税纳税申报表附表 3 的格式见表 3-14。

表 3-13

本期代收代缴税额计算表

税款所属期：　　年　月　日　　至　　年　月　日

纳税人名称（公章）：　纳税人识别号：

填表日期：　　年　月　日　　　　　　　　计量单位：升；　　金额单位：元（列至角分）

应税消费品名称 / 项目	汽油	柴油	石脑油	溶剂油	润滑油	燃料油	航空煤油	合计
适用税率（元/升）	0.20	0.10	0.20	0.20	0.20	0.10	0.10	——
受托加工数量								——
本期代收代缴税款								

表 3-14

成品油销售明细表

所属期：　　年　月　日　　至　　年　月　日

纳税人名称（公章）：　纳税人识别号：

填表日期：　　年　月　日　　　　　　　　数量单位：升　　金额单位：元（列至角分）

成品油名称	发票代码	发票号码	销量	销售额	购货方纳税人名称	购货方纳税人识别号	备注
合计	——				——	——	——

5. 成品油消费税纳税申报表附表4

成品油消费税纳税申报表附表4的格式见表3-15。

表3-15

准予扣除消费税凭证明细表

税款所属期： 年 月 日 至 年 月 日

纳税人名称（公章）： 纳税人识别号：

填表日期： 年 月 日 计量单位：升 金额单位：元（列至角分）

应税消费品名称	凭证类别	凭证号码	开票日期	数量/升	金额	适用税率	消费税税额
合计	——	——					

3.4.4 小汽车消费税纳税申报表及其附表

1. 小汽车消费税纳税申报表

小汽车消费税纳税申报表的格式见表3-16。

2. 小汽车消费税纳税申报表附表1

小汽车消费税纳税申报表附表1的格式见表3-17。

3. 小汽车消费税纳税申报表附表2

小汽车消费税纳税申报表附表1的格式见表3-18。

表 3-16

小汽车消费税纳税申报表

税款所属期：　年　月　日　至　年　月　日

纳税人名称（公章）：　　纳税人识别号：

填表日期：　年　月　日　　单位：辆、元（列至角分）

项目 应税消费品名称		适用税率	销售数量	销售额	应纳税额
乘用车	气缸容量≤1.5 升	3%			
	1.5 升＜气缸容量≤2.0 升	5%			
	2.0 升＜气缸容量≤2.5 升	9%			
	2.5 升＜气缸容量≤3.0 升	12%			
	3.0 升＜气缸容量≤4.0 升	15%			
	气缸容量＞4.0 升	20%			
中轻型商用客车		5%			
合计		—	—	—	

<table>
<tr><td></td><td rowspan="4">声明
此纳税申报表是根据国家税收法律的规定填报的，我确定它是真实的、可靠的、完整的。
经办人（签章）：
财务负责人（签章）：
联系电话：</td></tr>
<tr><td>本期准予扣除税额：</td></tr>
<tr><td>本期减（免）税额：</td></tr>
<tr><td>期初未缴税额：</td></tr>
<tr><td>本期缴纳前期应纳税额：</td><td rowspan="4">（如果你已委托代理人申报，请填写）
授权声明
为代理一切税务事宜，现授权＿＿＿＿（地址）＿＿＿＿＿＿为本纳税人的代理申报人，任何与本申报表有关的往来文件，都可寄予此人。
授权人签章：</td></tr>
<tr><td>本期预缴税额：</td></tr>
<tr><td>本期应补（退）税额：</td></tr>
<tr><td>期末未缴税额：</td></tr>
</table>

以下由税务机关填写

受理人（签章）：　　受理日期：　年　月　日　　受理税务机关（章）：

表 3-17

本期代收代缴税额计算表

税款所属期：　年　月　日　至　年　月　日

纳税人名称（公章）：　纳税人识别号：

填表日期：　年　月　日　　　　金额单位：元（列至角分）

项目＼应税消费品名称	乘用车：气缸容量≤1.5 升	乘用车：1.5 升＜气缸容量≤2.0 升	乘用车：2.0 升＜气缸容量≤2.5 升	乘用车：2.5 升＜气缸容量≤3.0 升	乘用车：3.0 升＜气缸容量≤4.0 升	乘用车：气缸容量＞4.0 升	中轻型商用客车	合计
适用税率	3%	5%	9%	12%	15%	20%	5%	
受托加工数量								——
同类产品销售价格								——
材料成本								——
加工费								——
组成计税价格								——
本期代收代缴税款								

表 3-18

生产经营情况表

税款所属期：　年　月　日　至　年　月　日

纳税人名称（公章）：　纳税人识别号：

填表日期：　年　月　日　　　　金额单位：元（列至角分）

项目＼应税消费品名称	乘用车：气缸容量≤1.5 升	乘用车：1.5 升＜气缸容量≤2.0 升	乘用车：2.0 升＜气缸容量≤2.5 升	乘用车：2.5 升＜气缸容量≤3.0 升	乘用车：3.0 升＜气缸容量≤4.0 升	乘用车：气缸容量＞4.0 升	中轻型商用客车
生产数量							
销售数量							
委托加工收回应税消费品直接销售数量							
委托加工收回应税消费品直接销售额							
出口免税销售数量							
出口免税销售额							

3.4.5 其他应税消费品消费税纳税申报表及其附表

1. 其他应税消费品消费税纳税申报表

其他应税消费品消费税纳税申报表的格式见表 3-19。

表 3-19

其他应税消费品消费税纳税申报表

税款所属期： 年 月 日 至 年 月 日

纳税人名称（公章）： 纳税人识别号：

填表日期： 年 月 日 金额单位：元（列至角分）

项目 应税消费品名称	适用税率	销售数量	销售额	应纳税额
合 计	—	—	—	

	声明 **此纳税申报表是根据国家税收法律的规定填报的，我确定它是真实的、可靠的、完整的。** 经办人（签章）： 财务负责人（签章）： 联系电话：
本期准予抵减税额：	
本期减（免）税额：	
期初未缴税额：	
本期缴纳前期应纳税额：	授权声明 为代理一切税务事宜，现授权______（地址）______为本纳税人的代理申报人，任何与本申报表有关的往来文件，都可寄予此人。 授权人签章：
本期预缴税额：	
本期应补（退）税额：	
期末未缴税额：	

以下由税务机关填写

受理人（签章）： 受理日期： 年 月 日 受理税务机关（章）：

2. 其他应税消费品消费税纳税申报表的附表 1

其他应税消费品消费税纳税申报表附表 1 的格式见表 3-20。

表 3-20

本期准予扣除税额计算表

税款所属期：　　年　　月　　日至　　年　　月　　日

纳税人名称(公章)：　纳税人识别号：

填表日期：　　年　　月　　日　　　　　　　　金额单位：元（列至角分）

项目 \ 应税消费品名称					合　计
当期准予扣除的委托加工应税消费品已纳税款计算	期初库存委托加工应税消费品已纳税款				——
	当期收回委托加工应税消费品已纳税款				——
	期末库存委托加工应税消费品已纳税款				——
	当期准予扣除委托加工应税消费品已纳税款				
当期准予扣除的外购应税消费品已纳税款计算	期初库存外购应税消费品买价				——
	当期购进应税消费品买价				——
	期末库存外购应税消费品买价				——
	外购应税消费品适用税率				——
	当期准予扣除外购应税消费品已纳税款				
本期准予扣除税款合计					

3. 其他应税消费品消费税纳税申报表附表 2

其他应税消费品消费税纳税申报表附表 2 的格式见表 3-21。

4. 其他应税消费品消费税纳税申报表附表 3

其他应税消费品消费税纳税申报表附表 3 的格式见表 3-22。

表 3-21

准予扣除消费税凭证明细表

税款所属期：　　年　月　日　　至　　年　月　日

纳税人名称(公章)：　　纳税人识别号：

填表日期：　　年　月　日　　　　金额单位：元（列至角分）

应税消费品名称	凭证类别	凭证号码	开票日期	数量	金额	适用税率	消费税税额
合计	——	——	——	——	——	——	

表 3-22

本期代收代缴税额计算表

税款所属期：　　年　月　日至　　年　月　日

纳税人名称（公章）：　　纳税人识别号：

填表日期：　　年　月　日　　　　金额单位：元（列至角分）

项目 \ 应税消费品名称				合计
适用税率				——
受托加工数量				——
同类产品销售价格				——
材料成本				——
加工费				——
组成计税价格				——
本期代收代缴税款				

5. 其他应税消费品消费税纳税申报表附表 4

其他应税消费品消费税纳税申报表附表 4 的格式见表 3-23。

表 3-23

生产经营情况表

税款所属期：　　　　　　　　　年　月　日　至　年　月　日

纳税人名称（公章）：　　纳税人识别号：

填表日期：　　年　月　日　　　　　　　　　　　　　　金额单位：元（列至角分）

项目 \ 应税消费品名称				
生产数量				
销售数量				
委托加工收回应税消费品直接销售数量				
委托加工收回应税消费品直接销售额				
出口免税销售数量				
出口免税销售额				

3.5　消费税案例

案例：某日化厂生产销售化妆品和护肤护发品。2008 年 4 月有关购销业务如下。

（1）2008 年 4 月 16 日，将一批自制的化妆品用作职工福利发放，该批化妆品的成本为 10 000 元。该类化妆品不存在同类消费品销售价格。化妆品消费税税率为 30%，应税化妆品全国平均利润率为 5%。

（2）2008 年 4 月 20 日，提供给某加工厂一批原材料，价值 50 000 元，委托其生产加工一批化妆品，受托方同类消费品的价格为 100 000 元，25 日支付了加工费 5 000 元（不含增值税）。28 日收回加工完成的化妆品，29 日该批化妆品全部对外销售，售价 110 000 元（不含增值税），款已收到。

该日化厂应纳消费税额计算如下。

（1）将自制化妆品用作职工福利，应视同销售缴纳消费税，其计税价格为：

$$10\,000 \times (1+5\%) \div (1-30\%) = 15\,000（元）$$

应纳消费税额为：

15 000×30%＝4 500（元）

（2）委托加工应税化妆品应纳消费税，其计税价格为 100 000 元；其应纳消费税额为：

100 000×30%＝30 000（元）

直接对外销售委托加工收回的化妆品，不交消费税。

该日化厂 4 月份应纳消费税为：

4 500＋30 000＝34 500（元）

账务处理如下：

（1）借：应付职工薪酬－应付福利费　　17 550

　　贷：主营业务收入　　15 000

　　　　应交税费－应交增值税（销项税额）　　2 550

　借：主营业务成本　　10 000

　　贷：库存商品　　10 000

　借：营业税金及附加　　4 500

　　贷：应交税费－应交消费税　　4 500

（2）借：委托加工物资　　50 000

　　贷：原材料　　50 000

　借：委托加工物资　　9 500

　　　应交税费－应交增值税（进项税额）　　850

　　贷：银行存款　　10 350

消费税纳税申报表填列如表 3-24 所示。

表 3-24

其他应税消费品消费税纳税申报表

税款所属期：2008 年　4 月 1 日 至　2008 年 4　月　30 日　　填表日期：2008　年　5　月 7 日

纳税人名称(公章)：　　纳税人识别号：

金额单位：元（列至角分）

项目 应税消费品名称	适用税率	销售数量	销售额	应纳税额
化妆品	30%		15 000	4 500
合计	——	——	——	

（续表）

项　目 应税消费品名称	适用税率	销售数量	销售额	应纳税额
			声明 **此纳税申报表是根据国家税收法律的规定填报的，我确定它是真实的、可靠的、完整的。** 经办人（签章）： 财务负责人（签章）： 联系电话：	
本期准予抵减税额：				
本期减（免）税额：				
期初未缴税额：				
本期缴纳前期应纳税额：			授权声明 为代理一切税务事宜，现授权______（地址）______为本纳税人的代理申报人，任何与本申报表有关的往来文件，都可寄予此人。 授权人签章：	
本期预缴税额：				
本期应补（退）税额：				
期末未缴税额：				

以下由税务机关填写

受理人（签章）：　　　　受理日期：　年　月　日　　　　受理税务机关（章）：

相关链接

1.《中华人民共和国消费税暂行条例》(修订后）中华人民共和国国务院令第 539 号自 2009 年 1 月 1 日起施行。

2.《中华人民共和国消费税暂行条例实施细则》中华人民共和国财政部、国家税务总局令第 51 号自 2009 年 1 月 1 日起施行。

练　习　题

一、单项选择题

1．下列项目中，应征消费税的是（　　）。

A．大型客车　　　　B．销售使用过的小轿车

C．啤酒屋销售自制啤酒　　　　D．日杂商店出售的鞭炮、焰火

2．委托加工的应税消费品，是指（　　）。

A．由受托方提供原材料生产的应税消费品

B．受托方以委托方名义购进原材料生产的应税消费品

C．受托方先将原材料卖给委托方，再加工的应税消费品

D．委托方提供原材料，受托方收取加工费和代垫部分辅助材料加工的应税消费品

3．下列各项中，应在收回委托加工后征收消费税的有（　　）。

A．商业批发企业收回委托其他企业加工的特制白酒直接销售的

B．工业企业委托加工收回后用于连续生产其他白酒的特制白酒

C．商业批发企业销售其委托加工，但要由受托方以其名义购买原材料生产的应税消费品

D．商业批发企业销售委托其他企业加工的特制白酒，但受托方向委托方交货时没有代收代缴税款的

4．工业企业购进下列（　　）应税消费品，不可以抵扣税款。

A．化妆品　　B．粮食白酒

C．护肤护发品　　D．鞭炮、焰火

5．按照国家有关规定，纳税人委托个体经营者加工应税消费品，一律由（　　）消费税。

A．不缴纳　　B．委托方收回后在委托方所在地缴纳

C．委托人代收代缴　　D．委托方收回后在受托方所在地缴纳

6．进口应税消费品，实行从价定率征收的，按照（　　）计算应纳税额。

A．完税价格　　B．消费品价格

C．组成计税价格　　D．同类商品价格

7．下列行为应纳消费税的有（　　）。

A．自产自用的应税消费品用于投资

B．自产自用的应税消费品用于连续生产应税消费品的

C．委托加工应税消费品（受托方已代收代缴消费税），委托方收回后用于直接销售的

D．委托加工应税消费品（受托方已代收代缴消费税），委托方收回后用于连续加工生产应税消费品的

8．纳税人用外购白酒及酒精连续生产白酒的，其所购白酒及酒精已缴纳的消费税按下列方法处理（　　）。

A．已纳税款不得抵扣

B．已纳税款全部抵扣

C．已纳税款扣除 50%

D．可对加工应税消费品当期动用部分的已纳税款予以扣除

9．某汽车制造厂将 5 辆新研制的小客车赠与市运动会，该种车暂无销售价格，每辆成本 50 000 元，适用消费税 3%，全国平均成本利润率 5%，该厂应纳税（　）。

A．不纳税　B．7 500 元　C．7 645.63 元　D．8 118.56 元

10．纳税人用于投资入股的应税消费品，其消费税的处理规定是（　）。

A．不征消费税　B．按市场价格计征消费税

C．按同类商品平均售价计征消费税　D．按同类商品最高售价计征消费税

二、多项选择

1．我国现行消费税的纳税环节有（　）。

A．生产环节　B．批发环节　C．进口环节　D．零售环节

2．下列应税消费品在计算应纳税额时，准予扣除外购应税消费品已纳的消费税税款的有（　）。

A．外购已税粮食酒精生产的白酒　B．外购已税烟丝生产的卷烟

C．外购已税摩托车生产的摩托车　D．外购已税化妆品生产的化妆品

3．下列应视同销售，缴纳消费税的有（　）。

A．将自产小轿车用于碰撞实验

B．将自制应税消费品用于广告

C．将自产越野汽车用于赞助汽车拉力赛

D．外购已税消费品继续加工成应税消费品

三、判断题

1．我国的消费税是对特定消费品在特定环节征收的一种间接税。（　）

2．消费税的计税依据与增值税的计税依据相同。（　）

3．进口应税消费品的组成计税价格等于（关税完税价格＋关税）÷（1－消费税率）。（　）

4．出口应税消费品的消费税退税率等于该应税消费品的征收消费税税率。（　）

5．纳税人将委托加工收回的应税消费品转作对外销售应当缴纳消费税。（　）

6．纳税人委托个体经营者加工的白酒应于委托方收回白酒后在委托方所在地缴纳消费税。（　）

7．某企业将自产的成套化妆品用于职工福利，生产成本为 15 000 元，该化妆品的成

本利润率为 5%，消费税适用税率为 30%，计算的应纳的消费税为 6 750 元。（　　）

8．纳税人将不同税率的应税消费品组成成套消费品销售的，应分别核算不同税率应税消费品的销售额，未分别核算销售额的，从高适用税率。（　　）

9．凡酒类产品生产企业销售酒类产品而收取的包装物押金，无论押金是否返还与会计上如何核算，均需并入酒类产品销售额中，依酒类产品的适用税率征收消费税。（　　）

10．纳税人通过自设独立核算门市部销售的自产应税消费品，应当按照门市部对外销售额或者销售数量征收消费税。（　　）

四、计算题

1．欣欣化妆品厂委托 A 加工厂加工化妆品一批，原料价值 50 000 元，加工费 8 000 元，A 加工厂同类化妆品售价为 80 000 元。收回的委托加工化妆品，企业继续与其它化材料加工成套化妆品销售，当月销售 500 000 元（含增值税）；月初委托加工化妆品已缴纳消费税余额为 12 500 元，月末余额为 36 500 元。计算应纳消费税款。

2．海青外贸企业进口一批小汽车，关税完税价格为 5 000 万元。从国内购进一批摩托车 100 辆当月全部报关出口，国内购进摩托车取得专用发票注明单价 5 000 元（不含增值税），出口离岸价为 1 000 美元，（1$：7.2¥），小汽车关税税率为 20%，消费税税率为 25%，摩托车消费税税率为 10%，计算该企业应纳消费税税款。

3．红光酒厂销售粮食白酒 100 吨，售价 7 000 元/吨；销售薯类白酒 30 吨，售价 5 000 元/每吨；销售黄酒 50 吨，售价 2 000 元/吨；销售啤酒 40 吨，售价 4 000 元/吨，售价均不含增值税，货款均已收到。计算应缴纳消费税款。

五、综合分析题

（一）向阳卷烟厂

1．企业概况

企业名称：向阳卷烟厂

企业性质：国有企业（一般纳税人）

企业地址：北京市和平街 76 号

企业所属行业：工业企业

纳税人识别号：101000000001

2．具体业务

向阳卷烟厂 2007 年 1 月向方方超市销售用本月外购烟丝生产的甲类卷烟 20 个标准箱，该类卷烟的消费税比例税率为 36%，定额税率为 150 元/标准箱，每标准条调拨价格 60 元，共计 300 000 元。购入烟丝时支付价款 81 900 元（含增值税），烟丝的消费税税率为 30%，期初外购烟丝有余额 5 000 元，期末外购烟丝余额为 2 000 元。货已发出并收到货款。

3．操作要求

（1）计算向阳卷烟厂应缴纳的消费税。

（2）假设 1 日至 10 日为该向阳卷烟厂的申报纳税期间，应去国税局所属税务部门进行申报纳税，请为向阳卷烟厂填报纳税申报表及其附表。

（二）金鼎金银首饰商店

1．企业概况

企业名称：金鼎金银首饰商店

企业性质：国有企业（一般纳税人）

企业地址：北京市王府井大街 21 号

企业所属行业：商品流通企业

纳税人识别号：101000000000002

2．具体业务

金鼎金银首饰商店是经过中国人民银行总行批准经营金银首饰的企业，该企业具备金银首饰纳税人认定登记表及登记证。2007 年 6 月发生以下销售业务：

（1）销售给永嘉百货商店金戒指 100 只，每只不含税价为 1 000 元。

（2）销售给方嘉零售商店金项链 100 条，每条不含税价为 2 000 元。

（3）销售给华芳零售商店金项链 100 条，每条不含税价为 1 800 元。

（4）企业用金戒指发放职工福利 100 只，每只成本价为 600 元，对外零售价 1 000 元（含增值税）。

3．操作要求

（1）计算 2007 年 6 月份金鼎金银首饰商店应缴纳的消费税款。消费税率为 5%。

（2）假设 1 日至 10 日为该商店的申报纳税期间，应去国税局所属税务部门进行申报纳税，请为该商店填报纳税申报表及其附表。

第 4 章　营业税纳税申报

学习与训练目标

- 掌握营业税的概念、征税范围、纳税义务人与扣缴义务人
- 熟悉营业税的计税依据、应纳营业税税额的计算及会计处理
- 掌握营业税税收优惠政策
- 具备计算应纳营业税税额、填制营业税纳税申报表的能力
- 具备营业税纳税申报的能力

4.1　营业税概述

营业税征收与缴纳之间权利与义务关系的法律规范，具体表现为 2008 年修改后《营业税暂行条例》。

4.1.1　营业税的概念

营业税是指在中华人民共和国境内提供应税劳务、转让无形资产或者销售不动产的单位和个人，以其营业额为基础，按税法规定的营业税率计算并向国家缴纳税款的一种流转税。凡在我国境内从事营业税法所规定的各种应税行为，都应及时足额缴纳营业税款。

4.1.2　营业税征税范围

我国营业税法规定对包括交通运输业、建筑业、金融保险业、邮电通信业、文化体育业、娱乐业、服务业、转让无形资产的劳务及行为征收营业税。

4.1.3　纳税义务人与扣缴义务人

《营业税暂行条例》规定：在中华人民共和国境内提供本条例规定的劳务、转让无形资产或者销售不动产的单位和个人，为营业税的纳税人，应当依照本条例缴纳营业税。

1. 营业税纳税义务人的一般规定

营业税法中所称在中华人民共和国境内具体指以下几项：

（1）所提供的劳务发生在境内；

（2）境内载运旅客或货物出境；

（3）在境内组织旅客出境旅游；

（4）所转让的无形资产在境内使用；

（5）所销售的不动产在境内；

（6）在境内提供保险劳务。

其中，在境内提供保险劳务，是指境内保险机构为境内标的物提供的保险劳务或境外保险机构以在境内的物品为标的提供的保险劳务，不包括境内保险机构为出口货物提供的保险劳务；提供应税劳务、转让无形资产或销售不动产，是指有偿提供应税劳务、有偿转让无形资产或者有偿销售不动产的行为，即通过提供、转让或销售行为取得货币、货物或其他经济利益。

营业税法所称的单位是指国有企业、集体企业、私有企业、股份制企业、外商投资企业、外国企业、其他企业和行政单位、事业单位、军事单位、社会团体等。个人是指个体工商户及其他有经营行为的中国公民和外国公民。

2. 营业税纳税义务人的特殊规定

（1）中央铁路运营业务的纳税人为铁道部；合资铁路运营业务的纳税人为合资铁路公司；地方铁路运营业务的纳税人为地方铁路管理机构；基建临管线运营业务的纳税人为基建临管线管理机构。

（2）从事水路运输、航空运输、管道运输或其他陆路运输业务并负有营业税纳税义务的单位，为从事运输业务并计算盈亏的单位。

（3）企业租赁或承包给他人经营的，以承租人或承包人为纳税人。

（4）建筑安装业务实行分包或转包的，分包者或转包者为纳税人。

3. 营业税的扣缴义务人

（1）营业税扣缴义务人，指中华人民共和国境外的单位或者个人在境内提供应税劳务、转让无形资产或者销售不动产，在境内未设有经营机构的，以其境内代理人为扣缴义务人；在境内没有代理人的，以受让方或者购买方为扣缴义务人。

（2）国务院财政、税务主管部门规定的其他扣缴义务人。

4.2 应纳营业税额的计算

4.2.1 营业税的计税依据

营业税的计税依据为各类劳务及应税行为的营业额。根据《营业税暂行条例》的规定，营业额为纳税人提供应税劳务、转让无形资产或者销售不动产向对方收取的全部价款和价外费用。但是，下列情形除外：

（1）纳税人将承揽的运输业务分给其他单位或者个人的，以其取得的全部价款和价外费用扣除其支付给其他单位或者个人的运输费用后的余额为营业额；

（2）纳税人从事旅游业务的，以其取得的全部价款和价外费用扣除替旅游者支付给其他单位或者个人的住宿费、餐费、交通费、旅游景点门票和支付给其他接团旅游企业的旅游费后的余额为营业额；

（3）纳税人将建筑工程分包给其他单位的，以其取得的全部价款和价外费用扣除其支付给其他单位的分包款后的余额为营业额；

（4）外汇、有价证券、期货等金融商品买卖业务，以卖出价减去买入价后的余额为营业额；

（5）国务院财政、税务主管部门规定的其他情形。

1. 交通运输业

（1）交通运输业的范围。

交通运输业包括：陆路运输、水路运输、航空运输、管道运输和装卸搬运。其中：

① 陆路运输是指通过陆路（地上或地下）运送货物或旅客的运输业务，包括铁路运输、公路运输、缆车运输、索道运输及其他陆路运输。

② 水路运输是指通过江、河、湖、川等天然、人工水道或海洋航道运送货物或旅客的运输业务。

③ 航空运输是指通过空中航线运送货物或旅客的运输业务。

④ 管道运输是指通过管道设施输送气体、液体、固体物质的运输业务。

⑤ 装卸搬运是指使用装卸搬运工具或人力、畜力将货物在运输工具之间、装卸现场之间或运输工具与装卸现场之间进行装卸和搬运的业务。

⑥ 凡与运营业务有关的各项劳务活动，包括：通用航空业务、航空地面服务业务、打捞、理货、港务局提供的引航、系解缆、搬家、停泊、移泊等劳务及引水员交通费、过闸

费、货物港务费等均属交通运输业税目的征税范围。

（2）交通运输业的营业额。

① 运输企业自中华人民共和国境内运输旅客或者货物出境，在境外改由其他运输企业承运乘客或者货物的，以全程运费减去付给该承运企业的运费后的余额为营业额。

② 运输企业从事联运业务的营业额为其实际取得的营业额。联运业务是指两个以上运输企业完成旅客或货物从发送地点至到达地点所进行的运输业务，联运的特点是一次购买、一次收费、一票到底。

【例 4-1】 红星联运公司 5 月份共取得联运收入 250 万元，其中，付给铁路局的铁路运输营业收入 70 万元，付给港务局的海运营业收入 40 万元，红星联运公司 5 月份应纳营业税的营业额计算如下：

红星联运公司应纳营业税的营业额＝250－70－40＝140（万元）

2. 建筑安装业

（1）建筑业的范围。

建筑业包括建筑、安装、修缮、装饰和其他工程作业等项内容。

① 建筑是指新建、改建、扩建各种建筑物、构筑物的工程作业，包括与建筑物相连的各种设备或支柱、操作平台的安装或装设工程作业，以及各种窑炉和金属结构工程作业在内。但自建自用建筑物的自建行为、出租或投资入股的自建建筑物行为不属于建筑业的征税范围。

② 安装是指生产设备、动力设备、起重设备、运输设备、传动设备、医疗实验设备及其他各种设备的装配、安置工程作业，包括与设备相连的工作台、梯子、栏杆的装设工程作业和被安装设备的绝缘、防腐、保温、油漆等工程作业在内。

③ 修缮是指对建筑物、构筑物进行修补、加固、养护、改善，使之恢复原来的使用价值或延长其使用期限的工程作业。

④ 装饰，是指对建筑物、构筑物进行修饰，使之美观或具有特定用途的工程作业。

⑤ 其他工程作业是指除建筑、安装、修缮、装饰工程作业以外的各种工程作业，如代办电信工程、水利工程、道路修建、疏浚、钻井（打井）、拆除建筑物或构筑物、平整土地、搭脚手架、爆破等工程作业。

（2）建筑业的营业额。

① 建筑工程的总承包人将建筑工程分包给其他单位的，以其取得的全部价款和价外费用扣除其支付给其他单位的分包款后的余额为营业额。

② 纳税人从事建筑、修缮、装饰工程作业，无论与对方如何结算，其营业额均应包括工程所用原材料及其他物资和动力的价款在内。纳税人从事安装工程作业，凡所安装的设

备的价值作为安装工程产值的，其营业额应包括设备的价款在内。

③ 纳税人自建自用的房屋不纳税。如果纳税人（不包括个人自建自用住房销售）将自建的房屋对外销售，其自建行为应按建筑业缴纳营业税，再按销售不动产征收营业税。

【例 4-2】 清海建筑工程公司承揽一项商业大楼的建筑工程，合同规定工程价款 5 750 万元，由建设单位提供一部分建筑材料，价款为 1 270 万元。工程结束时一次性结算工程价款，清海建筑公司该项工程应纳税的营业额为：

清海建筑公司应纳税的营业额＝5 750＋1 270＝7 020（万元）

3. 金融保险业

（1）金融保险业的范围。

金融保险业是指经营金融、保险的业务。

① 金融是指经营货币资金融通活动的业务，包括贷款、融资租赁、金融商品转让、金融经纪业和其他金融业务。具体划分如下。

- 贷款是指将资金有偿贷与他人使用的业务。按资金来源的不同，贷款分为外汇转贷业务和一般贷款业务。

外汇转贷业务是指金融企业直接向境外借入外汇资金，然后再贷给国内企业或其他单位和个人使用。各银行总行向境外借入外汇资金后，通过其下属分支机构贷给境内单位或个人的，也属于外汇转贷业务。

一般贷款业务是指除外汇转贷业务以外的各种贷款。

- 融资租赁是指经中国人民银行或商务部批准可从事融资租赁业务的单位所从事的具有融资性质和所有权转移特点的设备租赁业务。
- 金融商品转让是指转让外汇、有价证券或非货物期货的所有权的行为。
- 金融经纪业是指受托代他人经营金融活动的中间业务，如委托业务、代理业务、咨询业务等。
- 其他金融业务，是指上列业务以外的各项金融业务，如银行结算、票据贴现等。

② 保险是指将通过契约形式集中起来的资金，用以补偿被保险人的经济利益的业务。

（2）金融保险业的营业额。

① 金融业务的营业额。

- 一般贷款业务的营业额为贷款利息收入全额（包括各种加息、罚息等）。
- 金融经纪业务和其他金融业务（中间业务）营业额为手续费（佣金）类的全部收入。
- 外汇、有价证券、期货等金融商品买卖业务，以卖出价减去买入价后的余额为营业额。

- 融资租赁业务的营业额为向承租者收取的全部价款和价外费用减去出租方承担的出租货物实际成本后的余额，以直线法折算出本期的营业额。

【例 4-3】 某银行 4 月份的收情况如下：一般贷款业务的利息收入为 450 万元，从事金融服务收取的手续费收入为 75 万元，另外，该银行还从事外汇转贷业务，转贷利息收入 850 万元，支付给境外金融机构利息 560 万元，该银行 4 月份应纳税的营业额计算如下：

某银行应纳税的营业额＝450＋75＋850＝1 375（万元）

② 保险业务的营业额。

- 办理初保业务，营业额为纳税人经营保险业务向被保险人收取的全部保险费。
- 保险业实行分保险的，初保业务以全部保费收入减去付给分保人的保费后的余额为营业额。
- 保险企业已征收过营业税的应收未收保费，凡在财务会计制度规定的核算期限内未收回的，允许从营业额中减除。在会计核算期限以后收回的已冲减的应收未收保费，再并入当期营业额中。
- 保险公司开展储金业务的，营业额为纳税期内的储金平均余额乘以人民银行公布的一年期存款的月利率。储金平均余额为纳税期期初储金余额与期末余额之和乘以 50%。保险企业开展无赔偿奖励业务的，以向投保人实际收取的保费为营业额。

4. 邮电通信业

（1）邮电通信业的范围。

邮电通信业是指专门办理信息传递的业务，包括：邮政、电信。其中：

① 邮政是指传递实物信息的业务，包括传递函件或包件、邮汇、报刊发行、邮务物品销售、邮政储蓄及其他邮政业务。

② 电信是指用各种电传设备传输电信号来传递信息的业务，包括电报、电传、电话、电话机安装、电信物品销售及其他电信业务。

（2）邮电通信业的营业额。

① 邮政业务的营业额为提供传递函件或包裹、邮汇、报刊发行、邮务物品销售、邮政储蓄、其它邮政业务所取得的收入。

② 电信业务的营业额为提供电报、电传、电话、电话机安装、电信物品销售、其他电信业务所取得的收入，具体包括长途电信收入和市内电话收入两大项。

- 电信部门以集中受理方式为集团客户提供跨省的出租电路业务，由受理地区的电信部门按取得的全部价款减除分割给参与提供跨省电信业务的电信部门的价款后的差额为营业额；对参与提供跨省电信业务的电信部门，按各自取得的全部价款为营业额。

- 邮政电信单位与其他单位合作，共同为用户提供邮政电信业务及其他服务并由邮政电信单位统一收取价款的，以全部收入减去支付给合作方价款后的余额为营业额。

【例 4-4】 某邮局在 2008 年 7 月份发生以下业务：普通邮件服务收入 7 万元，快递业务收入 10 万；报刊发行业务收入 4 万；电报、电传等收入 2 万。该邮局应纳税的营业税为：

应纳税的营业额＝7＋10＋4＋2＝23（万元）

5. 文化体育业

（1）文化体育业的范围。

文化体育业是指经营文化、体育活动的业务，包括文化业和体育业。其中：

① 文化业是指经营文化活动的业务，包括表演、播映和其他文化业。

其他文化业，是指经营除表演、播映活动以外的文化活动的业务，如各种展览、培训活动，举办文学、艺术、科技讲座、演讲、报告会，图书馆的图书和资料借阅业务等。

经营游览场所的业务比照文化业征税。经营游览场所的业务是指公园、动（植）物园及其他各种游览场所销售门票的业务。

② 体育业是指举办各种体育比赛和为体育比赛或体育活动提供场所的业务。

（2）文化体育业的营业额。

单位或个人进行演出的营业额为全部收入减去付给提供演出场所的单位、演出公司或经纪人的费用后的余额。

6. 娱乐业

（1）娱乐业的范围。

娱乐业是指为娱乐活动提供场所和服务的业务，包括经营歌厅、舞厅、卡拉 OK 歌舞厅、音乐茶座、台球、高尔夫球、保龄球场、游艺场、网吧等娱乐场所，以及娱乐场所为顾客进行娱乐活动提供服务的业务。

上述娱乐场所为顾客提供的饮食服务及其他各种服务也按照娱乐业征税。

（2）娱乐业的营业额。

娱乐业的营业额为经营娱乐业向顾客收取的各项费用，包括门票收费、台位费、点歌费、烟酒和饮料收费等。

7. 服务业

（1）服务业的范围。

服务业是指利用设备、工具、场所、信息或技能为社会提供服务的业务，包括代理业、旅店业、饮食业、旅游业、仓储业、租赁业、广告业和其他服务业。其中；

① 代理业是指代委托人办理受托事项的业务，包括代购代销货物、代办进出口、介绍服务、其他代理服务。

② 旅店业是指提供住宿服务的业务。

③ 饮食业是指通过同时提供饮食和饮食场所的方式为顾客提供饮食消费服务的业务。

④ 旅游业是指为旅游者安排食宿、交通工具和提供导游等旅游服务的业务。

⑤ 仓储业是指利用仓库、货场或其他场所代他人贮放、保管货物的业务。

⑥ 租赁业是指出租人将场地、房屋、物品、设备或设施等租给承租人使用的业务。

⑦ 广告业是指利用图书、报纸、杂志、广播、电视、电影、幻灯、路牌、招贴、橱窗、霓虹灯、灯箱等媒介介绍商品、经营服务项目、文体节目或通告、声明等事项进行宣传和提供相关服务的业务。

⑧ 其他服务业是指上列业务以外的服务业务，如沐浴、理发、洗染、照相、美术、裱画、誊写、打字、镌刻、计算、测试、试验、化验、录音、录像、复印、晒图、设计、制图、测绘、勘探、打包、咨询等。

（2）服务业的营业额。

代理业的营业额为从事代理业务向委托方实际收取的报酬。

① 从事广告代理业务的，以其全部收入减去支付给其他广告公司或广告发布者（包括媒体、载体）的广告发布费后的余额为营业额。

② 旅游企业组织旅游团到中华人民共和国境外旅游，在境外改由其他旅游企业接团的，以全程旅游费减去付给该接团企业的旅游费后的余额为营业额。

③ 旅游企业组织旅游团在中国境内旅游的，以收取的旅游费减去替旅游者支付给其他单位的房费、餐费、交通、门票和其他代付费用后的余额为营业额。改由其他旅游企业接团的，按照境外旅游的办法确定营业额。

④ 从事物业管理的单位，以与物业管理有关的全部收入减去代业主支付的水、电、燃气以及代承租者支付的水、电、燃气、房屋租金的价款后的余额为营业额。

8. 转让无形资产

（1）转让无形资产的征税范围。

转让无形资产是指有偿转让转让无形资产所有权的行为，包括转让土地使用权、转让专利权、转让商标权、转让非专利技术、转让著作权和转让商誉。

（2）转让无形资产的营业额。

转让无形资产的营业额为纳税人转让无形资产从受让方取得货币、货物和其他经济利益。

单位和个人转让土地使用权，以全部收入减去土地使用权的购置或受让原价后的余额为计税营业额。单位和个人转让抵债所得的土地使用权，以全部收入减去抵债时该项土地使用权作价后的余额为营业额。

9. 销售不动产

（1）销售不动产征税范围。

① 销售不动产，是指有偿转让不动产所有权的行为，包括销售建筑物、构筑物和销售其他土地附着物。在销售不动产时连同不动产所占土地的使用权一并转让的行为，比照销售不动产征税。

② 单位将不动产无偿赠与他人，视同销售不动产征收营业税；个人将不动产无偿赠与他人，不征收营业税。

③ 在投资后转让其股权的，也不征收营业税。

（2）销售不动产的营业额。

① 单位和个人销售或转让其购置的不动产或受让的土地使用权，其营业额为全部收入减去购置不动产或土地使用权或受让原价后的余额。

② 单位和个人销售或转让抵债所得的不动产、土地使用权，以全部收入减去抵债时该项不动产或土地使用权作价后的余额为营业额。

③ 自 2006 年 6 月 1 日起，个人将购买不足 5 年的住房对外销售的，全额征收营业税；个人将购买超过 5 年（含 5 年）的非普通住房对外销售的，按其销售收入减去购买房屋的价款后的余额征收营业税。

4.2.2 税目和税率

1. 营业税的税目、税率表

营业税的税目、税率表经整理汇总见表 4-1。

表 4-1 营业税税目、税率表

税　目	征税范围	税　率
1.交通运输业	陆路运输、水路运输、航空运输、管道运输和装卸搬运	3%
2.建筑业	建筑、安装、修缮、装饰和其他工程作业	3%
3.金融保险业	金融、保险	5%
4.邮电通信业	邮政、电信	3%
5.文化体育业	文化业和体育业	3%

（续表）

税　　目	征税范围	税　　率
6.娱乐业	经营歌厅、舞厅、卡拉 OK 歌舞厅、音乐茶座、台球、高尔夫球、保龄球场、网吧、游艺场等娱乐场所	5%～20%
7.服务业	代理业、旅店业、饮食业、旅游业、仓储业、租赁业、广告业和其他服务业	5%
8.转让无形资产	转让土地使用权、转让商标权、转让专利权、转让非专利技术、出租电影拷贝、转让著作权和转让商誉	5%
9.销售不动产	销售建筑物或构筑物和销售其他土地附着物	5%

2. 税目、税率表说明

（1）娱乐业执行 5%～20%的幅度税率，具体适用的税率，由各省、自治区、直辖市人民政府根据当地的实际情况在税法规定的幅度内决定。从 2001 年 5 月 1 日起，夜总会、歌厅、舞厅、射击、狩猎、跑马、游戏、高尔夫球、游艺、电子游戏厅等娱乐行为的营业税统一按 20%的税率执行。从 2004 年 7 月 1 日起，对台球、保龄球减按 5%的税率征收营业税，税目仍属于“娱乐业”。

（2）纳税人兼营不同税目的应当缴纳营业税的劳务、转让无形资产或者销售不动产，应当分别核算不同税目的营业额、转让额、销售额（以下简称营业额）；然后按各自的适用税率计算应纳税额；未分别核算的，将从高适用税率计算应纳税额。

4.2.3 应纳营业税额的计算

纳税人应纳营业税税额的多少由其营业额与适用税率两个因素决定，计算公式如下：

应纳税额＝营业额×税率

【例 4-5】 诚信财务咨询公司于 2005 年 8 月 1 日成立，主要从事财税政策咨询及培训业务，并分别计算业务收入。2005 年 10 月发生下列业务：取得税务咨询服务收入 15 万元；受某公司委托，举办一期财税培训班，取得收入共计 12 万，其中培训资料费 2 万。该咨询公司应缴纳的营业税税款为：

税务咨询业务应纳营业税＝15×5%＝0.75（万元）

培训业务应纳营业税＝12×3%＝0.36（万元）

注释：税务咨询属于服务业；财税培训属于文化体育业，收取的培训资料费也应一并缴纳营业税。

【例 4-6】 泰安宾馆 7 月份取得住宿费收入 100 万元，餐费收入 150 万元，卡拉 OK 歌舞厅收入 5 万元，保龄球馆收入 12 万元，各项收入分别核算。泰安宾馆 7 月份应缴纳的营业税为：

住宿、餐饮应纳营业税＝（100＋150）×5%＝12.5（万元）

歌舞厅、保龄球馆应纳营业税＝（5＋12）×20%＝3.4（万元）

【例 4-7】 康城旅游公司组织 80 人去昆明旅游，每人收取费用 2 000 元，旅游中由公司支付每人住宿费 400 元，交通费 500 元，餐饮费 200 元，门票费用 200 元。该公司应缴纳的营业税为：

应缴纳的营业税＝（2 000－400－500－200－200）×80×5%＝2 800 元

【例 4-8】 某公司转让一项专利权，取得专利权转让收入 50 000 元，该专利权账面价值为 30 000 元，该公司转让这项专利权应缴纳的营业税为：

应缴纳的营业税＝50 000×5%＝2 500（元）

【例 4-9】 某企业出售一栋厂房，厂房原始价值为 3 000 万元，已提折旧 2 000 万元，出售收入为 850 万元已存入银行。另支付清理费 5 万元。该企业应缴纳的营业税为：

应缴纳的营业税＝850×5%＝42.5 万元。

4.2.4 营业税的纳税义务发生的时间与纳税地点

1. 纳税义务发生时间

营业税的纳税义务发生时间为纳税人收讫营业收入款项或者取得索取营业收入款项凭据的当天。具体规定如下。

（1）纳税人转让土地使用权或者销售不动产，采用预收款方式的，其纳税义务发生时间为收到预收款的当天。

（2）单位或者个人自己新建建筑物后销售，其自建行为的纳税义务发生时间，为其销售自建建筑物并收讫营业额或者取得索取营业额的凭据的当天。

（3）单位将不动产无偿赠与他人，其纳税义务发生时间为不动产所有权转移的当天。

（4）扣缴税款义务发生时间为扣缴义务人代纳税人收讫营业收入款项或者取得索取营业收入款项凭据的当天。

2. 纳税期限

营业税的纳税期限分别为 5 日、10 日、15 日、1 个月或者 1 个季度。纳税人的具体纳税期限，由主管税务机关根据纳税人应纳税额的大小分别核定；不能按照固定期限纳税的，可以按次纳税。

纳税人以 1 个月或者 1 个季度为一个纳税期的，自期满之日起 15 日内申报纳税；以 5 日、10 日或者 15 日为一个纳税期的，自期满之日起 5 日内预缴税款，于次月 1 日起 15 日内申报纳税并结清上月应纳税款。

扣缴义务人解缴税款的期限，依照前两款的规定执行。

金融业（不包括典当业）的纳税期限为一个季度，自纳税期满之日起十日内申报纳税。其他纳税人从事金融业务，应按月申报纳税。保险业的纳税期限为一个月。

3. 纳税地点

营业税纳税地点规定如下。

（1）纳税人提供应税劳务应当向其机构所在地或者居住地的主管税务机关申报纳税。但是，纳税人提供的建筑业劳务以及国务院财政、税务主管部门规定的其他应税劳务，应当向应税劳务发生地的主管税务机关申报纳税。

（2）纳税人转让无形资产应当向其机构所在地或者居住地的主管税务机关申报纳税。但是，纳税人转让、出租土地使用权，应当向土地所在地的主管税务机关申报纳税。

（3）纳税人销售、出租不动产应当向不动产所在地的主管税务机关申报纳税。

（4）扣缴义务人应当向其机构所在地或者居住地的主管税务机关申报缴纳其扣缴的税款。

4.2.5　营业税的会计处理

1. 营业税核算应使用的会计科目

企业在计算和缴纳营业税时，应通过“应交税金”科目下设置的“应交营业税”明细科目核算。“应交营业税”科目的贷方发生额，反映企业当期应缴纳的营业税；其借方发生额，反映企业已缴纳的营业税；期末贷方余额，反映企业尚未缴纳的营业税；期末借方余额，反映企业多交的营业税。

2. 营业税核算的会计处理

纳税人根据计算出的营业税额，借记“营业税金及附加”科目，贷记“应交税金——应交营业税”科目，会计分录如下：

借：营业税金及附加

　贷：应交税金——应交营业税

4.3　营业税税收优惠

4.3.1　营业税的起征点

为了贯彻合理负担原则，同时考虑照顾低收入的纳税人和税收征收成本，税法对于经营营业税应税项目的个人规定了起征点。当营业额达到或超过起征点的，应按营业额全额计算应纳税款。营业额低于起征点时，则免予征收营业税。

营业税起征点的具体规定如下：

（1）按月纳税的起征点为月营业额 1 000～5 000 元；

（2）按次纳税的起征点为每次（日）营业额 100 元；

（3）纳税人营业额达到起征点的，应按营业额全额计算应纳税款。

各省、自治区、直辖市人民政府所属税务机关可以在规定的幅度内，根据当地实际情况确定本地区适用的起征点，并报国家税务总局备案。

4.3.2　营业税减税规定

（1）自 2005 年 6 月 1 日起，对公路经营企业收取的高速公路车辆通行费收入统一减按 3%的税率征收营业税。

（2）从 2004 年 1 月 1 日起，对改革试点地区农村信用社取得的金融保险业应税收入，按 3%的税率征收营业税。

（3）对个人按市场价格出租的居民住房，暂按 3%的税率征收营业税。

4.3.3　营业税免税规定

（1）托儿所、幼儿园、养老院、残疾人福利机构提供的育养服务，婚姻介绍，殡葬服务；

（2）残疾人个人提供的劳务；

（3）医院、诊所和其他医疗机构提供的医疗服务；

（4）学校和其他教育机构提供的教育劳务，学生勤工俭学提供的劳务；

（5）农业机耕、排灌、病虫害防治、植物保护、农牧保险以及相关技术培训业务，家禽、牲畜、水生动物的配种和疾病防治；

（6）纪念馆、博物馆、文化馆、文物保护单位管理机构、美术馆、展览馆、书画院、图书馆举办文化活动的门票收入，宗教场所举办文化、宗教活动的门票收入；

（7）境内保险机构为出口货物提供的保险产品。

（8）纳税人兼营免税、减税项目的，应当分别核算免税、减税项目的营业额；未分别核算营业额的，不得免税、减税。

（9）纳税人营业额未达到国务院财政、税务主管部门规定的营业税起征点的，免征营业税；达到起征点的，依照本条例规定全额计算缴纳营业税。

除上述规定外，营业税的免税、减税项目由国务院规定。任何地区、部门均不得规定营业税的免税、减税项目。

4.4　营业税的纳税申报

4.4.1　营业税纳税申报表

1.《营业税纳税申报表》的格式

《营业税纳税申报表》的格式见表 4-2。

2. 营业税纳税申报表的填写说明

《营业税纳税申报表》(以查账征收方式纳税申报表的填写为例，附表见表 4-2）填表说明：

(1)本表适用于除经主管税务机关核准实行简易申报方式以外的所有营业税纳税人(以下简称纳税人)。

（2）本表“纳税人识别号”栏，填写税务机关为纳税人确定的识别号，即：税务登记证号码。

（3）本表“纳税人名称”栏，填写纳税人单位名称全称，并加盖公章，不得填写简称。

（4）本表“税款所属期”填写纳税人申报的营业税应纳税额的所属时间，应填写具体的起止年、月、日。

（5）本表“填表日期”填写纳税人填写本表的具体日期。

（6）本表“娱乐业”行应区分不同的娱乐业税率填报申报事项。

（7）本表“代扣代缴项目”行应填报纳税人本期按照现行规定发生代扣代缴行为所应申报的事项，分不同税率填报。

（8）本表所有栏次数据均不包括本期纳税人经税务机关、财政、审计部门检查以及纳税人自查发生的相关数据。

（9）本表第 2 栏“应税收入”填写纳税人本期因提供营业税应税劳务、转让无形资产或者销售不动产所取得的全部价款和价外费用（包括免税收入)，分营业税税目填报，该栏数据为各相应税目营业税纳税申报表中“应税收入”栏的“合计”数。纳税人提供营业税应税劳务、转让无形资产或者销售不动产发生退款或因财务会计核算办法改变冲减营业额时，不在本栏次调减，在第 11 栏“前期多缴税额”栏次内直接调减税额。

（10）本表第 3 栏“应税减除项目金额”应填写纳税人本期提供营业税应税劳务、转让无形资产或者销售不动产所取得的应税收入中按规定可扣除的项目金额，分营业税税目填报，该栏数据为相应税目营业税纳税申报表中“应税减除项目金额”栏（或“应税减除项目金额”栏中“小计”项）的“合计”数。

表 4-2

营业税纳税申报表

（适用于查账征收的营业税纳税人）

纳税人识别号：
纳税人名称（公章）
税款所属时间：　　自　年　月　日至　　年　月　日　　填表日期：　　年　月　日　　　　金额单位：元(列至角分)

税目	营业额				税率（%）	本期税款计算			税款缴纳								
	应税收入	应税减除项目金额	应税营业额	免税收入		小计	本期应纳税额	免（减）税额	期初欠缴税额	前期多缴税额	本期已缴税额				本期应缴税额计算		
											小计	已缴本期应纳税额	本期已被扣缴税额	本期已缴欠缴税额	小计	本期期末应缴税额	本期期末应缴欠缴税额
1	2	3	4=2-3	5	6	7=8+9	8=（4-5）×7	9=5×7	10	11	12=13+14+15	13	14	15	16=17+18	17=8-13-14	18=10-11-15
交通运输业																	
建筑业																	
邮电通讯业																	
服务业																	
娱乐业																	
金融保险业																	
文化体育业																	
销售不动产																	
转让无形资产																	
合计																	
代扣代缴项目																	
总计																	

纳税人或代理人声明：	如纳税人填报，由纳税人填写以下各栏：							
此纳税申报表是根据国家税收法律的规定填报的，我确定它是真实的、可靠的、完整的。	办税人员（签章）		财务负责人（签章）		法定代表人（签章）		联系电话	
	如委托代理人填报，由代理人填写以下各栏：							
	代理人名称		经办人（签章）		联系电话		代理人（公章）	

以下由税务机关填写：

受理人：　　年　月　日　　　　受理税务机关（签章）：

本表为 A3 横式一式三份，一份纳税人留存，一份主管税务机关留存，一份征收部门留存。

（11）本表第 5 栏“免税收入”应填写纳税人本期提供营业税应税劳务、转让无形资产或者销售不动产所取得的应税收入中不需税务机关审批可直接免缴税款的应税收入或已经税务机关批准的免税项目应税收入，分营业税税目填报，该栏数据为相应税目营业税纳税申报表中“免税收入”栏的“合计”数。

（12）本表第 10 栏“期初欠缴税额”填写截至本期（不含本期），纳税人经过纳税申报或报告、批准延期缴纳、税务机关核定等确定应纳税额后，超过法律、行政法规规定或者税务机关依照法律、行政法规规定确定的税款缴纳期限未缴纳的税款，分营业税税目填报，该栏数据为相应税目营业税纳税申报表中“期初欠缴税额”栏的“合计”数。

（13）本表第 11 栏“前期多缴税额”填写纳税人截至本期（不含本期）多缴纳的营业税税额分营业税税目填报，该栏数据为相应税目营业税纳税申报表中“前期多缴税额”栏的“合计”数。

（14）本表第 13 栏“已缴本期应纳税额”填写纳税人已缴的本期应纳营业税税额。该栏数据为相应税目营业税纳税申报表中“已缴本期应纳税额”栏的“合计”数。

（15）本表第 14 栏“本期已被扣缴税额”填写纳税人本期发生纳税义务，按现行税法规定被扣缴义务人扣缴的营业税税额。该栏数据为相应税目营业税纳税申报表中“本期已被扣缴税额”栏的“合计”数。

（16）本表第 15 栏“本期已缴欠缴税额”填写纳税人本期缴纳的前期欠税，包括本期缴纳的前期经过纳税申报或报告、批准延期缴纳、税务机关核定等确定应纳税额后，超过法律、行政法规规定或者税务机关依照法律、行政法规规定确定的税款缴纳期限未缴纳的税款。该栏数据为相应税目营业税纳税申报表中“本期已缴欠缴税额”栏的“合计”数。

4.4.2　营业税纳税申报

纳税人办理纳税申报时，应当如实填写纳税申报表及规定报送的各种附表资料，并根据不同的情况相应报送有关证件、资料，具体如下：

《营业税纳税申报表》及下列附表：

（1）《交通运输业营业税纳税申报表》；

（2）《娱乐业营业税纳税申报表》；

（3）《服务业营业税纳税申报表》；

（4）《服务业减除项目金额明细申报表》；

（5）《建筑业营业税纳税申报表》；

（6）《异地提供建筑业劳务税款缴纳情况申报表》；

（7）《金融保险业营业税纳税申报表》及各类附表。

4.5 营业税案例评析

案例：明星房地产开发有限公司（营业税税率 5%，城市维护建设税税率 7%，教育费附加税率 4%）2009 年 7 月发生下列经济业务：

（1）将自建的商品房一幢出售给金叶股份有限公司。该商品房开发成本及费用为 3 600 万元，经房地产估价机构评估，价值为 8 000 万元。双方约定按评估价 8 000 万元作为商品房出售成交价格并签订销售合同。明星公司销售该商品房涉及的印花税（产权转移书据）税率为 0.05%。

（2）该公司开发建设“瑞都景园”合同价款为 80 000 万元，现取得计税收入（购房款、定金、违约金和变更手续费）74 574 万元，已缴营业税 372 万元。

（3）该公司将闲置的门市房出租，共取得租金收入 240 万元（年）。

明星房地产开发有限公司应纳税金计算如下：

① 自建的商品房出售应缴纳营业税＝8 000×5%＝400（万元）

② 销售“瑞都景园”应缴纳营业税＝74 574×3%－372＝2 237.22－372＝1 865.22（万元）

③ 门市房出租应缴纳营业税＝240×5%＝12（万元）

④ 明星公司应纳城建税＝（400＋1 865.22）×7%＋12×7%

＝158.565＋0.84＝159.405（万元）

⑤ 明星公司教育费附加＝（400＋1 865.22）×4%＋12×4%

＝90.6088＋0.48＝91.0888（万元）

⑥ 明星公司应纳印花税＝（8 000＋80 000）×0.05%＝44（万元）

账务处理如下：

① 借：营业税金及附加	25 143 938	
贷：应缴税费——应交营业税		22 652 200
应缴税费——城市维护建设税		1 585 650
应缴税费——应交教育费附加		906 088
② 借：其他业务支出	133 200	
贷：应缴税费——应交营业税		120 000
应缴税费——城市维护建设税		8 400
应缴税费——应交教育费附加		4 800
③ 借：管理费用——地方个税	440 000	
贷：其他应交款——印花税		440 000

营业税纳税申报表填制如表 4-3 所示。

表 4-3

营业税纳税申报表

（适用于查账征收的营业税纳税人）

纳税人识别号：371100600000636

纳税人名称（公章）明星房地产开发有限公司

税款所属时间：自 2009 年 7 月 1 日至 2009 年 7 月 31 日　　填表日期：2009 年 8 月 10 日　　金额单位：元（列至角分）

税目	营业额				税率（%）	本期税款计算			税款缴纳								
	应税收入	应税减除项目金额	应税营业额	免税收入		小计	本期应纳税额	免（减）税额	期初欠缴税额	前期多缴税额	本期已缴税额				本期应缴税额计算		
											小计	已缴本期应纳税额	本期已被扣缴税额	本期已缴欠缴税额	小计	本期期末应缴税额	本期期末应缴欠缴税额
1	2	3	4=2-3	5	6	7=8+9	8=（4-5）×6	9=5×6	10	11	12=13+14+15	13	14	15	16=17+18	17=8-13-114	18=10-11-15
建筑业	880000000		880000000		5%	44000000	44000000				3720000	3720000			40280000	40280000	
租赁业	2400000		2400000		5%	120000	120000								120000	120000	
服务业																	
销售不动产																	
娱乐业																	
金融保险业																	
文化体育业																	
转让无形资产																	
合　计																	
代扣代缴项目																	
总　计	882400000		882400000			44120000	44120000				3720000	3720000			40400000	40400000	

纳税人或代理人声明：

此纳税申报表是根据国家税收法律的规定填报的，我确定它是真实的、可靠的、完整的。

如纳税人填报，由纳税人填写以下各栏：

办税人员（签章）		财务负责人（签章）		法定代表人（签章）		联系电话	

如委托代理人填报，由代理人填写以下各栏：

代理人名称		经办人（签章）		联系电话		代理人（公章）	

以下由税务机关填写：

受理人：　　年　月　日　　　受理税务机关（签章）：

本表为 A3 横式一式三份，一份纳税人留存，一份主管税务机关留存，一份征收部门留存。

相关链接

1.《中华人民共和国营业税暂行条例》(修订后)国务院第 540 号令自 2009 年 1 月 1 日起正式施行。

2.《中华人民共和国营业税暂行条例实施细则》(修订后)(财政部令第 52 号) 自 2009 年 1 月 1 日起正式施行。

练　习　题

一、单项选择

1．下列行为中，不应缴纳营业税的是（　　）。

A．在境内组织旅客出境旅游

B．在境外销售在我国境内的不动产

C．以无形资产投资入股，共担投资风险的

D．金融机构买卖外汇、有价证券或期货

2. 对企业销售电梯（资产或购进的）并负责安装、保养、维修取得的收入，应当（　　）。

A．销售电梯收入征增值税，安装、保养、维修取得的收入征营业税按照现行消费税制度规定

B．全部收入只征增值税，不征营业税

C．全部收入只征营业税，不征增值税

D．免税

3．单位自建建筑物后销售，适用的税收政是（　　）。

A．免征营业税

B．按建筑业征收营业税

C．按销售不动产征收营业税

D．自建行为，按建筑业征收营业税；销售行为，按销售不动产征收营业税

4．某旅游公司组织 100 人到北京旅游，每人收取旅游费 800 元，旅游中由公司支付每人房费 140 元，餐费 160 元，交通费 130 元，门票等费用 70 元。则该公司这次旅游收入应纳的营业税额款为（　　）。

A．30 000　　B．1 500　　C．56 000　　D．2 800

5．以下应纳营业税的项目中，适用 5%税率的是（　　）。

A．建筑业　B．娱乐业　C．文体育业　　D．销售不动产

二、多项选择

1．以下关于营业税纳税地点的表述，正确的是（　　）。

A．纳税人转让土地使用权，在土地所在地申报纳税

B．纳税人销售不动产在不动产所在地申报纳税

C．纳税人从事运输业务，在其机构所在地申报纳税

D．纳税人转让专利权，应在专利使用地申报纳税

2．以下各项属于免征营业税的项目有（　　）。

A．残疾人个人提供的劳务

B．个人转让著作权

C．企业取得的技术转让收入

D．将土地使用权转让给农民生产者

3．下列各项中，应按“销售不动产”税目征收营业税地有（　　　　）。

A．转让不动产所有权　　　　B．转让不动产永久使用权

C．单位将不动产无偿赠与他人　D．将不动产出租给他人使用

4．下列各项中，应由纳税人向其机构所在地主管税务机关申报缴纳营业税的是（　　）.

A．销售不动产　　　　　　　B．跨省、自治区、直辖市承包工程

C．经营运输业务　　　　　　D．转让土地使用权

5．营业税营业额中的所谓价外费用是指向对方收取的（　　）

A．手续费　　　　　　　　　B．基金

C．集资费及代收款项　　　　D．代垫款项

6．下列属于营业税计税依据为差额计税的是（　　）

A．将工程分包或转包的　　　B．销售不动产代收煤气集资费

C．旅游公司收取旅游费　　　D．运输企业联运业务

三、判断题

1．高校后勤实体，经营学生公寓和教师公寓及为高校教学、社会人员提供服务而获得的租金和服务性收入，免征营业税。（　　）

2．营业税的纳税期限分别为 5 日、10 日、15 日或者 1 个月。（　　）

3．旅游业务，以全部收费减去替旅游者付给其他单位的食、宿、交通、门票和其他代付费用后的余额为营业额。（　　）

四、实务题

1．某饭店为三星级，2004 年 11 月份取得：饭店营业收入 100 万元，客房营业收入 90 万元，所属歌舞厅营业收入：点歌费收入 5 万元，食品饮料收入 12 万元，门票收入 3 万元，台球收入 1 万元。计算该饭店应纳营业税额。

2．某公园本月取得门票收入和游艺场经营收入 200 000 元，没有分别核算。同时给某民间艺术团表演提供场地取得收入 30 000 元，已知文化体育业适用税率 3%，服务业适用税率 5%，娱乐业适用税率 20%，请计算该公园本月应纳营业税。

3．某建筑公司承包一项工程，2006 年 8 月份收取工程价款 2 000 万元，提前竣工奖 100 万元，优质费 200 万元，将其中 500 万元工程分包给其他单位。试计算该建筑公司应纳营业税和应代扣代缴营业税。

4．某建筑公司承包了一项 5 600 万元的工程，分包给一建筑队 1 600 万元的工程；出租水泥搅拌机取得收入 2 400 元；建筑公司又以汽车队，对外运输取得收入 32 000 元。根据以上业务，分别计算建筑公司应缴纳的各项营业税。

第 5 章　城市维护建设税和教育费附加

学习与训练目标

- 了解城市维护建设税和教育费附加的性质
- 掌握城市维护建设税和教育费附加纳税人、纳税依据等基本知识
- 掌握城市维护建设税和教育费附加计算
- 掌握城市维护建设税和教育费附加的会计处理要点
- 掌握城市维护建设税和教育费附加纳税申报表的填制与申报。

5.1　城市维护建设税和教育费附加概述

5.1.1　城市维护建设税概述

1. 城市维护建设税的含义

城市维护建设税是国家为了加强城市的维护建设，扩大和稳定城市维护建设资金的来源，开征的一种税。

城市维护建设税又称为附加税。即以纳税人实际缴纳增值税、消费税、营业税（简称“三税”）的税额为计税依据的一种税。

2. 城市维护建设税的纳税义务人

城市维护建设税的纳税人是指凡是缴纳增值税、消费税、营业税的单位和个人都是城市维护建设税的纳税义务人，其征税范围包括城市、县城、建制镇和农村。外商投资企业、外国企业和进口货物行为暂不征收城市建设维护税。

5.1.2　教育费附加概述

1986 年 4 月 28 日国务院发布征收教育费附加的暂行规定。其目的是为贯彻落实《中共中央关于教育体制改革的决定》，加快发展地方教育事业，扩大地方教育经费的资金来源。

教育费附加是对缴纳增值税、消费税、营业税的单位和个人就其实际缴纳的“三税”税额为计税依据征收的一种专项附加费，是政府行政收费。目前对外商投资企业、外国企业和进口货物行为暂不征收教育费附加。

5.2 城市维护建设税和教育费附加应缴额的计算

5.2.1 城市维护建设税和教育费附加的计税依据

1. 城市维护建设税和教育费附加的计税依据

城市维护建设税和教育费附加的计税依据是纳税人实际缴纳的增值税、消费税、营业税这三种税的纳税额。

2. 确定城市维护建设税和教育费附加计算依据应注意以下问题

（1）计算依据中不包括非税款项。不包括违反“三税”的滞纳金、罚款等非税款项。但纳税人在被查补“三税”和被处以罚款时，应同时对其偷漏的城市维护建设税和教育费附加进行补缴和罚款。

（2）减免的“三税”税额不作为城市维护建设税和教育费附加的计算依据。如果减征或免征“三税”，也同时减征或免征城市维护建设税和教育费附加。

（3）对出口产品退还增值税、消费税税额的，不退还已缴纳的城市维护建设税和教育费附加。

（4）对进口产品缴纳的增值税、消费税不征收城市维护建设税和教育费附加。

3. 城市维护建设税的税率和教育费附加的征收率

（1）城市维护建设税的税率。

城市维护建设税实行地区差别比例税率，按纳税人所在地的规定税率就地缴纳城市维护建设税。具体规定如下：

① 纳税人所在地在市区的，税率为7%；

② 纳税人所在地在县城、镇的，税率为5%；

③ 纳税人所在地不在市区、县城或镇的，税率为1%。

（2）教育费附加的征收率。

全国的教育费征收率一般为3%。征收率的调整，由国务院根据具体情况委托财政部、国家税务总局进行。

5.2.2　城市维护建设税额和教育费附加的计算

1. 城市维护建设税额和教育费附加的计算

城市维护建设税的应纳税额是按照纳税人实际缴纳的“三税”税额和规定的税率计算，计算公式如下：

应纳税额＝实际缴纳的增值税、消费税、营业税额×适用税率

【例 5-1】 某酒厂地处市区。该企业 2007 年 10 月份缴纳增值税 39 万元，缴纳消费税 57 万元，补交上年度增值税和消费税共计 25 万元，交纳税收滞纳金 5 万元，罚款 12.5 万元。计算该企业应纳城市维护建设税税额。

应纳城市维护建设税税额＝（39＋57＋25）×7%＝8.47（万元）

2. 教育费附加应缴费额的计算

教育费附加的应缴费额的多少由纳税人实际缴纳的“三税”税额决定，其计算公式如下：

应缴教育费附加＝实际缴纳的增值税、消费税、营业税额×征收率

【例 5-2】 某酒厂地处市区。该企业 2007 年 10 月份缴纳增值税 39 万元，缴纳消费税 57 万元，补交上年度增值税和消费税共计 25 万元，交纳税收滞纳金 5 万元，罚款 12.5 万元。计算该企业应纳教育费附加额。

应纳教育费附加额＝（39＋57＋25）×3%＝3.63（万元）

5.3　城市维护建设税和教育费附加的纳税地点与期限

5.3.1　缴纳义务发生时间

城市维护建设税和教育费附加的缴纳义务发生时间与纳税人“三税”的时间一致，即只要纳税人发生“三税”的纳税义务，就同时发生了城市维护建设税和教育费附加的纳税义务。

5.3.2　城市维护建设税和教育费附加的缴纳期限

城市维护建设税和教育费附加是由“三税”纳税人在缴纳“三税”的同时缴纳，所以

其缴纳期限分别与“三税”的纳税期限一致。

5.3.3 城市维护建设税和教育费附加的缴纳地点

纳税人缴纳“三税”的地点就是该纳税人缴纳城市维护建设税和教育费附加的地点。

5.3.4 城市维护建设税和教育费附加的征缴方法

城市维护建设税和教育费附加的征收、管理、征纳环节、奖罚等事项，比照消费税、增值税、营业税的有关规定办理。

5.3.5 城市建设维护税和教育费附加的征收机关

城市维护建设税的征税机关一般是各地地方税务局；教育费附加由税务机关负责征收，一般是地方税务局。

5.4 城市维护建设税和教育费附加的会计处理

5.4.1 核算使用的会计科目

（1）“应交税费—应交城市维护建设税”账户。
（2）“应交税费—应交教育费附加”账户。
（3）“营业税金及附加”账户。
（4）“固定资产清理”账户。

5.4.2 城市维护建设税和教育费附加的账户处理

企业计提城市建设维护税和教育费附加时，借记“营业税金及附加”、“固定资产清理”等科目，贷记“应交税费—应交城市维护建设税”、“应交税费—应交教育费附加”等科目。缴纳时，借记“应交税费—应交城市维护建设税”、“应交税费—应交教育费附加”等科目，贷记“银行存款”科目。

5.5　城市维护建设税纳税、教育费附加纳税申报

1. 城市维护建设税和教育费附加申报表的格式

城市维护建设税和教育费附加没有单独的纳税申报表，其纳税申报填列的是地方税务局的综合纳税申报表。其格式见表 5-1。

表 5-1

地方税务局综合申报表

申报日期：　　年　月　日

税款类型：□正常税款 □四代解缴 □补缴欠税 □自查补税　　　　金额单位：元（列至角分）

税务计算机代码		纳税人或扣缴义务人名称和公章		
缴款银行账号		缴款银行名称		
纳税项目代码	税款所属时期	课税数量	计税金额	实缴税额
合计	人民币大写：			
备注				

2. 城市维护建设税和教育费附加申报表的填表说明

（1）本表适用于营业税、代扣营业税，城市建设维护税、教育费附加、文化事业费、房产税、城镇土地使用税、城市房地产税、外商投资企业土地使用费、车船使用税、车船使用牌照税、资源税、屠宰税、企业所得税（季度）、大额印花税；同税目税率的业务应分格次填写。

（2）本表适用于所有纳税人、扣缴义务人向税务机关申报当月应该缴纳各种税费款项（一票多税）。不同税款类型要分别填写申报表，并在相应的税款类型前划“√”。

（3）不同的税种税目代码的业务应分行次填写。车船使用（牌照）税按吨计税的在“课税数量”一栏填写吨数，“计税金额”一栏填写辆数；代扣代缴个人所得税“课税数量”一栏填写人数。其他税种的计税依据（数量或金额）都填在“计税金额”一栏。

（4）纳税人采取电子方式办理纳税申报的，应逐月填写申报资料加盖公章、保存，并于每年1月31日之前向主管税务机关报送上一年度1月到12月申报期相应的纸质申报资料。

（5）纳税人在上门申报时已向主管税务机关报送此综合申报表的，次年年初无需重复报送。

5.6 城市维护建设税与教育费附加税案例评析

案例：某汽车厂所在地为省会，2008年4月实际已纳增值税275万元，消费税400万元，营业税25万元。则：

（1）应纳城市维护建设税＝纳税人实际缴纳的增值税、消费税、营业税×适用税率

＝（275＋400＋25）×7%＝49（万元）

账务处理如下：

借：营业税金及附加　　490 000

　贷：应交税费——应交城市维护建设税　　490 000

缴纳税款时：

借：应交税费——应交城市维护建设税　　490 000

　贷：银行存款　　490 000

（2）应纳教育费附加＝纳税人实际缴纳的增值税、消费税、营业税×征收率

＝（275＋400＋25）×3%＝21（万元）

借：营业税金及附加　　210 000

　贷：应交税费——应交教育费附加　　210 000

缴纳税款时：

借：应交税费——应交教育费附加　　210 000

　贷：银行存款　　210 000

纳税申报表填列如下：

地方税务局综合申报表

申报日期：2008 年 5 月 7 日

税款类型：√□正常税款 □四代解缴 □补缴欠税 □自查补税　　金额单位：元（列至角分）

税务计算机代码		纳税人或扣缴义务人名称和公章		
缴款银行账号		缴款银行名称		
纳税项目代码	税款所属时期	课税数量	计税金额	实缴税额
城市维护建设税	2008.4.1-4.30		7 000 000	490 000
教育费附加	2008.4.1-4.30		7 000 000	210 000
合计	人民币大写：	柒拾万元整		
备注				

相关链接

《中华人民共和国城市维护建设税暂行条例》（国发[1985]19 号）自 2008 年 1 月 1 日施行。

练　习　题

一、单项选择题

1．下列各项中，城镇土地使用税暂行条例直接规定的免税项目是（　　）。

A．个人所有的居住房屋及院落用地

B．宗教寺庙自用土地

C．民政部门举办的安置残疾人占一定比例的福利工厂用地

D．个人办的托儿所和幼儿园用地

2．某城市的一家公司，实际占地 23 000 平方米。由于经营规模扩大，年初该公司又受让了一尚未办理土地使用证的土地 3 000 平方米，公司按其当年开发使用的 2 000 平方米土地面积进行申报纳税，以上土地均适用每平方米 2 元的城镇土地使用税税率。该公司当年应纳城镇土地使用税为（　　）。

A．46 000 元　　B．48 000 元　　C．50 000 元　　D．52 000 元

3．依据城镇土地使用税暂行条例及细则的规定，经批准开山填海整治的土地和改造的废弃土地，从使用的月份起免税 5 年至 10 年。具体免税期限的确定权在（　　）。

A．省级地方税务局　　B．地市级地方税务局

C．县级地方税务局　　D．当地主管地方税务局

4．某公司与政府机关共同使用一栋共有土地使用权的建筑物，该建筑物占用土地面积 2 000 平方米，建筑物面积 10 000 平方米（公司与机关的占用比例为 4∶1），该公司所在市城镇土地使用税单位税额每平方米 5 元。该公司应纳城镇土地使用税（　　）。

A．0 元　　B．2 000 元　　C．8 000 元　　D．10 000 元

二、多项选择题

1．下列各项中，应缴纳城镇土地使用税的有（　　）。

A．用于水产养殖业的生产用地　　B．名胜古迹园区内附设的照相馆用地

C．公园中管理单位的办公用地　　D．学校食堂对外营业的餐馆用地

2．下列各项中，可以免缴城镇土地使用税的有（　　）。

A．财政拨付事业经费单位的食堂用地

B．名胜古迹场所设立的照相馆用地

C．公园内设立的影剧院用地

D．宗教寺庙人员的生活用地

三、判断题

1．纳税人实际占用的土地面积尚未核发土地使用征书的，应由纳税人申报土地面积，并以此为计税依据计算征收城镇土地使用税。（　）

2．城镇土地使用税的征收范围是城市、县城、镇和工矿区范围内的国家所有的土地。（　）

3．经批准开山填海整治的土地和改造的废弃土地，从使用的次月起免缴城镇土地使用税 5 年至 10 年。（　）

四、综合分析题

（一）红星啤酒厂

1．企业概况

企业名称：红星啤酒厂

企业性质：国有企业（一般纳税人）

企业地址：北京市朝阳西路 88 号

企业所属行业：工业企业

纳税人识别号：101000000000003

2．具体业务

红星啤酒厂 2007 年 7 月将自产啤酒 30 吨发给职工作为福利，10 吨用于广告宣传，让顾客免费品尝。销售啤酒 300 吨，该啤酒每吨出厂价 2 500 元，每吨成本 1 400 元。

3．操作要求

（1）计算红星啤酒厂应缴纳的增值税和消费税。啤酒消费税定额税率为 220 元/吨。

（2）计算红星啤酒厂应缴纳的城市维护建设税和教育费附加，并填列纳税申报表。（用地税申报表）

（二）滨海运输公司

1．企业概况

企业名称：滨海运输公司

企业性质：国营企业

企业地址：天津滨海新区 56 号

所属行业：交通运输业

纳税人识别号：120000000000001

2．具体业务

公司 2007 年 3 月份共开出发票两张，境内运输收入总额为 1 500 000，国际海运收入总额为 200 000 元，另外美国某海运公司支付的转运费收入有 10 000 美元，收到当日汇率为 1∶7.00，适用营业税率为 5%。

3．操作要求

（1）计算公司 3 月份应缴的营业税、城市维护建设税和教育费附加。

（2）填列综合纳税申报表。

第 6 章　关税的纳税申报

学习与训练目标

- ◆ 理解关税的概念，了解关税的意义
- ◆ 掌握关税的纳税义务人、征税范围
- ◆ 掌握关税计税依据、税率和税收优惠与关税的会计处理
- ◆ 具备填写海关（进出口）专用缴款书、报关单的能力
- ◆ 了解纳税义务发生时间、纳税期限、纳税地点、征缴方法、征税机关
- ◆ 具备计算应纳关税的和纳税申报能力

6.1　关税概述

6.1.1　关税的含义

1. 关税的含义

关税是国际通行的税种，是由海关根据国家制定的有关法律，以进出关境的货物和物品为征税对象而征收的一种流转税。

2. 关境与国境的关系

国境是指一个国家以边界为界线，全面行使主权的境域，包括领土、领海、领空。关境是指海关征收关税的领域。一般而言，国境和关境是一致的，货物进出国境也就是进出关境。但是，由于存在着关税同盟、自由贸易港、自由贸易区，使得两者的大小不一致。当国境内设有自由贸易港、自由贸易区或出口加工区时，关境就小于国境。自由贸易港或自由贸易区虽然在国境之内，但进出自由贸易港（区）的货物可以不征收关税，它是在关境之外，国境大于关境。当几个国家结成关税同盟，组成一个共同的关境，实施统一的关税法令和统一的对外税则时，这些国家彼此之间货物进出国境不征收关税，这时关境就大于其成员国的各自国境。

3. 关税的意义

关税是贯彻国家对外贸易政策的重要手段，在调节经济、促进改革开放方面，在保护民族企业、防止国外的经济侵略，争取关税互惠、促进对外贸易发展，增加国家财政收入方面，都具有重要作用。

6.1.2 关税的征税范围

关税的征税范围包括准许进出口的货物和进境物品。

（1）货物，是指贸易性商品，即国际贸易中运进或运出的商品。

（2）物品，是指非贸易性商品，包括入境旅客随身携带的行李物品、个人邮递物品、各种运输工具上的服务人员携带进口的自用物品、馈赠物品以及其他方式进境的个人物品。

6.1.3 关税的纳税义务人

进口货物的收货人、出口货物的发货人和进出境物品的所有人是关税的纳税义务人。纳税义务人可以委托代理办理纳税手续，受委托人应承担纳税义务人的各项义务。

进出口货物的收发货人，是依法取得对外贸易经营权并进口或者出口货物的法人或者社会团体，包括：

（1）外贸进出口公司；

（2）工贸或农贸结合的进出口公司；

（3）其他经批准经营进出口商品的企业。

进境物品的所有人包括该物品的所有人或推定为所有人的人，包括：

（1）入境旅客随身携带的行李和物品的持有人；

（2）各种运输工具上的服务人员入境时携带的自用物品的持有人；

（3）进口个人邮件收件人；

（4）馈赠物品以及其他方式入境物品的所有人。

6.2 应纳关税额的计算

6.2.1 计税依据

关税的计算办法有从量计征和从价计征，另外还有些物品采取从量和从价混合计征的办法。从量计征适用的范围窄，从价计征适用的范围宽，我国现行进出口关税基本上都是按从价征税，其计税依据为进（出）口货物的完税价格。

1. 进口货物的完税价格

关税完税价格是海关计征关税所依据的价格。进口货物是以海关审定的成交价格为基础的到岸价格作为完税价格。

所谓到岸价格（CIF）包括货价，加上货物运抵我国海关境内输入地点起卸前的包装费、运输费、保险费和其他劳务费等。

进口货物的成交价格，是指卖方向中国境内销售该货物时买方为进口货物向卖方实付、应付的价款总额。

（1）下列费用应包括在进口货物的完税价格中。

① 由买方负担的除购货佣金以外的佣金和经纪费。购货佣金，是指买方为购买进口货物向自己的采购代理人支付的劳务费用。经纪费，是指买方为购买进口货物向代表买卖双方利益的经纪人支付的劳务费用。

② 由买方负担的与该货物视为一体的容器的费用。

③ 由买方负担的包装材料和包装劳务费用。

④ 与该货物的生产和向我国境内销售有关的，由买方以免费或者以低于成本的方式提供并可以按适当比例分摊的料件、工具、模具、消耗材料及类似货物的价款，以及在境外开发、设计等相关服务的费用。

⑤ 买方需向卖方或者有关方直接或间接支付的特许权使用费。特许权使用费，是指买方为获得与进口货物相关的、受著作权保护的作品、专利、商标、专有技术和其他权利的使用许可而支付的费用。

⑥ 卖方直接或间接从买方获得的该货物进口后转售、处置或者使用所得中获得的收益。

（2）进口货物的价款中单独列明的下列费用，不计入完税价格。

① 卖方支付给买方的正常价格回扣。

② 进口方向其境外采购代理人支付的买方佣金。

③ 进口关税及其他国内税收。

④ 进口货物运抵境内输入地点起卸后的运输及其相关费用、保险费。

⑤ 厂房、机械、设备等货物进口后进行建设、安装、装配、维修和技术服务的费用。

（3）进口货物的到岸价格经海关审查未能确定的完税价格估定。

如果进口货物的到岸价格经海关审查未能确定的，应依次以下列价格为基础，估定完税价格：

① 从该项进口货物的同一出口国或者地区购进相同或类似货物的成交价格；

② 与该项进口货物相同或类似货物在国际市场上的成交价格；

③ 与该项进口货物相同或类似货物在国内市场上的批发价格，减去进口关税、进口环节的其他费用以及进口后的运输、储存、营业费用及利润后的价格。通常将费用和利润按到岸价格的20%计算。计算公式为：

$$关税完税价格=\frac{国内批发价格}{1+进口关税税率+20\%}$$

如果进口货物是应纳消费税的消费品，计算公式为：

$$关税完税价格=\frac{国内批发价格}{1+进口关税税率\quad \frac{1+关税税率}{1-消费税税率}\times 消费税税率+20\%}$$

2. 出口货物的完税价格

出口货物是由海关审定的以出口货物的成交价格为基础的售予境外的离岸价格（FOB），扣除关税后的价格作为完税价格。

出口关税完税价格的计算公式为：

关税完税价格＝离岸价格（FOB）/（1＋出口关税税率）

（1）出口货物的离岸价格。

出口货物的离岸价格包括出口货物的成交价格，以及该货物运至中国境内输出地点装载前的运输及其相关费用、保险费和出口关税。

出口货物的成交价格，是指该货物出口时卖方为出口该货物应当向买方直接收取和间接收取的价款总额。

能计入完税价格的价格包括由海关审定的成交价格和该货物运至中国境内输出地点装载前的运输及其相关费用、保险费，不包括出口关税。如果出口货物的销售价格包括离境口岸至境外口岸之间的运输、保险费用，应当予以扣除。

（2）出口货物完税价格的估定。

出口货物的成交价格不能确定时，完税价格由海关依次使用下列方法估定：

① 同时或大约同时向同一国家或地区出口的相同货物的成交价格；

② 同时或大约同时向同一国家或地区出口的类似货物的成交价格；

③ 根据境内生产相同或类似货物的成本、利润和一般费用、境内发生的运输及相关费用、保险费用计算总和的价格。

6.2.2　税目和税率

关税的税目和税率是《中华人民共和国海关进出口税则》的关键组成部分，在实际执行过程中，根据国际惯例和我国的对外贸易政策，会不断调整。

1. 进口关税税率

我国进口关税税率包括：最惠国税率、协定税率、特惠税率、普通税率、关税配额税率等税率形式。

（1）最惠国税率。

适用原产于与我国共同适用最惠国待遇条款的 WTO 成员国或地区的进口货物，或原产于与我国签订有相互给予最惠国待遇条款的双边贸易协定的国家或地区进口的货物，以及原产于我国境内的进口货物。

（2）协定税率。

适用原产于我国参加的含有关税优惠条款的区域性贸易协定的有关缔约方的进口货物。目前对原产于韩国、斯里兰卡和孟加拉 3 个曼谷协定成员的 739 税目进口商品实行协定税率（即曼谷协定税率）。

（3）特惠税率。

适用于原产于与我国签订有特殊优惠关税协定的国家或地区的进口货物。目前对原产于孟加拉的 18 个税目进口商品实行特惠税率（即曼谷协定特惠税率）。

（4）普通税率。

适用原产于上述国家或地区以外的其他国家或地区的进口货物，以及原产地不明的进口货物。按照普通税率征税的进口货物，经国务院关税税则委员会特别批准，可以适用最惠国税率。

适用最惠国税率的进口货物有暂定税率的，应当适用暂定税率；适用协定税率、特惠税率的进口货物有暂定税率的，应当从低适用税率；适用普通税率的进口货物，不适用暂定税率。

另外，按照国家规定实行关税配额管理的进口货物，关税配额内的，适用关税配额税率；关税配额外的，按其适用税率的规定执行。

除了上述税率外，根据国家关税政策需要，还可以设置保障税率、反倾销税率、反补贴税率、报复性关税税率等。

2. 出口关税税率

我国仅对少数资源性产品及易于竞相杀价、盲目进口、需要规范出口秩序的半制成品征收出口关税。我国现行税则对 36 种商品征收出口关税，主要是鳗鱼苗、部分有色金属矿砂及其精矿、生锑、磷、氟钽酸钾、苯、山羊板皮、部分铁合金、钢铁废碎料、铜和铝原料及其制品、镍锭、锌锭、锑锭。对上述范围内的 23 种商品实行 0～20%的暂定税率，其中 16 种商品为零关税。适用出口税率的出口货物有暂定税率的，应当适用暂定税率，出口暂定税率优先于出口税则中规定的出口税率。因此，我国真正征收出口关税的商品只有 20 种，税率也较低。

6.2.3 应纳关税税额的计算

关税应纳税额的计算一般有以下几种方法。

1. 从价税计算方法

从价税，是指以进（出）口货物的完税价格为计税依据的一种关税计征方法。应纳关税税额的计算公式为：

关税应纳税额＝应税进（出）口货物数量×单位完税价格×税率

2. 从量税计算方法

从量税，是指以进（出）口货物的数量为计税依据的一种关税计征方法。应纳关税税额的计算公式为：

关税应纳税额＝应税进（出）口货物数量×单位货物税额

3. 复合税计算方法

复合税，是指对某种进（出）口货物同时使用从价和从量计征的一种关税计征方法。应纳关税税额的计算公式为：

关税应纳税额＝应税进（出）口货物数量×单位货物税额
＋应税进（出）口货物数量×单位完税价格×税率

4. 滑准税计算方法

滑准税，是指关税的税率随着进口货物价格的变动而反方向变动的一种税率形式，即价格越高，税率越低，税率为比例税率。因此，对实行滑准税率的进口货物应纳税额的计算方法仍同于从价税的计算方法。应纳关税税额的计算公式为：

关税应纳税额＝应税进（出）口货物数量×单位完税价格×滑准税税率

【例 6-1】 外贸进出口公司从国外自营进口商品一批，该商品的出口方离岸价格（折合人民币，下同）550 000 元，运抵我国口岸起卸前发生的运费为 45 000 元，保险费为 5 200

元，手续费为 2 300 元，进口商品的关税税率为 30%。计算该公司应纳进口关税税额。

完税价格＝550 000＋45 000＋5 200＋2 300＝602 500（元）

应纳进口关税税额＝602 500×30%＝180 750（元）

【例 6-2】某外贸公司从澳大利亚进口新闻纸 80 吨，进口申报价格的离岸价格每吨 900 美元，每吨付离开对方口岸到入境口岸运费 50 美元，保险费率为 2%。进口日市场汇率为 100 美元＝705 人民币元。新闻纸进口关税税率为 8.5%，进口增值税税率为 17%。计算应纳进口关税税额。

$$完税价格=80\times\frac{(900+50)\times 7.05}{1-2\%}=546\ 734.69(元)$$

应纳进口关税税额＝546 734.69×8.5%＝46 472.45（元）

【例 6-3】 省外贸进出口公司，2003 年从巴西进口椰子汁一批，因无法确定到岸价格，经海关批准，以国内同类货物的市场批发价 2 780 000 元，估定为关税完税价格。椰子汁的进口关税税率为 15%，进口增值税税率为 17%。计算应纳进口关税税额。

$$完税价格=\frac{2\ 780\ 000}{1+15\%+20\%}=2\ 059\ 259.26(元)$$

应纳进口关税税额＝2 059 259.26×15%＝308 888.89（元）

【例 6-4】某日化公司从国外进口一批应税消费品，因无法确定到岸价格，经海关批准，以国内同类货物的市场批发价格 1 200 000 元估定为关税完税价格。该商品进口关税税率为 22.5%，进口增值税税率为 17%，进口消费税率为 30%。计算应纳进口关税税额。

$$完税价格=\frac{1\ 200\ 000}{1+22.5\%+20\%+\frac{1+22.5\%}{1-30\%}\times 30\%}=615\ 384.62(元)$$

应纳进口关税税额＝615 384.62×22.5%＝138 461.54（元）

【例 6-5】 某进出口公司代理某企业出口铝制品一批，申报出口离岸价格为 1 600 000 美元，出口日市场汇率为 100 美元＝720 人民币元。铝制品出口关税税率为 6%。计算应纳出口关税税额。

完税价格＝1 600 000×7.2÷（1＋6%）＝10 867 924.53（元）

应纳出口关税税额＝10 867 924.53×6%＝652 075.47（元）

【例 6-6】 某土产进出口公司出口山羊板皮一批，申报出口含税离岸价格为 5 480 000 元，其中含离境口岸至境外口岸之间的运输 307 000 元、保险费 200 000 元。关税税率为 10%。计算应纳出口关税税额。

完税价格＝（5 480 000－307 000－200 000）÷（1＋10%）＝4 520 909.09（元）

应纳出口关税税额＝4 520 909.09×10%＝452 090.91（元）

6.2.4 关税的会计处理

1. 制造企业关税的会计处理

（1）进口关税的核算。

制造企业是通过外贸企业代理或直接从国外进口原材料，应支付的进口关税，不通过“应交税费”账户核算，而是将其与进口原材料的价款及其他费用一并计入进口原材料的成本，借记“材料采购”科目；贷记“银行存款”、“应付账款”等科目。

企业根据同外商签订的加工装配和补偿贸易合同而引进的国外设备，按规定计算的进口关税在支付时，借记“固定资产”、“在建工程——引进设备工程”科目，贷记“银行存款”等科目。

【例 6-7】 国内某公司的记账本位币为人民币，属于增值税一般纳税人。2007 年 5 月 10 日，从国外进口某种原材料，共计 50 000 美元，当日的即期汇率为 1 美元＝7.8 元人民币，按照规定计算应缴纳的进口关税为 39 000 元人民币，支付的进口增值税为 72 930 元人民币，货款尚未支付，进口关税及增值税已由银行存款支付。相关会计分录如下：

借：原材料	429 000
应交税费——应交增值税（进项税额）	72 930
贷：应付账款——美元	390 000
银行存款	111 930

【例 6-8】 某制造企业为增值税一般纳税人，本月从国外进口某设备 2 台作为固定资产使用，成交价格 CIF 天津港 70 000 美元，折合人民币为 497 000 元，该设备的关税税率为 10%，代征增值税税率为 17%。货款尚未支付，进口关税及增值税已由银行存款支付。有关计算及分录如下：

应缴关税税额＝497 000×10%＝49 700（元）

应缴增值税税额＝（497 000＋49 700）×17%＝92 939（元）

借：固定资产	546 700
应交税费——应交增值税（进项税额）	92 939
贷：	142 639
应付账款——美元	497 000

（2）出口关税的核算。

国家为了鼓励出口，扩大对外贸易，除国家限制的出口商品外，一律免征出口关税，不涉及出口关税的会计核算。制造企业出口产品如果需要缴纳关税，支付时不通过“应交税费”账户，而是直接借记“营业税金及附加”账户，贷记“银行存款”等账户。

【例 6-9】某铁合金厂向日本出口一批铬铁，国内港口 FOB 价格折合人民币为 3 000 000 元，铬铁出口关税税率为 40%，关税以支票付讫。计算出口关税税额并编制收入和支付关税的分录。

应交关税税额＝3 000 000/（1＋40%）×40%≈857 142.86（元）

作会计处理如下：

借：应收账款　　3 000 000

　贷：主营业务收入　　3 000 000

借：营业税金及附加　　857 142.86

　贷：银行存款　　857 142.86

2. 商品流通企业关税的会计处理

有进出口经营权的商品流通企业（包括商业、粮食、外贸、物资供销、医药商业、供销合作社等），其进出口业务按经营方式不同可以分为自营和代理两大类。不同的经营方式下的进出口业务，有关关税核算的方法和内容也不一样。

（1）关税核算所使用的会计科目。

① 应交税费——应交关税（进口关税）

② 在途物资

③ 营业税金及附加

（2）自营进出口业务关税的核算。

① 根据商品流通企业自营进口业务涉及的关税。

借：在途物资

　贷：应交税费——应交关税（进口关税）

② 实际支付关税时。

借：应交税费——应交关税（进口关税）

　贷：银行存款

或借：在途物资

　　贷：银行存款、应付账款

③ 商品流通企业自营出口业务涉及的关税。

借：营业税金及附加

　贷：应交税费——应交关税（出口关税）

④ 实际缴纳时。

借：应交税费——应交关税（出口关税）

　贷：银行存款

【例 6-10】 某外贸企业为增值税一般纳税人，从国外自营进口商品一批，CIF 价格折合人民币为 2 000 000 元，价款暂欠。进口关税税率为 20%，代征增值税税率 17%，税款以银行转账支票付讫。计算应交关税、增值税并编制支付税金和商品入库的分录。

应交关税＝2 000 000×20%＝400 000（元）

在途物资成本＝2 000 000＋400 000＝2 400 000（元）

代征增值税＝2 400 000×17%＝408 000（元）

进口报关缴纳关税和增值税时：

借：在途物资	2 400 000	
应交税费——应交增值税（进项税额）	408 000	
贷：银行存款		808 000
应付账款		2 000 000

商品验收入库时：

借：库存商品	2 400 000	
贷：在途物资		2 400 000

【例 6-11】 某外贸公司自营出口商品一批，我国口岸 FOB 价格折合人民币为 900 000 元，价款未收。出口关税税率为 20%，根据海关开出的专用缴款书，关税以银行转账支票付讫。有关计算及分录如下：

确认销售商品收入：

借：应收账款	900 000	
贷：主营业务收入		900 000

计算出口关税：

出口关税＝900 000 /（1＋20%）×20%＝150 000（元）

借：营业税金及附加	150 000	
贷：应交税费——应交关税（出口关税）		150 000

实际缴纳时：

借：应交税费——应交关税（出口关税）	150 000	
贷：银行存款		150 000

（3）代理进出口业务关税的核算。

代理进出口业务，受托方一般不垫付货款，大多以收取手续费形式为委托方提供代理服务。因此，由于进出口而计算缴纳的关税均由委托单位负担，受托单位即使向海关缴纳了关税，也只是代垫或代付，日后要从委托方收回。

代理进出口业务计算应缴的关税，可以通过设置“应交税费——应交关税”账户来核算，其对应账户是“应付账款”、“应收账款”、“银行存款”等；也可以不通过“应交税费——应交关税”账户核算，直接通过“应付账款”、“应收账款”、“银行存款”账户核算。

【例 6-12】 远洋外贸公司接受某企业的委托进口商品一批，进口商品货款 5 500 000 元已汇入进出口公司存款户。该进口商品我国口岸 CIF 价格为 500 000 美元，进口关税税率为 20%，增值税税率为 17%，当日的外汇牌价为 1 美元＝7.50 人民币元，代理手续费按货价 2%收取，现该批商品已运达，向委托单位办理结算。远洋外贸公司有关计算及分录如下：

① 收到委托单位划来进口货款时：

借：银行存款　　5 500 000

　贷：应付账款——××单位　　5 500 000

② 对外付汇进口商品时：

借：应收账款——××单位　　3 750 000

　贷：银行存款　　3 750 000

③ 计算应交关税和增值税时：

应纳进口关税＝500 000×7.50×20%＝750 000（元）

应纳进口增值税＝（3 750 000＋750 000）×17%＝765 000（元）

借：应收账款——××单位　　1 515 000

　贷：应交税费——应交关税（进口关税）　　750 000

　　应交税费——应交增值税（进项税额）　　765 000

④ 支付进口关税和增值税时时：

借：应交税费——应交关税（进口关税）　　750 000

　　应交税费——应交增值税（进项税额）　　765 000

　贷：银行存款　　1 515 000

⑤ 结算代理进口应收手续费时：

代理手续费＝3 750 000×2%＝75 000（元）

借：应收账款——××单位　　75 000

　贷：主营业务收入——手续费　　75 000

⑥ 将进口商品交付委托单位并结算差额款：

借：应付账款——××单位　　5 500 000

　贷：应收账款——××单位　　5 340 000

　　　银行存款　　160 000

【例 6-13】某进出口公司代理某生产企业出口一批商品，我国口岸 FOB 价折合人民币为 1 200 000 元，出口关税税率为 20%，手续费为 30 000 元。进出口公司有关计算及分录如下：

① 计算并支付应交关税时：

应缴出口关税＝1 200 000／（1＋20%）×20%＝200 000（元）

借：应收账款——××单位　　200 000

　贷：银行存款　　200 000

② 计算应收手续费时：

借：应收账款——××单位　　30 000

　贷：主营业务收入——手续费　　30 000

③ 收到委托单位付来的税款及手续费时：

借：银行存款　　230 000

　贷：应收账款——××单位　　230 000

6.3 关税税收优惠

6.3.1 关税的法定减免

法定减免是指税法明确列出的关税减税或免税。符合税法规定可予减免税的进出口货物，纳税义务人无须提出申请，海关可按规定直接予以减免税。海关对法定减免税货物一般不进行后续管理。

1. *法定性免征关税*

（1）关税税额在人民币 50 元以下的一票货物。

（2）无商业价值的广告品和货样。

（3）外国政府、国际组织无偿赠送的物资。

（4）进出境运输工具装载的途中必须的燃料、物料和饮食用品。

（5）因故退还的我国出口货物，由原发货人或其代理人申报进境，并提供原出口单证，经海关审查核实的，可予免征进口关税；但已征收的出口关税不予退还。

（6）因故退还的境外进口货物，由原收货人或其代理人申报出境，并提供原进口单证，经海关审查核实的，可予免征出口关税；但已征收的进口关税不予退还。

（7）为境外厂商加工、装配成品和为制造外销产品而进口的原材料、辅料、零件、部件、配套件和包装物料，海关按照实际加工出口的成品数量免征进口关税；或者对进口料件先征进口关税，再按照实际加工出口的成品数量予以退税。

（8）经海关核准暂时进境或者暂时出境，并在6个月内复运出境或者复运进境的货样、展览品、施工机械、工程车辆、工程船舶、供安装设备时使用的仪器和工具、电视或者电影摄制器械、盛装货物的容器以及剧团服装道具，在货物收发货人向海关缴纳相当于税款的保证金或者提供担保后，准予暂时免纳关税。

2. 法定酌情减免进口关税

（1）在境外运输途中或者在起卸时，遭受损坏或者损失的。

（2）起卸后海关放行前，因不可抗力遭受损坏或者损失的。

（3）海关查验时已经破漏、损坏或者腐烂，经证明不是保管不慎造成的。

3. 法律规定减征、免征的其他货物

6.3.2　关税的特定减免（政策性减免）

在法定减免税之外，国家按照国际通行规则和我国实际情况，制定发布的有关进口货物减免关税的政策，称为特定或政策性减免税。如对科研单位进口的仪器、设备和大专院校进口的教学、科研设备的关税优惠政策，对进口残疾人专用品的关税优惠政策等。

6.3.3　关税的临时减免

临时减免税，是指法定减免和特定减免范围以外的其他减免税。临时减免税是由国务院根据《中华人民共和国海关法》（以下简称《海关法》）对某个单位、某类商品、某个项目或某批进出口货物的特殊情况，给予特别照顾，一案一批，专文下达的减免税。

6.4　关税的纳税申报实务操作

1. 进出口货物通关的一般程序

①申报；②查验；③征税；④放行。

2. 申报

（1）应填写的资料。

企业在进出口货物申报时，应当如实填写如下资料：

①《关税专用缴款书》；

②《中华人民共和国海关进口货物报关单》；

③《中华人民共和国海关出口货物报关单》；

④ 进出口许可证及其有关单证（如发票、提单等）。

（2）申报资料的格式。

①《关税专用缴款书》格式见表 6-1。

表 6-1

海关（进出口）专用缴款书

收入系统：　　　　　　　　　　　　　　　　　　填发日期　　年　月　日

<table>
<tr><td rowspan="3">收款单位</td><td>收入机关</td><td colspan="2"></td><td rowspan="3">缴款单位</td><td>名　　称</td><td colspan="2"></td></tr>
<tr><td>账　　户</td><td colspan="2"></td><td>账　　号</td><td colspan="2"></td></tr>
<tr><td>收款国库</td><td colspan="2"></td><td>开户银行</td><td colspan="2"></td></tr>
<tr><td>税号</td><td colspan="2">货物名称</td><td>数量</td><td>单位</td><td>完税价格（¥）</td><td>税率</td><td>税款金额（¥）</td></tr>
<tr><td></td><td colspan="2"></td><td></td><td></td><td></td><td></td><td></td></tr>
<tr><td></td><td colspan="2"></td><td></td><td></td><td></td><td></td><td></td></tr>
<tr><td colspan="3">金额人民币（大写）</td><td></td><td></td><td></td><td>合计（¥）</td><td></td></tr>
<tr><td>申请单位编号</td><td colspan="2"></td><td colspan="2">报关单编号</td><td></td><td rowspan="4">填制单位
制单人：
复核人：</td><td rowspan="4">收款国库</td></tr>
<tr><td>合同（批文）号</td><td colspan="2"></td><td colspan="2">运输工具（号）</td><td></td></tr>
<tr><td>缴款期限</td><td colspan="2">年　月　日</td><td colspan="2">提 / 装货单号</td><td></td></tr>
<tr><td>备注</td><td colspan="5"></td></tr>
</table>

② 海关专用缴款书联次说明。

海关专用缴款书一式六联，其中：

第一联（收据）：银行收款签章后交缴款单位或缴纳人；

第二联（付款凭证）：由缴款单位开户银行作为付出凭证；

第三联（收款凭证）：由收款国库作为收入凭证；

第四联（回执）：由国库盖章后退回海关财务部门；

第五联（报查）：国库收款后，关税专用缴款书退回海关，海关代征税专用缴款书送当地税务机关；

第六联：（存根）由填发单位存查。

③《中华人民共和国海关进口货物报关单》格式如表 6-2 所示。

表 6-2

中华人民共和国进口货物报关单

预录入编号：　　　　　　　　　　　　　　　　　　海关编号：

<table>
<tr><td colspan="2">进口口岸</td><td>备案号</td><td>进口日期</td><td>申报日期</td></tr>
<tr><td colspan="2">经营单位</td><td>运输方式</td><td>运输工具名称</td><td>提运单号</td></tr>
<tr><td colspan="2">收货单位</td><td>贸易方式</td><td>征免性质</td><td>征税比例</td></tr>
<tr><td colspan="2">许可证号</td><td>起运国（地区）</td><td>装货港</td><td>境内目的地</td></tr>
<tr><td>批准文号</td><td>成交方式</td><td>运费</td><td>保费</td><td>杂费</td></tr>
<tr><td>合同协议号</td><td>件数</td><td>包装种类</td><td>毛重（公斤）</td><td>净重（公斤）</td></tr>
<tr><td>集装箱号</td><td colspan="3">随附单据　提单　发票　箱单　合同</td><td>用途</td></tr>
<tr><td colspan="5">标记唛码及备注</td></tr>
<tr><td colspan="5">项号　商品编号　商品名称、规格型号　数量及单位　原产国（地区）　单价　总价　币制　征免</td></tr>
<tr><td colspan="5"></td></tr>
<tr><td colspan="5"></td></tr>
<tr><td colspan="5"></td></tr>
<tr><td colspan="5">税费征收情况</td></tr>
<tr><td>录入员　录入单位</td><td colspan="2">兹证明以上申报无讹并承担法律责任</td><td colspan="2" rowspan="2">海关审单批注及放行日期（签章）
审单　　　审价</td></tr>
<tr><td colspan="3">报关员</td></tr>
<tr><td>单位地址</td><td colspan="2">申报单位（签章）</td><td>征税</td><td>统计</td></tr>
<tr><td>邮编　电话</td><td colspan="2">填制日期</td><td>查验</td><td>放行</td></tr>
</table>

④《中华人民共和国海关进口货物报关单》格式如表 6-3 所示。

表 6-3

中华人民共和国海关出口货物报关单

预录入编号：　　　　　　　　　　　　　　　　　　　　　　　　海关编号：

出口口岸	备案号		出口日期	申报日期
经营单位	运输方式		运输工具名称	提运单号
发货单位	贸易方式		征免性质	结汇方式
许可证号	运抵国（地区）	指运港		境内货源地
批准文号	成交方式	运费	保费	杂费
合同协议号	件数	包装种类	毛重（kg）	净重（kg）
集装箱号	随附单据		生产厂家	
标记唛码及备注				

项号	商品编号	商品名称、规格型号	数量及单位	最终目的国（地区）	单价	总价	币制	征免

税费征收情况	

录入员　　　　录入单位	兹声明以上申报无讹并承法律责任	海关审单批注及放行日期(签章)
报关员 单位地址：		审单　　　　审价
		征税　　　　统计
邮编：	申报单位（签章）	查验　　　　放行
电话：	填制日期：	

6.5 关税的纳税申报实务

6.5.1 纳税义务发生时间

进出口货物纳税人，关税纳税义务发生于报关进口或出口的当天。

6.5.2 纳税期限

纳税义务人应当自海关填发税款缴款书之日起 15 日内，向指定银行缴纳税款。如关税缴纳期限的最后 1 日是周末或法定节假日，则关税缴纳期限顺延至周末或法定节假日过后的第 1 个工作日。

根据《海关法》规定进出境货物和物品放行后，海关发现少征或者漏征税款，应当自缴纳税款或者货物、物品放行之日起 1 年内，向纳税义务人补征；因纳税义务人违反规定而造成的少征或者漏征的税款，自纳税义务人应缴纳税款之日起 3 年以内可以追征，并从缴纳税款之日起按日加收少征或者漏征税款 0.5‰的滞纳金。

6.5.3 纳税地点

进口货物自运输工具申报进境之日起 14 日内，出口货物在货物运抵海关监管区后装货的 24 小时以前，向货物进出口地海关申报纳税。为了方便纳税义务人，经申请且海关同意，进（出）口货物的纳税义务人可以在设有海关的指运地（起运地）办理海关申报、纳税手续。

6.5.4 征缴方法

进出口货物的纳税义务人，应当自海关填发税款缴款书之日起十五日内缴纳税款；逾期缴纳的，由海关征收滞纳金。纳税义务人、担保人超过三个月仍未缴纳的，经直属海关关长或者其授权的隶属海关关长批准，海关可以采取下列强制措施：

（1）书面通知其开户银行或者其他金融机构从其存款中扣缴税款；

（2）将应税货物依法变卖，以变卖所得抵缴税款；

（3）扣留并依法变卖其价值相当于应纳税款的货物或者其他财产，以变卖所得抵缴税款。

海关采取强制措施时，对前款所列纳税义务人、担保人未缴纳的滞纳金同时强制执行。

进出境物品的纳税义务人，应当在物品放行前缴纳税款。

6.5.5 征税机关

国家根据政治、经济的需要，在沿海港口、陆地边境和境内的水陆空国际交通通道设置海关机构，由海关根据国家制定的有关关税税法、海关进出口税则，对进出境的货物、物品征收关税。

进出境的货物由纳税义务人向海关申报，经海关查验并办理征税手续后予以放行。大陆海关除对进出境货物征收关税外，还代表国家其他机关征收进出口环节增值税、消费税、船舶吨位税等税费，但这些税费不是关税，通常称为“代征税”。

《海关法》规定，进口货物的收货人、出口货物的发货人、进出境物品的所有人是关税的纳税义务人。纳税义务人可以委托代理办理纳税手续，受委托人应承担纳税义务人的各项义务。大陆目前征收关税的方式有两种，一种是口岸纳税，一种是集中纳税。口岸纳税是对除集中纳税以外的进（出）口货物和进（出）境物品征收关税的方式，由进（出）口人向货物进（出）境地海关申报，经海关对实际货物进行查验後，根据货物的税则归类和完税价格计算应纳关税，和进口环节代征的增值税、消费税等，填写税款缴纳证，由纳税义务人在规定的时间内向当地银行缴纳，并由当地银行上缴中央金库。为了方便货主，经货物收货人申请，海关批准，也可在指运地海关办理申报纳税手续，货物由进境地海关作为转关运输货物监管至指运地海关验收，出口货物，可申请由启运地海关申报纳税手续。集中纳税是由海关派员驻在外贸专业进出口总公司，总公司每天（或每 5 天一次）将国外发票和国内统一编号的收款结算凭证送交海关派驻人员作为申报计税的将税款通过中国银行总部营业部缴入中央金库。外贸专业总公司及其子公司将进口合同副本在北京海关集中纳税处加盖“北京海关集中纳税审核专用章”的戳记，凭以在进口地向海关申报，经海关监管查验後放行，不再在进口地纳税。

6.6 关税案例评析

案例：山东××进出口公司进口一批非消费税应税货物，境外口岸离岸价格折算成人民币 1 050 万元，支付运费 50 万元，保险费费率为 2%。该批货物适用 17%的增值税税率，10%的进口关税税率。货物到达我国口岸后，海关填发了税款缴纳书，但该公司因故自海关填发税款缴纳书的次日起第 20 日才缴纳税款。请分别计算该公司应缴关税、增值税、关税和增值税的滞纳金。

分析与计算：

（1）关税的计算。

进口货物以海关审定的成交价格为基础的到岸价格作为完税价格。如果进口货物以境外口岸离岸价格成交的，应当另加该项货物从境外发货口岸或境外交货口岸运达我国境内目的口岸前实际支付的运费、保险费。计算公式为：

完税价格＝（离岸价格＋运费）/（1－保险费率）

＝（10 500 000＋500 000）/（1－2%）≈11 224 489.79（元）

根据完税价格和适用的完税税率即可计算出应纳的关税税额：

应纳关税税额＝完税价格×关税税率＝11 224 489.79×10%≈1 122 448.98（元）

（2）增值税的计算。

根据组成计税价格可以计算出进口消费税和进口增值税。进口货物组成计税价格的计算公式为：

组成计税价格＝关税完税价格＋关税＋消费税

本案例中进口货物属于非消费税应税货物，消费税为零。根据前面已求出的关税完税价格和关税税额不难计算组成计税价格，然后再根据组成计税价格与规定的进口增值税税率即可计算出进口货物应纳的进口增值税。

组成计税价格＝关税完税价格＋关税

＝11 224 489.79＋1 122 448.98＝12 346 938.77（元）

应纳增值税税额＝组成计税价格×税率

＝12 346 938.77×17%≈2 098 979.59（元）

（3）滞纳金的计算。

进口货物的纳税义务人或他们的代理人，应当自海关填发税款缴纳书的次日起 15 日内缴纳税款，逾期缴纳而又未经批准缓纳的，则由海关征收一定比例的滞纳金。滞纳金的计算方法是：自缴纳期限满之日的次日起，至缴清税款之日止，周末或法定节假日不予扣除，按日征收所欠税款的 0.5‰。其公式为：

滞纳金＝应纳税额×0.5‰×滞纳天数

本案例中所欠的应纳税款额为进口增值税税额和关税税额之和。滞纳天数为 5 天，因为税款的缴纳期限为 15 天，期满之日的次日起至缴清税款之日止为滞纳天数。滞纳金计算如下：

滞纳金＝应纳税额×0.5‰×滞纳天数

＝（1 122 448.98＋2 098 979.59）×0.5‰×5

进口报关单填写见表 6-4：

表 6-4

中华人民共和国进口货物报关单

预录入编号：459785475-8　　　　海关编号：459785475-8

进口口岸 青岛海关（4200）		备案号	进口日期 07/08/25	申报日期 07/08/26
经营单位 山东xx进出口公司(4526500)		运输方式　江海	运输工具名称　吉祥	提运单号 MSHKS－08
收货单位 山东 yy 国际货运有限公司		贸易方式 一般贸易（0110）	征免性质 一般征税	征税比例
许可证号		起运国（地区）香港（0110）	装货港　香港	境内目的地
批准文号	成交方式 FOB	运费 ¥500 000 元	保费 2%	杂费
合同协议号 shjx99028	件数 2625	包装种类　纸袋	毛重（公斤）13925	净重（公斤）13125
集装箱号	随附单据　　提单　发票　箱单　合同			用途
标记唛码及备注				

项号	商品编号	商品名称、规格型号	数量及单位	原产国（地区）	单价	总价	币制	征免
1	29171400	××××	13125 公斤	日本（116）	100.00	1312500	USD 美元	征税

税费征收情况			
录入员　　录入单位	兹证明以上申报无讹并承担法律责任	海关审单批注及放行日期（签章）	
报关员		审单	审价
单位地址	申报单位（签章）山东 yy 国际货运有限公司	征税	统计
邮编　　电话	填制日期　　07/08/26	查验	放行

相关链接

1.《中华人民共和国海关法》，主席令第35号，2001年1月1日起施行。

2.《中华人民共和国进出口关税条例》，国务院令第392号，2004年1月1日起施行。

3.《中华人民共和国进出口关税税则》，参阅国家相关调整。

4.《中华人民共和国海关进出口货物征税管理办法》，海关总署令第124号，2005年3月1日起施行。

5.《国务院关税税则委员会关于调整出口关税的通知》，税委会【2008】36号。

练　习　题

一、思考题

1．何谓关税，关税的征税范围和纳税义务人包括哪些？

2．进口关税和出口关税的完税价格如何确定？

二、单项选择题

1．关税的征税范围不包括下列项目中的（　　）。

A．入境旅客随身携带的行李物品

B．个人邮递物品

C．运输工具上的服务人员携带进口的自用物品

D．馈赠物品

E．个人随身携带出境的行李物品

2．我国现行进出口关税基本上都按（　　）办法计征。

A．从量计征　　B．从价计征　　C．从量和从价混合计征

3．出口货物不能计入完税价格的有（　　）。

A．出口货物的成交价格

B．出口货物运至中国境内输出地点装载前的运输及其相关费用

C．出口关税

D．出口货物运至中国境内输出地点装载前保险费

4．出口货物的离岸价格不包括（　　）。

A．出口货物的成交价格

B．出口货物运至中国境内输出地点装载前的运输及其相关费用

C．出口关税

D．出口货物运至中国境内输出地点装载前保险费

E．离境口岸至境外口岸之间的运输、保险费用。

三、多项选择题

1．关税的征税范围包括下列项目中的（　　）。

A．入境旅客随身携带的行李物品　　B．个人邮递物品

C．运输工具上的服务人员携带进口的自用物品　　D．馈赠物品

2．关于关税的纳税人义务人，其进境物品的所有人包括（　　）。

A．入境旅客随身携带的行李和物品的持有人

B．各种运输工具上的服务人员入境时携带的自用物品的持有人

C．进口个人邮件收件人

D．馈赠物品以及其他方式入境物品的所有人

3．关税的计算办法有（　　）。

A．从量计征　　B．从价计征　　C．从量和从价混合计征

4．进口货物的价款中单独列明的下列费用，不计入完税价格（　　）。

A．卖方支付给买方的正常价格回扣

B．进口方向其境外采购代理人支付的买方佣金

C．进口关税及其他国内税收

D．进口货物运抵境内输入地点起卸后的运输及其相关费用、保险费

E．厂房、机械、设备等货物进口后进行建设、安装、装配、维修和技术服务的费用

5．我国进口关税税率包括（　　）等。

A．最惠国税率　　B．协定税率　　C．特惠税率

D．普通税率　　E．关税配额税率

6．进出口货物通关的一般程序包括（　　）。

A．申报　　B．查验

C．征税　　D．放行

四、判断题

1．关税是由海关根据国家制定的有关法律，以进出关境的货物和物品为征税对象而征收的一种流转税。（　　）

2．关境与国境一样大。（　　）

3．我国现行进出口关税基本上都是按混合计征办法。（　）

4．进口货物是以海关审定的成交价格为基础的离岸价格作为完税价格。（　）

5．进口货物由买方负担的除购货佣金以外的佣金和经纪费应计入进口货物的完税价格。（　）

6．进口货物由买方负担的包装材料和包装劳务费用不应计入进口货物的完税价格。（　）

7．进出口货物纳税人，关税纳税义务发生于报关进口或出口的当天。（　）

8．进出口货物纳税地点为货物进出口地海关。（　）

9．为了方便纳税义务人，经申请且海关同意，进（出）口货物的纳税义务人可以在设有海关的指运地（起运地）办理海关申报、纳税手续。（　）

10．关税的征税机关为海关。（　）

11．从价税是指以进（出）口货物的价格为计税依据的一种关税计征方法。（　）

12．从量税，是指以进（出）口货物的数量为计税依据的一种关税计征方法。（　）

五、业务题

1．某外贸进出口公司从国外自营进口商品一批，该商品的出口方离岸价格（折合人民币，下同）600 000 元，运抵我国口岸起卸前发生的运费为 50 000 元，保险费为 5 200 元，手续费为 2 300 元，进口商品的关税税率为 30%。计算该公司应纳进口关税税额。

2．某外贸公司从澳大利亚进口新闻纸 100 吨，进口申报价格的离岸价格每吨 900 美元，每吨付离开对方口岸到入境口岸运费 60 美元，保险费率为 2%。进口日市场汇率为 100 美元＝6.85 人民币元。新闻纸进口关税税率为 8.5%。计算应纳进口关税税额。

3．某制造企业为增值税一般纳税人，从国外进口某设备 1 台作为固定资产使用，成交价格 CIF 天津港 80 000 美元，折合人民币为 548 000 元，该设备的关税税率为 10%，代征增值税税率为 17%。货款尚未支付，进口关税及增值税已由银行存款支付。计算关税和增值税，并编制分录。

4．某铁合金厂出口一批铬铁，国内港口 FOB 价格折合人民币为 3 800 000 元，铬铁出口关税税率为 40%，关税以支票付讫。计算出口关税税额并编制收入和支付关税的分录。

5．某外贸企业为增值税一般纳税人，从国外自营进口商品一批，CIF 价格折合人民币为 2 500 000 元，价款暂欠。进口关税税率为 20%，代征增值税税率 17%，税款以银行转账支票付讫。计算应交关税、增值税并编制支付税金和商品入库的分录。

6．某外贸公司自营出口商品一批，我国口岸 FOB 价格折合人民币为 800 000 元，价款未收。出口关税税率为 20%，根据海关开出的专用缴款书，关税以银行转账支票付讫。计算关税并编制销售、关税计提与缴纳的分录。

第 7 章 企业所得税纳税申报

学习与训练目标

- 了解企业所得税的概念和征税范围
- 掌握企业所得税纳税义务人与扣缴义务人
- 能够正确确定应纳税所得额、准确计算应纳企业所得税额
- 熟悉企业所得税的会计处理方法
- 具备编制企业所得税纳税申报表的能力，能够进行企业所得税纳税申报
- 掌握所得税税收优惠政策与税收征收管理规定
- 理解资产负债表债务法核算企业所得税的程序和会计处理方法
- 具备进行企业所得税纳税申报的能力

7.1 企业所得税概述

7.1.1 企业所得税的含义

企业所得税是指对我国境内的企业和其他取得收入的组织的生产、经营所得和其他所得依法征收的一种间接税。其中，企业分为居民企业和非居民企业。

7.1.2 纳税义务人和扣缴义务人

1. 纳税义务人

（1）纳税义务人的含义。

企业所得税的纳税义务人，是指在中华人民共和国境内依法设立的企业和其他取得收入的组织（以下统称企业），但依据中国法律、行政法规规定成立的个人独资企业、合伙企业除外。

（2）纳税义务人的种类。

① 居民企业：是指依法在中国境内成立，或者依照外国（地区）法律成立但实际管理

机构在中国境内的企业、事业单位、社会团体和其他取得收入的组织。

居民企业的判断标准：登记注册地或实际管理机构在中国境内。

实际管理机构，是指对企业的生产经营、人员、账务、财产等实施实质性全面管理和控制的机构。

② 非居民企业：是指依照外国（地区）法律成立且实际管理机构不在中国境内，但在中国境内设有机构、场所的，或者在中国境内未设立机构、场所，但有来源于中国境内所得的企业。其中，机构、场所，是指在中国境内从事生产经营活动的机构、场所，包括：

- 管理机构、营业机构、办事机构；
- 工厂、农场、开采自然资源的场所；
- 提供劳务的场所；
- 从事建筑、安装、装配、修理、勘探等工程作业的场所；
- 其他从事生产经营活动的机构、场所。

非居民企业委托营业代理人在中国境内从事生产经营活动的，包括委托单位或者个人经常代其签订合同，或者储存、交付货物等，该营业代理人视为非居民企业在中国境内设立的机构、场所。

2. 扣缴义务人

在中国境内未设立机构、场所，或者虽然设立机构、场所但取得的所得与其所设机构、场所没有实际联系的非居民企业，对于其来源于中国境内的所得，实行源泉扣缴，以支付人为扣缴义务人。税款由扣缴义务人在每次支付或者到期应支付时，从支付或者到期应支付的款项中扣缴。

对非居民企业在中国境内取得工程作业和劳务所得，税务机关可以指定工程价款或者劳务费的支付人为扣缴义务人。

扣缴义务人未依法扣缴或者无法履行扣缴义务的，由纳税人在所得发生地缴纳。纳税人未依法缴纳的，税务机关可以从该纳税人在中国境内其他收入项目的支付人应付款项中，追缴该纳税人的应纳税款。

7.1.3　征税范围

1. 居民企业的征税范围

居民企业应当就其来源于中国境内、境外的所得缴纳企业所得税。“所得”包括销售货物所得、提供劳务所得、转让财产所得、股息红利等权益性投资所得、利息所得、租金所得、特许权使用费所得、接受捐赠所得和其他所得。为避免重复征税，居民企业在境外已纳的所得税税额可以依法抵扣。

2. 非居民企业的征税范围

非居民企业在中国境内设立机构、场所的，应当就其所设机构、场所在中国境内取得的所得，以及发生在中国境外但与其所设机构、场所有实际联系的所得，缴纳企业所得税。非居民企业在中国境内未设立机构、场所的，或者虽设立机构、场所但取得的所得与其所设机构、场所没有实际联系的，应当就其来源于中国境内的所得缴纳企业所得税。

上述所称的实际联系，是指在中国境内设立的机构、场所拥有据以取得所得的股权、债权，以及拥有、管理、控制据以取得所得的财产等。如英国某公司在中国境内设立了一个分支机构，该分支机构对泰国进行投资，并获得来自泰国的股权性投资收益。分支机构拥有据以取得所得的股权，该项股权性投资收益属于“发生在中国境外但与其所设机构、场所有实际联系的所得”所以，来自泰国的这项股权性投资收益需要向中国政府缴纳企业所得税。

3. 所得来源的确定原则

（1）销售货物所得，按照交易活动发生地确定。

（2）提供劳务所得，按照劳务发生地确定。

（3）转让财产所得，不动产转让所得按照不动产所在地确定；动产转让所得按照转让动产的企业或者机构、场所所在地确定；权益性投资资产转让所得按照被投资企业所在地确定。

（4）股息、红利等权益性投资所得，按照分配所得的企业所在地确定。

（5）利息所得、租金所得、特许权使用费所得，按照负担、支付所得的企业或者机构、场所所在地确定，或者按照负担、支付所得的个人的住所地确定。如法国某公司 2006 年对中国某企业进行投资，拥有该企业 37%的股份，现在该法国公司将其股份转让给一家美国公司，根据新企业所得税法的规定，该项权益性投资资产转让所得属于来源于中国境内的所得，应该向中国政府缴纳所得税。

（6）其他所得，由国务院财政、税务主管部门确定。

7.1.4 税率

1. 基本税率

企业所得税的基本税率为 25%。居民企业和在中国境内设立机构、场所且所得与其所设机构、场所有实际联系的非居民企业适用基本税率。

2. 小型微利企业的优惠税率

小型微利企业，是指从事国家非限制和禁止行业，并符合下列条件的企业：

（1）工业企业，年度应纳税所得额不超过 30 万元，从业人数不超过 100 人，资产总额不超过 3 000 万元。

（2）其他企业，年度应纳税所得额不超过 30 万元，从业人数不超过 80 人，资产总额不超过 1 000 万元。

符合条件的小型微利企业，减按 20%的税率征收企业所得税。

3. 高新技术企业的优惠税率

国家对于需要重点扶持的高新技术企业，按 15%的优惠税率征收企业所得税。

国家需重点扶持的高新技术企业，是指拥有核心自主知识产权，并同时符合下列条件的企业：

（1）产品（服务）属于《国家重点支持的高新技术领域》规定的范围；

（2）研究开发费用占销售收入的比例不低于规定比例；

（3）高新技术产品（服务）收入占企业总收入的比例不低于规定比例；

（4）科技人员占企业职工总数的比例不低于规定比例

（5）高新技术企业认定管理办法规定的其他条件。

《国家重点支持的高新技术领域》和高新技术企业认定管理办法由国务院科技、财政、税务主管部门商国务院有关部门制订，报国务院批准后公布施行。

4. 预提所得税率

非居民企业在中国境内未设立机构、场所的，或者虽设立机构、场所但取得的所得与其所设机构、场所没有实际联系的，预提所得税适用税率减按 10%。

7.1.5 征收管理

企业所得税法规定，企业所得税采取按年计算、分月或者分季预缴、年终汇算清缴、多退少补的方式缴纳。

1. 月（季）预缴管理

企业应当按月（季）的实际利润额预缴企业所得税；按月（季）的实际利润额预缴有困难的，可以按照上一纳税年度应纳税所得额的月（季）平均额预缴，或者按照经税务机关认可的其他方法预缴。预缴方法一经确定，其纳税年度内不得随意变更。企业所得税是分月或者分季预缴，由税务机关核定。

企业应当自月（季）终了之日起十五日内，向税务机关报送预缴企业所得税纳税申报表，预缴税款。

2. 年终汇算清缴管理

企业应当自年度终了之日起五个月内，向税务机关报送年度企业所得税纳税申报表，并汇算清缴，结清应缴应退税款。

企业在年度中间终止经营活动的，应当自实际经营终止之日起六十日内，向税务机关办理当期企业所得税汇算清缴。企业应当在办理注销登记前，就其清算所得向税务机关申报并依法缴纳企业所得税。

企业在纳税年度内无论盈利或者亏损，都应当依照企业所得税法规定的期限，向税务机关报送预缴企业所得税纳税申报表、年度企业所得税纳税申报表、财务会计报告和税务机关规定应当报送的其他有关资料。

3. 纳税地点

（1）居民企业。

除税收法律、行政法规另有规定外，以登记注册地为纳税地点；但登记注册地在境外的，以实际管理机构所在地为纳税地点。

（2）非居民企业。

在中国境内设立两个或者两个以上机构、场所的，经税务机关审核批准，可以选择由其主要机构、场所汇总缴纳企业所得税。

主要机构、场所，应当同时符合下列条件：

① 对其他各机构、场所的生产经营活动负有监督管理责任；

② 设有完整的账簿、凭证，能够准确反映各机构、场所的收入、成本、费用和盈亏情况。

非居民企业经批准汇总缴纳企业所得税后，需要增设、合并、迁移、关闭机构、场所或者停止机构、场所业务的，应当事先由负责汇总申报缴纳企业所得税的主要机构、场所向其所在地税务机关报告；需要变更汇总缴纳企业所得税的主要机构、场所的，依照前款规定办理。

非居民企业在中国境内未设立机构、场所的，或者虽设立机构、场所但取得的所得与其所设机构、场所没有实际联系的，以扣缴义务人所在地为纳税地点。

4. 征税机关

企业所得税属于中央与地方共享税，其所得属于中央政府和地方政府的共同收入。其中，铁道、各银行总行、保险总公司及海洋石油企业缴纳的企业所得税部分归中央政府，其余部分中央政府和地方政府按 60%和 40%的比例分享。

税法规定，2002 年 1 月 1 日以后依法设立（开业）的企业，其企业所得税由国家税务总局负责征收。2001 年 12 月 31 日前，已在工商行政管理部门和其他行政管理部门登记注册，但未进行税务登记的企事业单位及其他组织，在 2002 年 1 月 1 日后进行税务登记的，其企业所得税按原规定的征税范围，由国家税务局、地方税务局分别征收管理。

国税发[2008]120 号文件《国家税务总局关于调整新增企业所得税征管范围问题的通知》规定，以 2008 年为基年，2008 年底之前国家税务局、地方税务局各自管理的企业所得税纳税人不作调整。2009 年起新增企业所得税纳税人中，应缴纳增值税的企业，其企业所得税由国家税务局管理；应缴纳营业税的企业，其企业所得税由地方税务局管理。企业所得税全额为中央收入的企业和在国家税务局缴纳营业税的企业，其企业所得税由国家税务局管理；银行（信用社）、保险公司的企业所得税由国家税务局管理，除上述规定外的其他各类金融企业的企业所得税由地方税务局管理；外商投资企业和外国企业常驻代表机构的企业所得税仍由国家税务局管理。

7.2　应纳税所得额的计算

7.2.1　企业所得税的计税依据

企业所得税的计税依据是应纳税所得额，准确计算应纳税所得额是正确计算应缴所得税的前提。

企业所得税法规定，应纳税所得额是指企业每一纳税年度的收入总额，减除不征税收入、免税收入、各项扣除项目以及允许弥补的以前年度亏损后的余额，即：

应纳税所得额＝收入总额－不征税收入－免税收入－各项扣除项目－允许弥补的以前年度亏损

其中，这里所指的亏损是指税法界定的亏损，而非会计界定的亏损。即企业依照企业所得税法的规定将每一纳税年度的收入总额减除不征税收入、免税收入和各项扣除后小于零的数额。

企业应纳税所得额的计算基础以权责发生制为原则，即属于当期的收入和费用，不论款项是否收付，均作为当期的收入和费用；不属于当期的收入和费用，即使款项已经在当期收付，均不作为当期的收入和费用。

应纳税所得额与会计利润是两个不同的概念。应纳税所得额是纳税人在一定时期内的应税所得，是企业所得税的计税依据；会计利润则反映的是企业在一定时期内生产经营的财务成果。会计利润是确定应纳税所得额的基础，但不能等同于应纳税所得额。当税法与会计准则存在差异时，应根据税法规定对会计利润进行相应的调整后，才能作为企业的应纳税所得额。即：

应纳税所得额＝利润总额＋纳税调整增加金额－纳税调整减少金额

7.2.2 收入总额

企业的收入总额包括货币形式和非货币形式从各种来源取得的收入。

1. 收入总额包括的内容

（1）销售货物收入，是指企业销售商品、产品、原材料、包装物、低值易耗品以及其他存货取得的收入。

（2）提供劳务收入，是指企业从事建筑安装、修理修配、交通运输、仓储租赁、金融保险、邮电通信、咨询经纪、文化体育、科学研究、技术服务、教育培训、餐饮住宿、中介代理、卫生保健、社区服务、旅游、娱乐、加工以及其他劳务服务活动取得的收入。

（3）转让财产收入，是指企业转让固定资产、生物资产、无形资产、股权、债权等财产取得的收入。

（4）股息、红利等权益性投资收益，是指企业因权益性投资从被投资方取得的收入。

股息、红利等权益性投资收益，除国务院财政、税务主管部门另有规定外，按照被投资方作出利润分配决定的日期确认收入的实现。

（5）利息收入，是指企业将资金提供他人使用但不构成权益性投资，或者因他人占用本企业资金取得的收入，包括存款利息、贷款利息、债券利息、欠款利息等收入。

利息收入，按照合同约定的债务人应付利息的日期确认收入的实现。

（6）租金收入，是指企业提供固定资产、包装物或者其他有形资产的使用权取得的收入。

租金收入，按照合同约定的承租人应付租金的日期确认收入的实现。

（7）特许权使用费收入，是指企业提供专利权、非专利技术、商标权、著作权以及其他特许权的使用权取得的收入。

特许权使用费收入，按照合同约定的特许权使用人应付特许权使用费的日期确认收入的实现。

（8）接受捐赠收入，是指企业接受的来自其他企业、组织或者个人无偿给予的货币性资产、非货币性资产。

接受捐赠收入，按照实际收到捐赠资产的日期确认收入的实现。

（9）其他收入，是指企业取得的除企业所得税法上述八项规定的收入外的其他收入，包括企业资产溢余收入、逾期未退包装物押金收入、确实无法偿付的应付款项、已作坏账损失处理后又收回的应收款项、债务重组收入、补贴收入、违约金收入、汇兑收益等。

企业发生非货币性资产交换，以及将货物、财产、劳务用于捐赠、偿债、赞助、集资、广告、样品、职工福利或者利润分配等用途的，应当视同销售货物、转让财产或者提供劳务，但国务院财政、税务主管部门另有规定的除外。企业在基本建设、专项工程等方面使用本企业的商品不再视同销售处理。

2. 收入的确认

（1）销售商品收入的确认。

除企业所得税法及实施条例另有规定外，企业销售收入的确认，必须遵循权责发生制原则和实质重于形式原则。

企业销售商品同时满足下列条件的，应视为收入的实现。

① 商品销售合同已经签订，企业已将与商品所有权相关的主要风险和报酬转移给购货方。

② 企业对已售出的商品既没有保留通常与所有权相联系的继续管理权，也没有实施有效控制。

③ 收入的金额能够可靠地计量。

④ 已发生或将发生的销售方的成本能够可靠地核算。

符合上款确认条件的收入，采取下列销售方式的，应按以下规定确认收入实现时间。

① 销售商品采用托收承付方式的，在办妥托收手续时确认收入。

② 销售商品采取预收款方式的，在发出商品时确认收入。

③ 销售商品需要安装和检验的，在购买方接受商品以及安装和检验完毕时确认收入。如果安装程序比较简单，可在发出商品时确认收入。

④ 销售商品采用支付手续费方式委托代销的，在收到代销清单时确认收入。

⑤ 采用售后回购方式销售商品的，销售的商品按售价确认收入，回购的商品作为购进商品处理。有证据表明不符合销售收入确认条件的，如以销售商品方式进行融资，收到的款项应确认为负债，回购价格大于原售价的，差额应在回购期间确认为利息费用。

⑥ 销售商品以旧换新的，销售商品应当按照销售商品收入确认条件确认收入，回收的

商品作为购进商品处理。

⑦ 商品销售涉及商业折扣的，应当按照扣除商业折扣后的金额确定销售商品收入金额。所谓商业折扣，指企业为促进商品销售而在商品价格上给予的价格扣除。

销售商品涉及现金折扣的，应当按扣除现金折扣前的金额确定销售商品收入金额，现金折扣在实际发生时作为财务费用扣除。所谓现金折扣，指债权人为鼓励债务人在规定的期限内付款而向债务人提供的债务扣除。

企业已经确认销售收入的售出商品发生销售折让和销售退回时，应当在发生当期冲减当期销售商品收入。所谓销售折让，指企业因售出商品的质量不合格等原因而在售价上给予的减让。

⑧ 企业以买一赠一等方式组合销售本企业商品的，不属于捐赠，应将总的销售金额按各项商品的公允价值的比例来分摊确认各项的销售收入。

（2）提供劳务收入的确认。

企业在各个纳税期期末，提供劳务交易的结果能够可靠估计的，应采用完工进度（完工百分比）法确认提供劳务收入。所谓提供劳务交易的结果能够可靠估计，是指同时满足下列条件：

① 收入的金额能够可靠地计量；

② 交劳务的完工进度能够可靠地确定；

③ 劳务中已发生和将发生的成本能够可靠地核算。

企业提供劳务完工进度的确定，可选用下列方法：

① 已完工作的测量；

② 已提供劳务占劳务总量的比例；

③ 发生成本占总成本的比例。企业按照从接受劳务方已收或应收的合同、协议价款确定劳务收入总额乘以完工进度扣除以前纳税年度累计已确认提供劳务收入后的金额，确认为当期劳务收入；同时，按照提供劳务估计总成本乘以完工进度扣除以前纳税期间累计已确认劳务成本后的金额，结转为当期劳务成本。

下列提供劳务满足收入确认条件的，应按规定确认收入。

① 安装费收入，应根据安装完工进度确认收入。安装工作是商品销售附带条件的，安装费在确认商品销售实现时确认收入。

② 宣传媒介的收费，应在相关的广告或商业行为出现于公众面前时确认收入。广告的制作费，应根据制作广告的完工进度确认收入。

③ 开发软件收费，为特定客户开发软件的收费，应根据开发的完工进度确认收入。

④ 服务费收入，包含在商品售价内可区分的服务费，在提供服务的期间分期确认收入。

⑤ 艺术表演、招待宴会和其他特殊活动的收费，在相关活动发生时确认收入。收费涉及几项活动的，预收的款项应合理分配给每项活动，分别确认收入。

⑥ 会员费，申请入会或成为会员，只允许取得会籍，所有其他服务或商品都要另行收费的，在取得该会员费时确认收入。申请入会或成为会员后，会员在会员期内不再付费就可得到各种服务或商品，或者以低于非会员的价格销售商品或提供服务的，该会员费应在整个受益期内分期确认收入。

⑦ 特许权费，属于提供设备和其他有形资产的特许权费，在交付资产或转移资产所有权时确认收入；属于提供初始及后续服务的特许权费，在提供服务时确认收入。

⑧ 劳务费，长期为客户提供重复性劳务收取的劳务费，在相关劳务活动发生时确认收入。

3. 不征税收入

收入总额中的下列收入为不征税收入。

（1）财政拨款，是指各级人民政府对纳入预算管理的事业单位、社会团体等组织拨付的财政资金，但国务院和国务院财政、税务主管部门另有规定的除外。

（2）依法收取并纳入财政管理的行政事业性收费、政府性基金。所谓行政事业性收费，是指依照法律法规等有关规定，按照国务院规定程序批准，在实施社会公共管理，以及在向公民、法人或者其他组织提供特定公共服务过程中，向特定对象收取并纳入财政管理的费用。所谓政府性基金，是指企业依照法律、行政法规等有关规定，代政府收取的具有专项用途的财政资金。

（3）国务院规定的其他不征税收入，指企业取得的，由国务院财政、税务主管部门规定专项用途并经国务院批准的财政性资金。

4. 免税收入

收入总额中的下列收入为免税收入。

（1）国债利息收入。即企业持有国务院财政部门发行的国债取得的利息收入。

（2）符合条件的居民企业之间的权益性投资收益。即居民企业直接投资于其他居民企业取得的投资收益，包括股息、红利等权益性投资收益，不包括连续持有居民企业公开发行并上市流通的股票不足12个月取得的投资收益（下同）。

（3）符合条件的非居民企业的权益性投资收益。即在中国境内设立机构、场所的非居民企业从居民企业取得与该机构、场所有实际联系的股息、红利等权益性投资收益。

5. 符合条件的非营利组织的收入

符合条件的非营利组织收入，指符合条件的非营利组织取得的收入。不包括非营利组织从事营利性活动取得的收入（国务院财政、税务主管部门另有规定的除外）。

符合条件的非营利组织，是指同时符合下列条件的组织：

（1）依法履行非营利组织登记手续；

（2）从事公益性或者非营利性活动；

（3）取得的收入除用于与该组织有关的、合理的支出外，全部用于登记核定或者章程规定的公益性或者非营利性事业；

（4）财产及其孳息不用于分配；

（5）按照登记核定或者章程规定，该组织注销后的剩余财产用于公益性或者非营利性目的，或者由登记管理机关转赠给与该组织性质、宗旨相同的组织，并向社会公告；

（6）投入人对投入该组织的财产不保留或者享有任何财产权利；

（7）工作人员工资福利开支控制在规定的比例内，不变相分配该组织的财产。

7.2.3 准予扣除项目

1. 准予扣除项目包括的内容

企业所得税法规定，企业实际发生的与取得收入有关的、合理的支出，包括成本、费用、税金、损失和其他支出，准予在计算应纳税所得额时扣除。

（1）成本，指企业在生产经营活动中发生的销售成本、销货成本、业务支出以及其他耗费。

（2）费用，指企业在生产经营活动中发生的销售费用、管理费用和财务费用，已经计入成本的有关费用除外。

（3）税金，指企业发生的除企业所得税和允许抵扣的增值税以外的各项税金及其附加。

（4）损失，指企业在生产经营活动中发生的固定资产和存货的盘亏、毁损、报废损失，转让财产损失，呆账损失，坏账损失，自然灾害等不可抗力因素造成的损失以及其他损失。税前允许扣除的损失，即资产盘亏、毁损、报废损失减除责任人赔偿和保险赔款后的余额。企业已经作为损失处理的资产，在以后纳税年度又全部收回或者部分收回时，应当计入当期收入。

（5）其他支出，指除成本、费用、税金、损失外，企业在生产经营活动中发生的与生产经营活动有关的、合理的支出。

企业所发生的支出，应区分为收益性支出和资本性支出。收益性支出在发生的当期直接扣除；资本性支出应当分期扣除或者计入有关资产成本，不得在发生当期直接扣除。

2. 准予扣除的项目及标准

（1）工资、薪金支出。

企业发生的合理的工资薪金支出，准予扣除。工资薪金支出，是指企业每一纳税年度支付给在本企业任职或者受雇的员工的所有现金形式或者非现金形式的劳动报酬，包括基本工资、奖金、津贴、补贴、年终加薪、加班工资，以及与员工任职或者受雇有关的其他支出。

（2）职工福利费、工会经费和职工教育经费。

① 职工福利费支出，不超过工资薪金总额 14%的部分，准予扣除。

② 工会经费，不超过工资薪金总额 2%的部分，准予扣除。

③ 除国务院财政、税务主管部门另有规定外，企业发生的职工教育经费支出，不超过工资薪金总额 2.5%的部分，准予扣除；超过部分，准予在以后纳税年度结转扣除。

（3）社会保险费。

① 企业依照国务院有关主管部门或者省级人民政府规定的范围和标准，为职工缴纳的基本养老保险费、基本医疗保险费、失业保险费、工伤保险费、生育保险费等基本社会保险费和住房公积金，准予扣除。

② 企业为投资者或者职工支付的补充养老保险费、补充医疗保险费，在国务院财政、税务主管部门规定的范围和标准内，准予扣除。

③ 除企业依照国家有关规定为特殊工种职工支付的人身安全保险费和国务院财政、税务主管部门规定可以扣除的其他商业保险费外，企业为投资者或者职工支付的商业保险费，不得扣除。

（4）借款利息支出。

企业在生产经营活动中发生的下列利息支出，准予扣除。

① 非金融企业向金融企业借款的发生利息支出、金融企业的各项存款利息支出和同业拆借利息支出、企业经批准发行债券的利息支出。

② 非金融企业向非金融企业借款的发生利息支出，不超过按照金融企业同期同类贷款利率计算的数额的部分。

③ 企业为购置、建造固定资产、无形资产和经过 12 个月以上的建造才能达到预定可销售状态的存货而发生的借款，在有关资产购建期间发生的借款费用，应作为资本性支出计入有关资产的成本；有关资产竣工结算并交付使用后或达到预定可销售状态后发生的借款费用，可在发生当期扣除。

④ 企业接受关联方债权性投资利息支出税前扣除的政策：在计算应纳税所得额时，企

业实际支付给关联方的利息支出，不超过以下规定比例和税法及其实施条例有关规定计算的部分，准予扣除，超过的部分不得在发生当期和以后年度扣除；企业实际支付给关联方的利息支出，除符合前①项和②项规定外，其接受关联方债权性投资与其权益性投资比例为：金融企业为5∶1；其他企业为2∶1。

企业如果能够按照税法及其实施条例的有关规定提供相关资料，并证明相关交易活动符合独立交易原则的；或者该企业的实际税负不高于境内关联方的，其实际支付给境内关联方的利息支出，在计算应纳税所得额时准予扣除。企业同时从事金融业务和非金融业务，其实际支付给关联方的利息支出，应按照合理方法分开计算；没有按照合理方法分开计算的，一律按有关其他企业的比例（其他企业为2∶1）计算准予税前扣除的利息支出。

企业自关联方取得的不符合规定的利息收入应按照有关规定缴纳企业所得税。

（5）业务招待费。

企业发生的与生产经营活动有关的业务招待费支出，按照发生额的60%扣除，但最高不得超过当年销售（营业）收入的5‰。销售（营业）收入计算如下：

销售（营业）收入＝主营业务收入＋其他业务收入＋视同销售收入

（6）广告费和业务宣传费。

企业发生的符合条件的广告费和业务宣传费支出，除国务院财政、税务主管部门另有规定外，不超过当年销售（营业）收入15%的部分，准予扣除；超过部分，准予在以后纳税年度结转扣除。

（7）公益性捐赠。

企业发生的公益性捐赠支出，在年度利润总额12%以内的部分，准予在计算应纳税所得额时扣除。年度利润总额，是指企业依照国家统一会计制度的规定计算的年度会计利润。

公益性捐赠，是指企业通过公益性社会团体或者县级以上人民政府及其部门，用于《中华人民共和国公益事业捐赠法》规定的公益事业的捐赠。

公益性社会团体，是指同时符合下列条件的基金会、慈善组织等社会团体：

① 依法登记，具有法人资格；

② 以发展公益事业为宗旨，且不以营利为目的；

③ 全部资产及其增值为该法人所有；

④ 收益和营运结余主要用于符合该法人设立目的的事业；

⑤ 终止后的剩余财产不归属任何个人或者营利组织；

⑥ 不经营与其设立目的无关的业务；

⑦ 有健全的财务会计制度；

⑧ 捐赠者不以任何形式参与社会团体财产的分配；

⑨ 国务院财政、税务主管部门会同国务院民政部门等登记管理部门规定的其他条件。

（8）租赁费。

企业根据生产经营活动的需要租入固定资产支付的租赁费，按照以下方法扣除：

① 以经营租赁方式租入固定资产发生的租赁费支出，按照租赁期限均匀扣除；

② 以融资租赁方式租入固定资产发生的租赁费支出，按照规定构成融资租入固定资产价值的部分应当提取折旧费用，分期扣除。

（9）其他可以扣除项目。

① 企业在货币交易中，在纳税年度终了时，将人民币以外的货币性资产、负债按照期末即期人民币汇率中间价折算为人民币时产生的汇兑损失，除已经计入有关资产成本以及与向所有者进行利润分配相关的部分外，准予扣除。

② 企业之间支付的管理费、企业内营业机构之间支付的租金和特许权使用费，以及非银行企业内营业机构之间支付的利息，不得扣除。

③ 企业依照法律、行政法规有关规定提取的用于环境保护、生态恢复等方面的专项资金，准予扣除。上述专项资金提取后改变用途的，不得扣除。

④ 企业参加财产保险，按照规定缴纳的保险费，准予扣除。

⑤ 企业发生的合理的劳动保护支出，准予扣除。

⑥ 非居民企业在中国境内设立的机构、场所，就其中国境外总机构发生的与该机构、场所生产经营有关的费用，能够提供总机构出具的费用汇集范围、定额、分配依据和方法等证明文件，并合理分摊的，准予扣除。

⑦ 企业以公允价值计量的金融资产、金融负债以及投资性房地产等，持有期间公允价值变动损益不计入应纳税所得额，在实际处置或结算时，处置取得的价款扣除其历史成本后的差额应计入处置或结算期间的应纳税所得额。

⑧ 企业计提的坏账准备金，按年末应收款项金额的5‰计提的，准予扣除。企业计提的其他准备金，如存货跌价准备、长期股权投资减值准备、固定资产减值准备、无形资产减值准备等，均不得在税前扣除。

【例7-1】 某公司为居民企业，2008年度向其主管税务机关申报应纳税所得额与利润总额相等，均为10万元，其中产品销售收入5 000万元，业务招待费26.5万元。假设不存在其他纳税调整事项，该公司2008年度应缴纳企业所得税计算如下：

业务招待费扣除限额：5 000×0.5%＝25（万元）

业务招待费实际扣除额：26.5×60%＝15.9（万元）

该公司2008年度应缴纳企业所得税＝（10＋26.5－15.9）×25%＝5.15（万元）

【例7-2】 某电信企业2008年实现主营业务收入1 600万元，本年度发生广告费144

万元，业务宣传费 36 万元，该公司广告费和业务宣传费税前扣除计算如下：

广告费和业务宣传费扣除限额＝1 600×15%＝240（万元）

广告费和业务宣传费实际发生额＝144＋36＝180（万元）

实际发生额小于扣除限额，可以据实扣除。

【例 7-3】某企业 2008 年度实现会计利润总额 200 万元，经注册会计师核查，当年“营业外支出”账户中列支了通过文化行政管理部门向当地公益性图书馆捐赠 37 万元。该企业 2008 年度应缴纳的企业所得税计算如下：

公益救济性捐赠扣除限额＝200×12%＝24（万元）

实际发生捐赠额为 37 万元，可以扣除 24 万元。

该企业 2008 年度应缴纳企业所得税＝（200＋37－24）×25%＝53.25（万元）

7.2.4 不得扣除项目

企业在计算应纳税所得额时，下列支出不得扣除。

（1）向投资者支付的股息、红利等权益性投资收益款项。

（2）企业所得税税款。

（3）税收滞纳金。

（4）罚金、罚款和被没收财物的损失。

（5）企业发生的非公益性捐赠支出。

（6）赞助支出，是指企业发生的与生产经营活动无关的各种非广告性质支出。

（7）未经核定的准备金支出，是指不符合国务院财政、税务主管部门规定的各项资产减值准备、风险准备等准备金支出。

（8）与取得收入无关的其他支出。

7.2.5 亏损弥补

企业所得税法规定，企业纳税年度发生的亏损，准予向以后年度结转，用以后年度的所得弥补，但结转年限最长不得超过五年。

亏损弥补应注意的问题。

（1）五年内无论盈亏，都作为实际弥补期限计算。

（2）这里所说的亏损，不是利润表中的亏损额，而是企业按照税法规定将每一个纳税年度的收入总额减除不征税收入、免税收入和各项扣除后小于零的数额。

（3）企业在汇总计算企业所得税时，其境外营业机构的亏损不得抵减境内营业机构的盈利。

【例 7-4】 某企业 2003 年～2009 年的盈亏情况（假定没任何调整项目）分别为：-180 万元、-20 万元、30 万元、40 万元、30 万元、30 万元和 40 万元。根据税法规定，2003 年的亏损弥补期限是 2003～2007 年；2004 年的亏损弥补期限是 2005～2009 年。则 2009 年应纳税所得额为 20 万元。

7.3　资产的税务处理

企业的各项资产，包括固定资产、生物资产、无形资产、长期待摊费用、投资资产、存货等，以历史成本为计税基础。历史成本，是指企业取得该项资产时实际发生的支出。纳税人资产的税务处理，直接影响着扣除项目金额的多少，这也是计算应纳税所得额必须确定的问题。

企业持有各项资产期间资产增值或者减值，除国务院财政、税务主管部门规定可以确认损益外，不得调整该资产的计税基础。

除国务院财政、税务主管部门另有规定外，企业在重组过程中，应当在交易发生时确认有关资产的转让所得或者损失，相关资产应当按照交易价格重新确定计税基础。

7.3.1　固定资产的税务处理

1. 固定资产的范围

固定资产，是指企业为生产产品、提供劳务、出租或者经营管理而持有的、使用时间超过 12 个月的非货币性资产，包括房屋、建筑物、机器、机械、运输工具以及其他与生产经营活动有关的设备、器具、工具等。

2. 固定资产的计税基础

（1）外购的固定资产，以购买价款和支付的相关税费以及直接归属于使该资产达到预定用途发生的其他支出为计税基础。

（2）自行建造的固定资产，以竣工结算前发生的支出为计税基础。

（3）融资租入的固定资产，以租赁合同约定的付款总额和承租人在签订租赁合同过程中发生的相关费用为计税基础，租赁合同未约定付款总额的，以该资产的公允价值和承租人在签订租赁合同过程中发生的相关费用为计税基础。

（4）盘盈的固定资产，以同类固定资产的重置完全价值为计税基础。

（5）通过捐赠、投资、非货币性资产交换、债务重组等方式取得的固定资产，以该资产的公允价值和支付的相关税费为计税基础。

（6）改建的固定资产，除已足额提取折旧和租入的固定资产外，以改建过程中发生的改建支出增加计税基础。

3. 提取固定资产的折旧方法和年限

（1）固定资产计提折旧的范围。

固定资产按照规定计算的折旧，准予扣除。下列固定资产不得计算固定资产扣除。

① 房屋、建筑物以外未投入使用的固定资产。

② 以经营租赁方式租入的固定资产。

③ 以融资租赁方式租出的固定资产。

④ 已足额提取折旧仍继续使用的固定资产。

⑤ 与经营活动无关的固定资产。

⑥ 单独估价作为固定资产入账的土地。

⑦ 其他不得计算折旧扣除的固定资产。

（2）固定资产折旧的计提方法。

① 企业应当自固定资产投入使用月份的次月起计算折旧；停止使用的固定资产，应当自停止使用月份的次月起停止计算折旧。

② 企业应当根据固定资产的性质和使用情况，合理确定固定资产的预计净残值。固定资产的预计净残值一经确定，不得变更。

③ 固定资产按照直线法计算的折旧，准予扣除。

（3）固定资产折旧的计提年限。

除国务院财政、税务主管部门另有规定外，固定资产计算折旧的最低年限如下：

① 房屋、建筑物，为20年；

② 飞机、火车、轮船、机器、机械和其他生产设备，为10年；

③ 与生产经营活动有关的器具、工具、家具等，为5年；

④ 飞机、火车、轮船以外的运输工具，为4年；

⑤ 电子设备，为3年。

除此之外，从事开采石油、天然气等矿产资源的企业，在开始商业性生产前发生的费用和有关固定资产的折耗、折旧方法，由国务院财政、税务主管部门另行规定。

由于技术进步，产品更新换代较快的固定资产和常年处于强震动、高腐蚀状态的固定资产可以采取缩短折旧年限或采用加速折旧。采取缩短折旧年限方法的，最低折旧年限不得低于税法规定折旧年限的 60%；采取加速折旧方法的，可以采用双倍余额递减法或年数总和法。

4. 生产性生物资产的税务处理

（1）生产性生物资产的范围。

生产性生物资产，是指企业为生产农产品、提供劳务或者出租等而持有的生物资产，包括经济林、薪炭林、产畜和役畜等。

（2）生产性生物资产的计税基础：

① 外购的生产性生物资产，以购买价款和支付的相关税费为计税基础；

② 通过捐赠、投资、非货币性资产交换、债务重组等方式取得的生产性生物资产，以该资产的公允价值和支付的相关税费为计税基础。

（3）生产性生物资产计提折旧的方法和年限。

生产性生物资产按照直线法计算的折旧，准予扣除。

企业应当自生产性生物资产投入使用月份的次月起计算折旧；停止使用的生产性生物资产，应当自停止使用月份的次月起停止计算折旧。

企业应当根据生产性生物资产的性质和使用情况，合理确定生产性生物资产的预计净残值。生产性生物资产的预计净残值一经确定，不得变更。

生产性生物资产计算折旧的最低年限如下：林木类生产性生物资产，为 10 年；畜类生产性生物资产，为 3 年。

5. 无形资产的税务处理

（1）无形资产的范围。

无形资产，是指企业为生产产品、提供劳务、出租或者经营管理而持有的、没有实物形态的非货币性长期资产，包括专利权、商标权、著作权、土地使用权、非专利技术、商誉等。

（2）无形资产的计税基础：

① 外购的无形资产，以购买价款和支付的相关税费以及直接归属于使该资产达到预定用途发生的其他支出为计税基础；

② 自行开发的无形资产，以开发过程中该资产符合资本化条件后至达到预定用途前发生的支出为计税基础；

③ 通过捐赠、投资、非货币性资产交换、债务重组等方式取得的无形资产，以该资产的公允价值和支付的相关税费为计税基础。

（3）无形资产计提折旧的方法和年限。

无形资产按照直线法计算的摊销费用，准予扣除。

无形资产的摊销年限不得低于 10 年。

作为投资或者受让的无形资产，有关法律规定或者合同约定了使用年限的，可以按照规定或者约定的使用年限分期摊销。

外购商誉的支出，在企业整体转让或者清算时，准予扣除。

不得计算摊销费用扣除的无形资产：自行开发的支出已在计算应纳税所得额时扣除的无形资产；自创商誉；与经营活动无关的无形资产；其他不得计算摊销费用扣除的无形资产。

6. 长期待摊费用税务处理

（1）长期待摊费用的范围。

企业发生的下列支出作为长期待摊费用，按照规定摊销的，准予扣除：

① 已足额提取折旧的固定资产的改建支出。

② 租入固定资产的改建支出。

③ 固定资产的大修理支出。

④ 其他应当作为长期待摊费用的支出，如，企业在筹建期间发生的开办费等。

（2）长期待摊费用的摊销年限。

① 已足额提取折旧的固定资产的改建支出按照固定资产预计尚可使用年限分期摊销。

② 租入固定资产的改建支出，按照合同约定的剩余租赁期限分期摊销。

③ 固定资产的大修理支出按照固定资产尚可使用年限分期摊销。

④ 其他应当作为长期待摊费用的支出，自支出发生月份的次月起，分期摊销，摊销年限不得低于 3 年。

7. 投资资产的税务处理

（1）投资资产的范围。

投资资产，是指企业对外进行权益性投资和债权性投资形成的资产。

（2）投资资产的计税基础。

企业对外投资期间，投资资产的成本在计算应纳税所得额时不得扣除。

企业在转让或者处置投资资产时，投资资产的成本，准予扣除。

投资资产按照以下方法确定成本：通过支付现金方式取得的投资资产，以购买价款为成本；通过支付现金以外的方式取得的投资资产，以该资产的公允价值和支付的相关税费为成本。

8. 存货的税务处理

（1）存货的范围。

存货，是指企业持有以备出售的产品或者商品、处在生产过程中的在产品、在生产或者提供劳务过程中耗用的材料和物料等。

（2）存货的计税基础。

企业使用或者销售存货，按照规定计算的存货成本，准予在计算应纳税所得额时扣除。

存货按照以下方法确定成本：通过支付现金方式取得的存货，以购买价款和支付的相关税费为成本；通过支付现金以外的方式取得的存货，以该存货的公允价值和支付的相关税费为成本；生产性生物资产收获的农产品，以产出或者采收过程中发生的材料费、人工费和分摊的间接费用等必要支出为成本。

（3）存货的计价方法。

企业使用或者销售的存货的成本计算方法，可以在先进先出法、加权平均法、个别计价法中选用一种。计价方法一经选用，不得随意变更。

9. 转让资产的税务处理

企业转让资产，该项资产的净值，准予在计算应纳税所得额时扣除。

资产的净值或财产净值，是指有关资产、财产的计税基础减除已经按照规定扣除的折旧、折耗、摊销、准备金等后的余额。

7.4　应纳所得税额的计算及会计处理

7.4.1　应纳所得税额的计算

企业所得税法规定，企业的的应纳税所得额乘以适用税率，减除依照企业所得税法关于税收优惠的规定减免和抵免的税额后的余额，为应纳税额。计算公式如下：

应纳税额＝应纳税所得额×适用税率－减免税额－抵免税额

其中，减免税额和抵免税额，是指依照企业所得税法和国务院的税收优惠规定减征、免征和抵免的应纳税额。

【例 7-5】 某居民企业 2009 年相关生产经营资料如下：

1．产品销售收入 2 500 万元，国债利息收入 10 万元，处置固定资产收入 76 万元；

2．缴纳增值税 390 万元，城建税 27.3 万元，教育费附加 11.7 万元；

3．全年销售成本 1 050 万元；

4．财务费用 50 万元，其中，1 月 1 日向某企业借款 300 万元，期限 1 年，支付利息 21 万元（同期银行贷款年利率 5%）；

5．管理费用 120 万元，其中业务招待费 20 万元；新产品开发费用 40 万元；

6．销售费用为 520 万元，其中广告宣传费 385 万元；

7．营业外支出 53 万元，其中，赞助当地一家足球队 6 万元，缴纳税收滞纳金 2 万元；

企业适用 25%的所得税税率。则该企业 2009 年度应纳的企业所得税计算如下：

（1）企业会计利润总额＝2 500＋10＋76－390－27.3－11.7－1 050－50－120－520－53
＝364（万元）

（2）纳税调整事项如下：

① 可以扣除的利息费用＝300×5%＝15（万元），实际支付的利息 21 万元，超过同期银行贷款利率计算的利息支出 6 万元不得从所得额中扣除。应调增应纳税所得额 6 万元；

② 业务招待费的扣除限额＝2 500×0.5%＝12.5 万元，业务招待费只允许扣除 20×60%＝12 万元，且不能超过扣除限额 12 万元，故允许在税前扣除的业务招待费为 12 万元，另有 20－12＝8（万元），不得从所得额中扣除。应调增应纳税所得额 8 万元；

③ 广告宣传费扣除限额＝2 500×15%＝375（万元），实际列支 385 万元，多列支的 10 万元不得从所得额中扣除。应调增应纳税所得额 10 万元；

④ 非广告性质的赞助支出 6 万元和缴纳税收滞纳金 2 万元不得从所得额中扣除。应调增应纳税所得额 8 万元；

⑤ 取得的国债利息 10 万元是免税的，故应调减应纳税所得额 10 万元；

⑥ 新产品的研究开发费用可以据实扣除，并可再按实际发生额的 50%从所得额中加计扣除，故可从利润总额中再多扣除＝40×50%＝20（万元）。

（3）应纳税所得额＝364＋6＋8＋10＋8－10－20＝366（万元）。

（4）应纳所得税额＝366×25%＝91.5（万元）。

1．境外所得已纳税额的抵免

企业取得的下列所得已在境外缴纳的所得税税额，可以从其当期应纳税额中抵免，抵免限额为该项所得依照税法规定计算的应纳税额；超过抵免限额的部分，可以在以后五个年度内，用每年度抵免限额抵免当年应抵税额后的余额进行抵补：

（1）居民企业来源于中国境外的应税所得；

（2）非居民企业在中国境内设立机构、场所，取得发生在中国境外但与该机构、场所有实际联系的应税所得。

已在境外缴纳的所得税税额，是指企业来源于中国境外的所得依照中国境外税收法律以及相关规定应当缴纳并已经实际缴纳的企业所得税性质的税款。

境外所得依税法规定计算的抵免限额，是指企业来源于中国境外的所得，依照企业所得税法规定计算的应纳税额。除国务院财政、税务主管部门另有规定外，该抵免限额应当分国（地区）不分项计算，计算公式如下：

抵免限额＝境内、境外所得依照企业所得税法规定计算的应纳税总额×来源于某国（地区）的应纳税所得额÷境内、境外应纳税所得总额

其中：境内、境外应纳税所得总额＝境内、境外所得总额×基本税率（25%）

【例 7-6】 某居民企业国内当年应纳税所得额为 2 000 万元，所得税税率 25%。分别在 A、B 两国设有分支机构。A 国分支机构当年应纳税所得额为 500 万元，适用税率为 40%；B 国分支机构当年应纳税所得额为 600 万元，适用税率为 30% ，则该企业当年在我国应纳企业所得税计算如下：

国内、外应纳税所得总额＝2 000＋500＋600＝3 100（万元）

国内、外应纳所得税总额＝3 100×25%＝775（万元）

A 国已纳税额＝500×40%＝200（万元）

A 国扣除限额＝775×500÷3 100＝125（万元）

A 国已缴税款 200 万元高于扣除限额 125 万元，因此只能扣除 125 万元，超出的 75 万元不能扣除。

B 国已纳税款＝600×30%＝180（万元）

B 国扣除限额＝775×600÷3 100＝150（万元）

B 国已缴税款 180 万元高于扣除限额 150 万元，因此因此只能扣除 150 万元，超出的 30 万元不能扣除。

当年该企业应缴纳的所得税税额＝775－125－150＝500（万元）

2. *居民企业境外权益性投资收益的税收抵免*

居民企业从其直接或者间接控制的外国企业分得的来源于中国境外的股息、红利等权益性投资收益，外国企业在境外实际缴纳的所得税税额中属于该项所得负担的部分，可以作为该居民企业的可抵免境外所得税税额，在税法规定的抵免限额内抵免。

由居民企业直接控制的外国企业，是指居民企业直接持有外国企业 20%以上股份。

由居民企业间接控制的外国企业，是指居民企业以间接持股方式持有外国企业 20%以上股份，具体认定办法由国务院财政、税务主管部门另行制定。

企业依照企业所得税法规定抵免企业所得税税额时，应当提供中国境外税务机关出具的税款所属年度的有关纳税凭证。

7.4.2 所得税会计概述

1. 资产负债表债务法概述

按照我国新会计准则规定，自2007年1月1日开始采用资产负债表债务法进行所得税会计核算。

（1）资产负债表债务法的含义。

资产负债表债务法是通过比较资产负债表上列示的资产、负债的账面价值与计税基础，逐项确定两者之间存在的暂时性差异，并将暂时性差异对未来所得税的影响金额确认为递延所得税负债与递延所得税资产，并在此基础上确定每一会计期间利润表中的所得税费用的所得税会计核算方法。

（2）资产负债表债务法的会计核程序。

① 按照相关企业会计准则的规定，确定资产负债表中除递延所得税资产、递延所得税负债以外的其他资产和负债项目的账面价值。

② 按照企业会计准则中对于资产和负债计税基础的确定方法，以适用税收法规为基础，确定资产负债表中有关资产、负债项目的计税基础。

③ 分析比较资产、负债的账面价值与其计税基础之间产生的应纳税暂时性差异和可抵扣暂时性差异，确定资产负债表日递延所得税负债、递延所得税资产金额，以便进一步确认构成当期利润表中所得税费用的递延所得税。

④ 确认利润表中的所得税费用。利润表中的所得税费用包括当期所得税费用和递延所得税费用两部分。当期所得税费用是应纳税所得额与适用所得税税率相乘的结果；递延所得税费用是当期确认的递延所得税资产和递延所得税负债金额或予以转销的金额的综合结果。计算公式如下：

所得税费用＝当期所得税费用十递延所得税

当期所得税费用＝当期应纳税所得额×当期适用所得税税率

递延所得税＝当期递延所得税负债的增加＋当期递延所得税资产的减少－当期递延所得税负债的减少－当期递延所得税资产的增加＝（期末递延所得税负债－期初递延所得税负债）－（期末递延所得税资产－期初递延所得税资产）

2. 递延所得税资产的确认和计量

（1）递延所得税资产确认的原则。

① 递延所得税资产的确认，应以未来期间可能取得的应纳税所得额为限。

在可抵扣暂时性差异转回的未来期间内，企业有明确的证据表明其于可抵扣暂时性差异转回的未来期间，能够产生足够的应纳税所得额，进而利用可抵扣暂时性差异的，则应以可能取得的应纳税所得额为限，确认相关的递延所得税资产。反之，企业无法产生足够的应纳税所得额用以抵减可抵扣暂时性差异的影响，与递延所得税资产相关的经济利益无法实现的，该部分递延所得税资产不应确认。

② 按照税法规定，可以结转以后年度的未弥补亏损和税款抵减，应视同可抵扣暂时性差异处理。在预计可利用可弥补亏损或税款抵减的未来期间内，能够取得足够的应纳税所得额时，应当以很可能取得的应纳税所得额为限，确认相应的递延所得税资产，同时减少确认当期所得税费用。

（2）递延所得税资产的计量。

① 适用税率的确定。

确认递延所得税资产时，应估计相关可抵扣暂时性差异的转回时间，采用转回期间适用的所得税税率为基础计算确定。我国企业除享受优惠政策的企业以外，一般适用的所得税税率不会发生变化。如果适用税率发生变化，应对已确认的递延所得税资产重新进行计量。

② 递延所得税资产账面价值的复核。

资产负债表日，企业应对递延所得税资产账面价值进行复核。如果未来期间递延所得税资产的全部或部分经济利益无法实现时，应当减记递延所得税资产账面价值。若减记以后根据新的环境和情况判断，递延所得税资产的经济利益能够实现，则应当恢复递延所得税资产的账面价值。

【例 7-7】 某固定资产 20×6 年 12 月 31 日的账面价值＝600－600÷8＝525（万元）

该固定资产 20×6 年 12 月 31 日的计税基础＝600－600÷10＝540（万元）。则，暂时性差异 15 万元，意味着企业在未来期间处置该资产时，税前允许多扣除 540 万元－525 万元＝15 万元，将减少未来期间应纳税所得额 15 万元，并减少未来期间应交的所得税，属于可抵扣暂时性差异，应确认为递延所得税资产。

3. 递延所得税负债的确认和计量

（1）递延所得税负债的确认原则。

①企业对于所有的应纳税暂时性差异均应确认相关的递延所得税负债。

②商誉的初始确认，不予确认递延所得税负债。

③企业发生的交易不是企业合并，且交易发生时既不影响会计利润也不影响应纳税所得额，则这样的交易中因资产或负债的初始确认金额与计税基础不同所产生的应纳税暂时性差异，不予确认递延所得税负债。

应纳税暂时性差异在转回期间，企业的应纳税所得额和应交所得税导致企业经济利益的流出，构成企业支付税金的义务，应作为递延所得税负债确认。简而言之，期末当企业产生应纳税暂时性差异时，应确认为递延所得税负债。

（2）递延所得税负债的计量。

递延所得税负债应以相关应纳税暂时性差异转回期间适用的所得税税率计量。在我国除享受优惠政策的情况以外，企业适用的所得税税率在不同年度之间一般不会发生变化。企业在确认递延所得税负债时，可以现行适用税率为基础计算确定递延所得税负债的确认，不要求折现。

【例 7-8】 某企业于 2008 年 12 月 21 日取得的某项环保用固定资产，原价为 300 万元，使用年限为 10 年，会计上采用直线法计提折旧，净残值为零，假定税法规定类似环保用固定资产采用加速折旧法计提折旧并可在税前扣除。假定该企业采用双倍余额递减法计提折旧，净残值为零，2008 年 12 月 31 日该企业估计可收回金额为 220 万元。则，

该项固定资产账面价值＝300－300÷10×2－20＝220（万元）

该项固定资产计税基础＝300－300×20%－240×20%＝192（万元）

该项固定资产的账面价值 220 万元与其计税基础 192 万元之间的差额 28 万元，意味着企业将于未来期间增加应纳税所得额和应交所得税，属于应纳税的暂时性差异，应确认为递延所得税负债。

4. 所得税费用的确认和计量

利润表中的所得税费用由当期所得税费用和递延所得税费用两部分构成。按照资产负债表债务法核算所得税，利润表中的所得税费用由当期所得税和递延所得税两部分组成。计算公式如下：

所得税费用＝当期所得税＋递延所得税

（1）当期所得税。

当期所得税是指企业针对当期发生的交易和事项，按照税法规定计算确定的应上交税务部门的企业所得税。即：

当期所得税＝当期应纳所得税税额

当期应纳所得税税额＝应纳税所得额×适用税率

企业通过“应交税费－应交所得税”账户用来核算。

（2）递延所得税。

递延所得税，是指按照企业会计准则规定应予以确认的递延所得税资产和递延所得税负债在期末应有的金额相对于原已确认金额之间的差额，即递延所得税资产及递延所得税负债的当期发生额，但不包括直接计入所有者权益的交易或事项及企业合并的所得税影响。计算公式为：

递延所得税＝当期递延所得税负债的增加＋当期递延所得税资产的减少－当期递延所得税负债的减少－当期递延所得税资产的增加＝（期末递延所得税负债－期初递延所得税负债）－（期末递延所得税资产－期初递延所得税资产）

7.4.3　所得税会计处理

1. 所得税会计核算使用的会计科目

（1）递延所得税资产：核算企业确认的可抵扣暂时性差异产生的递延所得税资产。
（2）递延所得税负债：核算企业确认的应纳税暂时性差异产生的所得税负债。
（3）所得税费用：核算企业确认的应从利润总额中扣除的所得税费用。
（4）应交税费——应交企业所得税

2. 所得税会计账务处理

（1）资产负债表日，企业确认递延所得税资产的应有余额大于账面余额时：
借：递延所得税资产
　贷：所得税费用——递延所得税费用
（2）资产负债表日，递延所得税资产的应有余额小于其账面余额时：
借：所得税费用——递延所得税费用
　贷：递延所得税资产
（3）资产负债表日，递延所得税负债的应有余额大于其账面余额时：
借：所得税费用——递延所得税费用
　贷：递延所得税负债
（4）资产负债表日，递延所得税负债的应有余额小于其账面余额时：
借：递延所得税负债
　贷：所得税费用——递延所得税费用
（5）企业按照规定计算确定的当期应交所得税时：
借：所得税费用
　贷：应交税费——应交企业所得税

【例 7-9】 某企业 2009 年递延所得税负债年初数为 40 万元，年末数为 50 万元，递延所得税资产年初数为 25 万元，年末数为 20 万元，当年应交的企业所得税 330 万元，则该企业所得税费用计算如下：

递延所得税费用＝（50－40）－（20－25）＝15（万元）

所得税费用＝330＋15＝345（万元）

某企业会计分录如下：

借：所得税费用　　3 450 000

　贷：应交税费—应交所得税　　3 300 000

　　　递延所得税负债　　100 000

　　　递延所得税资产　　50 000

7.5　企业所得税税收优惠

我国施行的是“产业优惠为主、区域优惠为辅”优惠政策。主要体现为，国家对重点扶持和鼓励发展的产业和项目，给予企业所得税优惠。

7.5.1　法定减免

1. 关于扶持农、林、牧、渔发展的税收优惠

（1）企业从事下列项目的所得，免征企业所得税：

① 蔬菜、谷物、薯类、油料、豆类、棉花、麻类、糖料、水果、坚果的种植；

② 农作物新品种的选育；

③ 中药材的种植；

④ 林木的培育和种植；

⑤ 牲畜、家禽的饲养；

⑥ 林产品的采集；

⑦ 灌溉、农产品初加工、兽医、农技推广、农机作业和维修等农、林、牧、渔服务业项目；

⑧ 远洋捕捞。

（2）企业从事下列项目的所得，减半征收企业所得税：

① 花卉、茶以及其他饮料作物和香料作物的种植；

② 海水养殖、内陆养殖。

企业从事国家限制和禁止发展的项目，不得享受本条规定的企业所得税优惠。

2. 关于技术转让所得的税收优惠

在一个纳税年度内，居民企业技术转让所得不超过500万元的部分，免征企业所得税；超过500万元的部分，减半征收企业所得税。

关联方之间发生技术转让取得的技术转让所得，不适用本优惠政策。

3. 预提所得税的减免

非居民企业取得企业所得税法规定的所得，减按 10%的税率征收企业所得税。下列所得可以免征企业所得税：

（1）外国政府向中国政府提供贷款取得的利息所得；

（2）国际金融组织向中国政府和居民企业提供优惠贷款取得的利息所得；

（3）经国务院批准的其他所得。

4. 民族自治地方所得税的减免

民族自治地方的自治机关对本民族自治地方的企业应缴纳的企业所得税中属于地方分享的部分，可以决定减征或者免征。自治州、自治县决定减征或者免征的，须报省、自治区、直辖市人民政府批准。

7.5.2　定期减免

1. 关于鼓励基础设施建设的税收优惠

国家重点扶持的公共基础设施项目，是指《公共基础设施项目企业所得税优惠目录》规定的港口码头、机场、铁路、公路、城市公共交通、电力、水利等项目。

企业从事国家重点扶持的公共基础设施项目的投资经营的所得，自项目取得第一笔生产经营收入所属纳税年度起，第一年至第三年免征企业所得税，第四年至第六年减半征收企业所得税。

2. 关于支持环境保护、节能节水的税收优惠

国家支持的环境保护、节能节水项目，包括公共污水处理、公共垃圾处理、沼气综合开发利用、节能减排技术改造、海水淡化等。项目的具体条件和范围由国务院财政、税务主管部门商国务院有关部门制订。

企业从事国家支持的环境保护、节能节水项目的所得，自项目取得第一笔生产经营收入所属纳税年度起，第一年至第三年免征企业所得税，第四年至第六年减半征收企业所得税。

3. 企业投资经营的享受减免税优惠的项目

在减免税期限内转让的，受让方自受让之日起，可以在剩余期限内享受规定的减免税优惠；减免税期限届满后转让的，受让方不得就该项目重复享受减免税优惠。

4. 软件产业和集成电路产业发展的优惠政策

（1）软件生产企业实行即征即退政策所退还的税款，由企业用于研究开发软件产品和扩大再生产，不作为企业所得税应税收入，不征企业所得税。

（2）我国境内新办软件生产企业经认定后，自获利年度起，第一年和第二年免征企业所得税，第三年至第五年减半征收企业所得税。

（3）国家规划布局内的重点软件生产企业，如当年未享受免税优惠，减按 10%税率征税企业所得税。

（4）软件生产企业的职工培训费用，可按实际发生额在计算应纳税所得额时扣除。

（5）企事业单位购进软件，凡符合固定资产或无形资产确认条件的，可以按照固定资产或无形资产进行核算，经主管税务机关核准，其折旧或摊销年限可以适当缩短，最短可为 2 年。

（6）集成电路设计企业视同软件企业，享受上述软件企业的有关企业所得税政策。

7.5.3 加速折旧

企业的固定资产由于技术进步等原因，确需加速折旧的，可以缩短折旧年限或者采取加速折旧的方法。具体包括：

（1）由于技术进步，产品更新换代较快的固定资产；

（2）常年处于强震动、高腐蚀状态的固定资产。

7.5.4 加计扣除

企业的下列支出，可以在计算应纳税所得额时加计扣除。

1. 开发新技术、新产品、新工艺发生的研究开发费用

研究开发费用主要指新产品设计费、新工艺规程制定费以及与研发活动直接相关的技术图书资料费、资料翻译费；从事研发活动直接消耗的材料、燃料和动力费用；在职直接从事研发活动人员的工资、薪金、奖金、津贴、补贴；专门用于研发活动的仪器、设备的折旧费或租赁费；专门用于研发活动的软件、专利权、非专利技术等无形资产的摊销费用；专门用于中间试验和产品试制的模具、工艺装备开发及制造费；勘探开发技术的现场试验费；研发成果的论证、评审、验收费用。

企业为开发新技术、新产品、新工艺发生的研究开发费用，未形成无形资产前计入当期损益的。在据实扣除的基础上，按照研究开发费用的 50%加计扣除；形成无形资产的，按照无形资产成本的 150%摊销。除法律另有规定外，摊销年限不得低于 10 年。

2. 安置残疾人员及国家鼓励安置的其他就业人员所支付的工资

企业安置残疾人员所支付的工资，在按照支付给残疾职工工资据实扣除的基础上，按照支付给残疾职工工资的 100%加计扣除。残疾人员的范围适用《中华人民共和国残疾人保障法》的有关规定，一般是指经认定的视力、听力、言语、智力和精神残疾人员。

企业安置国家鼓励安置的其他就业人员所支付的工资的加计扣除办法，由国务院另行规定。

7.5.5　减计收入

减计收入，是指企业以《资源综合利用企业所得税优惠目录》规定的资源作为主要原材料，生产国家非限制和禁止并符合国家和行业相关标准的产品取得的收入，减按 90%计入收入总额。

主要原材料占生产产品材料的比例不得低于《资源综合利用企业所得税优惠目录》规定的标准。

7.5.6　抵扣税额

创业投资企业从事国家需要重点扶持和鼓励的创业投资，可以按投资额的一定比例抵扣应纳税所得额。

创业投资企业采取股权投资方式投资于未上市的中小高新技术企业 2 年以上的，可以按照其投资额的 70%在股权持有满 2 年的当年抵扣该创业投资企业的应纳税所得额；当年不足抵扣的，可以在以后纳税年度结转抵扣。

中小高新技术企业是指企业职工人数不超过 500 人、年销售收入不超过 2 亿元、资产总额不超过 2 亿元的高新技术企业。

7.5.7　税收抵免

企业购置用于环境保护、节能节水、安全生产等专用设备的投资额，可以按一定比例实行税额抵免。税额抵免，是指企业购置并实际使用《环境保护专用设备企业所得税优惠目录》、《节能节水专用设备企业所得税优惠目录》和《安全生产专用设备企业所得税优惠目录》规定的环境保护、节能节水、安全生产等专用设备的，该专用设备的投资额的 10%可以从企业当年的应纳税额中抵免；当年不足抵免的，可以在以后 5 个纳税年度结转抵免。

享受企业所得税优惠的企业，应当实际购置并自身实际投入使用前款规定的专用设备；企业购置上述专用设备在 5 年内转让、出租的，应当停止享受企业所得税优惠，并补缴已经抵免的企业所得税税款。

7.5.8 新旧所得税法优惠政策的过渡与衔接

1. 新税法公布前批准设立的企业税收优惠过渡办法

企业按照原税收法律、行政法规和具有行政法规效力文件规定享受的企业所得税优惠政策，按以下办法实施过渡。

（1）自2008年1月1日起，原享受低税率优惠政策的企业，在新税法施行后5年内逐步过渡到法定税率。其中：享受企业所得税15%税率的企业，2008年按18%税率执行，2009年按20%税率执行，2010年按22%税率执行，2011年按24%税率执行，2012年按25%税率执行；原执行24%税率的企业，2008年起按25%税率执行。

（2）自2008年1月1日起，原享受企业所得税“两免三减半”、“五免五减半”等定期减免税优惠的企业，新税法施行后继续按原税收法律、行政法规及相关文件规定的优惠办法及年限享受至期满为止，但因未获利而尚未享受税收优惠的，其优惠期限从2008年度起计算。

享受上述过渡优惠政策的企业，是指2007年3月16日以前经工商等登记管理机关登记设立的企业；实施过渡优惠政策的项目和范围按《实施企业所得税过渡优惠政策表》执行。

2. 继续执行西部大开发税收优惠政策

根据国务院实施西部大开发有关文件精神，财政部、税务总局和海关总署联合下发的《财政部、国家税务总局、海关总署关于西部大开发税收优惠政策问题的通知》（财税〔2001〕202号）中规定的西部大开发企业所得税优惠政策继续执行。

3. 经济特区和上海浦东新区设立高新技术企业过渡性税收优惠政策

对深圳、珠海、汕头、厦门和海南经济特区和上海浦东新区内的国家需要重点扶持的高新技术企业，在2008年1月1日（含）之后完成登记注册的国家需要重点扶持的高新技术企业（以下简称新设高新技术企业），在经济特区和上海浦东新区内取得的所得，自取得第一笔生产经营收入所属纳税年度起，第一年至第二年免征企业所得税，第三年至第五年按照25%的法定税率减半征收企业所得税。

经济特区和上海浦东新区内新设高新技术企业同时在经济特区和上海浦东新区以外的地区从事生产经营的，应当单独计算其在经济特区和上海浦东新区内取得的所得，并合理分摊企业的期间费用；没有单独计算的，不得享受企业所得税优惠。

4. 其他有关行业、企业的优惠政策

为保证部分行业、企业税收优惠政策执行的连续性，对原有关就业与再就业，奥运会和世博会，社会公益，债转股、清产核资、重组、改制、转制等企业改革，涉农和国家储备，其他单项优惠政策共 6 类定期所得税优惠政策，自 2008 年 1 月 1 日起，继续按原优惠政策规定的办法和时间执行到期。

5. 实施企业税收过渡优惠政策的其他规定

享受企业所得税过渡优惠政策的企业，应按照新税法和实施条例中有关收入和扣除的规定计算应纳税所得额，并按本通知第一部分规定计算享受税收优惠。

企业所得税过渡优惠政策与新税法及实施条例规定的优惠政策存在交叉的，由企业选择最优惠的政策执行，不得叠加享受，且一经选择，不得改变。

7.6 企业所得税的纳税申报实务操作

企业所得税的征收方式有查账征收和核定征收两种。2008 年国家税务总局根据《中华人民共和国企业所得税法》及《中华人民共和国企业所得税法实施条例》修改并公布了新的《中华人民共和国企业所得税年度纳税申报表（A 类）》和《中华人民共和国企业所得税月（季）度纳税申报表（A 类）》。

7.6.1 查账征收企业的纳税申报

核算征收的企业在预缴所得税时，需填报《中华人民共和国企业所得税月（季）度预缴纳申报表（A 类）》；汇算清缴时，需填报《中华人民共和国企业所得税年度纳税申报表（A 类）》及其十一张附表。本书针对于新的纳税申报表的填写做详细介绍。

1. 按月（季）度预缴所得税的纳税申报

税法规定，分月或者分季预缴企业所得税时，应当按照月度或者季度的实际利润额预缴；按照月度或者季度的实际利润额预缴有困难的，可以按照上一纳税年度应纳税所得额的月度或者季度平均额预缴，或者按照经税务机关认可的其他方法预缴。预缴方法一经确定，该纳税年度内不得随意变更。其计算公式为：

月（季）纳税所得税额＝月（季）应纳税所得额×所得税税率

或者 ＝上一纳税年度应纳税所得额÷12（或÷4）×所得税税率

实行查账征收企业所得税的纳税人，在季度或月份终了后15日内，向其所在地主管税务机关报送《中华人民共和国企业所得税月（季）度纳税申报表（A表）》。

2. 企业所得税月（季）度纳税申报表格式见表7-1

表7-1

中华人民共和国企业所得税月（季）度纳税申报表（A表）

税款所属期间：　　年　　月　　日至　　年　　月　　日

纳税人识别号：□□□□□□□□□□□□□□□□□□□□

纳税人名称：　　　　　　　　　　　　　　　　　　　　金额单位：元（列至角分）

行次	项　目		本期金额	累计金额
1	一、据实扣除			
2	营业收入			
3	营业成本			
4	实际利润额			
5	税率（25%）			
6	应纳税所得额（4行×5行）			
7	减免所得税额			
8	实际已缴所得税额		—	
9	应补（退）的所得税额（6行—7行—8行）		—	
10	二、按照上一纳税年度应纳税所得额的平均额预缴			
11	上一纳税年度应纳税所得额		—	
12	本月（季）应纳税所得额（11行÷12或11行÷4）			
13	税率（25%）		—	—
14	本月（季）应纳所得税额（12行×13行）			
15	三、按照税务机关确定的其他方法预缴			
16	本月（季）确定预缴的所得税额			
17	总分支机构纳税人			
18	总机构	总机构应分摊的所得税额（9行或14行或16行×25%）		
19		中央机构分摊的所得税额（9行或14行或16行×25%）		
20		分支机构分摊的所得税额（9行或14行或16行×50%）		
21	分支机构	分配比例		
22		分配的所得税额（20行×21行）		

谨声明：此申报表是根据《中华人民共和国企业所得税法》、《中华人民共和国企业所得税法实施条例》和国家有关税收规定填报的，是真实的、可靠的、完整的。

法定代表人（签字）　　　　　　　　　　年　　月　　日

纳税人公章：	代理申报中介机构公章：	主管税务机关受理专业章：
	经办人：	
会计主管：	经办人执业证件号码：	受理人：
填表日期：　年　月　日	代理申报日期：　年　月　日	受理日期：　年　月　日

3. 企业所得税月（季）度纳税申报表填报说明

（1）表头信息的填报。

① 税款所属期间为公历 1 月 1 日至所属月（季）度最后一日。年度中间开业的纳税人的税款所属期间为当月（季）开始经营之日至所属季度的最后一日，自次月（季）度起按正常情况填报。

② 纳税人识别号为税务登记证号码（15 位）。

③ 纳税人名称为纳税人全称。

（2）纳税申报表列项的填报。

①“据实预缴”的纳税人第 2 行至第 9 行：“本期金额”列，数据为所属月（季）度第一日至最后一日；“累计金额”为纳税人所属年度 1 月 1 日至所属季度（或月份）最后一日的累计数。纳税人当期应补（退）所得税额为“累计金额”列第 9 行“应补（退）所得税额”的数据。

②“按照上一纳税年度应纳税所得额平均额预缴”的纳税人第 11 行至 14 行及“按照税务机关确定的其他方法预缴”的纳税人第 16 行：填报表内第 11 行至第 14 行、第 16 行“本期金额”列，数据为所属月（季）度第一日至最后一日。

（3）纳税申报表行项的填报。

本表结构分为两部分：

第一部分为第 1 行至第 16 行，纳税人根据自身的预缴申报方式分别填报，包括非居民企业设立的分支机构：实行据实预缴的纳税人填报第 2 至 9 行；实行按上一年度应纳税所得额的月度或季度平均额预缴的纳税人填报第 11 至 14 行；实行经税务机关认可的其他方法预缴的纳税人填报第 16 行。

第二部分为第 17 行至第 22 行，由实行汇总纳税的总机构在填报第一部分的基础上填报第 18 至 20 行；分支机构填报第 20 至 22 行。具体项目填报说明：

① 第 2 行“营业收入”：填报会计制度核算的营业收入，事业单位、社会团体、民办非企业单位按其会计制度核算的收入填报。

② 第 3 行“营业成本”：填报会计制度核算的营业成本，事业单位、社会团体、民办非企业单位按其会计制度核算的成本（费用）填报。

③ 第 4 行“实际利润额”：填报按会计制度核算的利润总额减除以前年度待弥补亏损以及不征税收入、免税收入后的余额。事业单位、社会团体、民办非企业单位比照填报。房地产开发企业本期取得预售收入按规定计算出的预计利润额计入本行。事业单位、社会团体、民办非企业单位比照填报。

④ 第 5 行“税率（25%）”：按照《企业所得税法》第四条规定的 25%税率计算应纳所

得税额。

⑤ 第 6 行"应纳所得税额"：填报计算出的当期应纳所得税额。第 6 行＝第 4 行×第 5 行，且第 6 行≥0。

⑥ 第 7 行"减免所得税额"：填报当期实际享受的减免所得税额，包括享受减免税优惠过渡期的税收优惠、小型微利企业优惠、高新技术企业优惠及经税务机关审批或备案的其他减免税优惠。第 7 行≤第 6 行。

⑦ 第 8 行"实际已预缴的所得税额"：填报累计已预缴的企业所得税税额，"本期金额"列不填。

⑧ 第 9 行"应补（退）所得税额"：填报按照税法规定计算的本次应补（退）预缴所得税额。第 9 行＝第 6 行－第 7 行－第 8 行，且第 9 行<0 时，填 0，"本期金额"列不填。

⑨ 第 11 行"上一纳税年度应纳税所得额"：填报上一纳税年度申报的应纳税所得额。本行不包括纳税人的境外所得。

⑩ 第 12 行"本月（季）应纳所得税所得额"：填报纳税人依据上一纳税年度申报的应纳税所得额计算的当期应纳税所得额。

按季预缴企业：第 12 行＝第 11 行×1/4

按月预缴企业：第 12 行＝第 11 行×1/12

⑪ 第 13 行"税率（25%）"：按照《企业所得税法》第四条规定的 25%税率计算应纳所得税额。

⑫ 第 14 行"本月（季）应纳所得税额"：填报计算的本月（季）应纳所得税额。第 14 行＝第 12 行×第 13 行

⑬ 第 16 行"本月（季）确定预缴的所得税额"：填报依据税务机关认定的应纳税所得额计算出的本月（季）应缴纳所得税额。

⑭ 第 18 行"总机构应分摊的所得税额"：填报汇总纳税总机构以本表第一部分（第 1－16 行）本月或本季预缴所得税额为基数，按总机构应分摊的预缴比例计算出的本期预缴所得税额。

- 据实预缴的汇总纳税企业总机构：第 9 行×总机构应分摊的预缴比例 25%
- 按上一纳税年度应纳税所得额的月度或季度平均额预缴的汇总纳税企业总机构：第 14 行×总机构应分摊的预缴比例 25%
- 经税务机关认可的其他方法预缴的汇总纳税企业总机构：第 16 行×总机构应分摊的预缴比例 25%

⑮ 第 19 行"中央财政集中分配税款的所得税额"：填报汇总纳税总机构以本表第一部分（第 1－16 行）本月或本季预缴所得税额为基数，按中央财政集中分配税款的预缴比例

计算出的本期预缴所得税额。

- 据实预缴的汇总纳税企业总机构：第 9 行×中央财政集中分配税款的预缴比例 25%
- 按上一纳税年度应纳税所得额的月度或季度平均额预缴的汇总纳税企业总机构：第 14 行×中央财政集中分配税款的预缴比例 25%
- 经税务机关认可的其他方法预缴的汇总纳税企业总机构：第 16 行×中央财政集中分配税款的预缴比例 25%

⑯ 第 20 行“分支机构分摊的所得税额”：填报汇总纳税总机构以本表第一部分（第 1—16 行）本月或本季预缴所得税额为基数，按分支机构分摊的预缴比例计算出的本期预缴所得税额。

- 据实预缴的汇总纳税企业总机构：第 9 行×分支机构分摊的预缴比例 50%
- 按上一纳税年度应纳税所得额的月度或季度平均额预缴的汇总纳税企业总机构：第 14 行×分支机构分摊的预缴比例 50%
- 经税务机关认可的其他方法预缴的汇总纳税企业总机构：第 16 行×分支机构分摊的预缴比例 50%

（分支机构本行填报总机构申报的第 20 行“分支机构分摊的所得税额”）

上述第 18 至 20 行，汇总纳税总、分机构税率一致的，按上述规定填报；汇总纳税总、分机构税率不一致的，按《国家税务总局关于印发〈跨地区经营汇总纳税企业所得税征收管理暂行办法〉的通知》（国税发[2008]28 号）及相关补充文件的规定计算填报。即第 9 行或 14 行或 16 行与第 18-20 行关系不成立，且《中华人民共和国企业所得税汇总纳税分支机构分配表》中分支机构分摊的所得税额×分配比例＝分配税额计算关系不成立。

⑰ 第 21 行“分配比例”：填报汇总纳税分支机构依据《汇总纳税企业所得税分配表》中确定的分配比例。

⑱ 第 22 行“分配的所得税额”：填报汇总纳税分支机构依据当期总机构申报表中第 20 行“分支机构分摊的所得税额”×本表第 21 行“分配比例”的数额。

4. 年终汇算清缴企业所得税的纳税申报

企业所得税年度年终汇算清缴的纳税申报表分为主表和附表，主表为企业所得税年度纳税申报表 1 张；附表共 11 张。

填报说明：根据《中华人民共和国企业所得税法》及其实施条例、相关税收政策，以及国家统一会计制度（企业会计制度、企业会计准则、小企业会计制度、分行业会计制度、事业单位会计制度和民间非营利组织会计制度）的规定，填报计算纳税人利润总额、应纳税所得额、应纳税额和附列资料等有关项目。

表 7-2

中华人民共和国企业所得税年度纳税申报表（A 类）

税款所属期间：　　　　　年　　　月　　日至　　年　　　月　　日

纳税人名称：

纳税人识别号：□□□□□□□□□□□□□□□□□□□□

金额单位：元（列至角分）

类别	行次	项　　　目	金　　额
利润总额计算	1	一、营业收入（填附表一）	
	2	减：营业成本（填附表二）	
	3	营业税金及附加	
	4	销售费用（填附表二）	
	5	管理费用（填附表二）	
	6	财务费用（填附表二）	
	7	资产减值损失	
	8	加：公允价值变动收益	—
	9	投资收益	
	10	二、营业利润	
	11	加：营业外收入（填附表一）	
	12	减：营业外支出（填附表二）	
	13	三、利润总额（10＋11－12）	
应纳税所得额计算	14	加：纳税调整增加额（填附表三）	
	15	减：纳税调整减少额（填附表三）	
	16	其中：不征税收入	—
	17	免税收入	
	18	减计收入	
	19	减、免税项目所得	—
	20	加计扣除	
	21	抵扣应纳税所得额	—
	22	加：境外应税所得弥补境内亏损	—
	23	纳税调整后所得（13＋14－15＋22）	
	24	减：弥补以前年度亏损（填附表四）	
	25	应纳税所得额（23－24）	
应纳税额计算	26	税率（25%）	
	27	应纳所得税额（25×26）	
	28	减：减免所得税额（填附表五）	
	29	减：抵免所得税额（填附表五）	
	30	应纳税额（27－28－29）	
	31	加：境外所得应纳所得税额（填附表六）	
	32	减：境外所得抵免所得税额（填附表六）	
	33	实际应纳所得税额（30＋31－32）	
	34	减：本年累计实际已预缴的所得税额	

续表

类别	行次	项　　目	金　额
	35	其中：汇总纳税的总机构分摊预缴的税额	
	36	汇总纳税的总机构财政调库预缴的税额	
	37	汇总纳税的总机构所属分支机构分摊的预缴税额	
	38	合并纳税（母子体制）成员企业就地预缴比例	
	39	合并纳税企业就地预缴的所得税额	
	40	本年应补（退）的所得税额（33－34）	
附列资料	41	以前年度多缴的所得税额在本年抵减额	
	42	以前年度应缴未缴在本年入库所得税额	

纳税人公章： 经办人： 申报日期：　年　月　日	代理申报中介机构公章： 经办人及执业证件号码： 代理申报日期：　年　月　日	主管税务机关受理专用章： 受理人： 受理日期：　年　月　日

（1）表头项目。

“税款所属期间”：正常经营的纳税人，填报公历当年 1 月 1 日至 12 月 31 日；纳税人年度中间开业的，填报实际生产经营之日的当月 1 日至同年 12 月 31 日；纳税人年度中间发生合并、分立、破产、停业等情况的，填报公历当年 1 月 1 日至实际停业或法院裁定并宣告破产之日的当月月末；纳税人年度中间开业且年度中间又发生合并、分立、破产、停业等情况的，填报实际生产经营之日的当月 1 日至实际停业或法院裁定并宣告破产之日的当月月末。

“纳税人识别号”：填报税务机关统一核发的税务登记证号码。

“纳税人名称”：填报税务登记证所载纳税人的全称。

（2）表体项目。

本表是在纳税人会计利润总额的基础上，加减纳税调整额后计算出“纳税调整后所得”（应纳税所得额）。会计与税法的差异（包括收入类、扣除类、资产类等差异）通过纳税调整项目明细表（附表三）集中体现。

本表包括利润总额的计算、应纳税所得额的计算、应纳税额的计算和附列资料四个部分。

“利润总额计算”中的项目，按照国家统一会计制度口径计算填报。实行企业会计准则的纳税人，其数据直接取自损益表；实行其他国家统一会计制度的纳税人，与本表不一致的项目，按照其利润表项目进行分析填报。

利润总额部分的收入、成本、费用明细项目，一般工商企业纳税人，通过附表一（1）《收入明细表》和附表二（1）《成本费用明细表》相应栏次填报；金融企业纳税人，通过附表一（2）《金融企业收入明细表》、附表二（2）《金融企业成本费用明细表》相应栏次填报；事业单位、社会团体、民办非企业单位、非营利组织等纳税人，通过附表一（3）《事业单位、社会团体、民办非企业单位收入项目明细表》和附表二（3）《事业单位、社会团体、民办非企业单位支出项目明细表》相应栏次填报。

"应纳税所得额计算"和"应纳税额计算"中的项目，除根据主表逻辑关系计算的外，通过附表相应栏次填报。

"附列资料"填报用于税源统计分析的上一纳税年度税款在本纳税年度抵减或入库金额。

在实际报税时，由于主表各栏次数据由十一张附表数据通过计算机自动生成，故主表各行次说明不在此赘述。

7.6.2 核定征收企业的纳税申报

2008年6月，国家税务总局根据《中华人民共和国企业所得税法》及其实施条例、《中华人民共和国税收征收管理法》及其实施细则的有关规定，制定《企业所得税核定征收办法（试行）》，该办法适用于居民企业纳税人。

1. 核定企业征收企业所得税的适用范围

纳税人具有下列情形之一的，核定征收企业所得税：

（1）依照法律、行政法规的规定可以不设置账簿的；

（2）依照法律、行政法规的规定应当设置但未设置账薄的；

（3）擅自销毁账簿或者拒不提供纳税资料的；

（4）虽设置账簿，但账目混乱或者成本资料、收入凭证、费用凭证残缺不全，难以查账的；

（5）发生纳税义务，未按照规定的期限办理纳税申报，经税务机关责令限期申报，逾期仍不申报的；

（6）申报的计税依据明显偏低，又无正当理由的。

特殊行业、特殊类型的纳税人和一定规模以上的纳税人不适用本办法。上述特定纳税人由国家税务总局另行明确。

2. 核定征收办法

企业所得税核定征收方式包括核定应税所得率和核定应纳所得税额两种方法。

（1）核定应税所得率征收方法：是由税务机关按照一定的标准、程序和方法，预先核定纳税人的应税所得率，由纳税人根据纳税年度内的收入总额或成本费用项目的实际发生额，预先核定应税所得率计算交纳企业所得税的方法。

采用应税所得率方式核定征收企业所得税的，应纳所得税额计算公式如下：

应纳所得税额＝应纳税所得额×适用税率

应纳税所得额＝应税收入额×应税所得率

或：应纳税所得额＝成本（费用）支出额÷（1－应税所得率）×应税所得率

应税所得率按下表规定的幅度标准确定：

行　业	应税所得率（%）	行　业	应税所得率（%）
农、林、牧、渔业	3-10	建筑业	8-20
制造业	5-15	饮食业	8-25
批发和零售贸易业	4-15	娱乐业	15-30
交通运输业	7-15	其他行业	10-30

（2）核定应税所得率征收方法：由税务机关按照一定的标准、程序和方法，直接核定纳税人年度应纳企业所得税税额，由纳税人规定申报缴纳的办法。

3. 纳税申报表

采用核定征收方式缴纳企业所得税的纳税人应按规定填写《中华人民共和国企业所得税月（季）度纳税申报表（B类）》，在规定的纳税申报时限内报送主管税务机关。

表 7-3

中华人民共和国企业所得税月（季）度纳税申报表（B类）

税款所属期间：　　年　　月　　日至　　年　　月　　日

纳税人识别号：□□□□□□□□□□□□□□□□□□□□

纳税人名称：　　　　　　　　　　　　　　金额单位：人民币元（列至角分）

项　目			行次	累计金额
应纳税所得额的计算	按收入总额核定应纳税所得额	收入总额	1	
		税务机关核定的应税所得率（ %）	2	
		应纳税所得额（1行×2行）	3	
	按成本费用核定应纳税所得额	成本费用总额	4	
		税务机关核定的应税所得率（%）	5	
		应纳税所得额[4行÷（1−5行）×5行]	6	
	按经费支出换算应纳税所得额	经费支出总额	7	
		税务机关核定的应税所得率（ %）	8	
		换算的收入额[7行÷（1−8行）]	9	
		应纳税所得额（8行×9行）	10	
应纳所得税额的计算		税率（25%）	11	
		应纳所得税额（3行×11行或6行×11行或10行×11行）	12	
		减免所得税额	13	
应补（退）所得税额的计算		已预缴所得税额	14	
		应补（退）所得税额（12行−13行−14行）	15	

谨声明：此纳税申报表是根据《中华人民共和国企业所得税法》、《中华人民共和国企业所得税法实施条例》和国家有关税收规定填报，是真实的、可靠的、完整的。

法定代表人（签字）：　　　　年　　月　　日

纳税人公章： 会计主管： 填表日期：　　年　　月　　日	代理申报中介机构公章： 经办人： 经办人执业证件号码： 代理申报日期：　　年　　月　　日	主管税务机关受理专用章： 受理人： 受理日期：　　年　　月　　日

表 7-13 填表说明。

（1）本表为按照核定征收管理办法（包括核定应税所得率和核定税额征收方式）缴纳企业所得税的纳税人在月（季）度申报缴纳企业所得税时使用，包括依法被税务机关指定的扣缴义务人。其中：核定应税所得率的纳税人按收入总额核定、按成本费用核定、按经费支出换算分别填写。

（2）表头项目填报说明。

“税款所属期间”：纳税人填报的“税款所属期间”为公历 1 月 1 日至所属季（月）度最后一日。

企业年度中间开业的纳税人填报的“税款所属期间”为当月（季）度第一日至所属月（季）度的最后一日，自次月（季）度起按正常情况填报。

“纳税人识别号”：填报税务机关核发的税务登记证号码（15 位）。

“纳税人名称”：填报税务登记证中的纳税人全称。

（3）表体项目填报说明。

第 1 行“收入总额”：按照收入总额核定应税所得率的纳税人填报此行。填写本年度累计取得的各项收入金额。

第 2 行“税务机关核定的应税所得率”：填报主管税务机关核定的应税所得率。

第 3 行“应纳税所得额”：填报计算结果。计算公式：应纳税所得额＝第 1 行“收入总额”×第 2 行“税务机关核定的应税所得率”。

第 4 行“成本费用总额”：按照成本费用核定应税所得率的纳税人填报此行。填写本年度累计发生的各项成本费用金额。

第 5 行“税务机关核定的应税所得率”：填报主管税务机关核定的应税所得率。

第 6 行“应纳税所得额”：填报计算结果。计算公式：应纳税所得额＝第 4 行“成本费用总额”÷（1－第 5 行“税务机关核定的应税所得率”）×第 5 行“税务机关核定的应税所得率”。

第 7 行“经费支出总额”：按照经费支出换算收入方式缴纳所得税的纳税人填报此行。填报累计发生的各项经费支出金额。

第 8 行“经税务机关核定的应税所得率”：填报主管税务机关核定的应税所得率。

第 9 行“换算的收入额”：填报计算结果。计算公式：换算的收入额＝第 7 行“经费支出总额”÷（1－第 8 行“税务机关核定的应税所得率”）。

第 10 行“应纳税所得额”：填报计算结果。计算公式：应纳税所得额＝第 8 行“税务机关核定的应税所得率”×第 9 行“换算的收入额”。

第 11 行“税率”：填写《企业所得税法》第四条规定的 25%税率。

第 12 行“应纳所得税额”。

① 核定应税所得率的纳税人填报计算结果：

按照收入总额核定应税所得率的纳税人，应纳所得税额＝第 3 行“应纳税所得额”×第 11 行“税率”

按照成本费用核定应税所得率的纳税人，应纳所得税额＝第 6 行“应纳税所得额”×第 11 行“税率”

按照经费支出换算应纳税所得额的纳税人，应纳所得税额＝第 10 行“应纳税所得额”×第 11 行“税率”

② 实行核定税额征收的纳税人，填报税务机关核定的应纳所得税额。

第 13 行“减免所得税额”：填报当期实际享受的减免所得税额，第 13 行≤第 12 行。包括享受减免税优惠过渡期的税收优惠、小型微利企业优惠、高新技术企业优惠及经税务机关审批或备案的其他减免税优惠。

第 14 行“已预缴的所得税额”：填报当年累计已预缴的企业所得税额。

第 15 行“应补（退）所得税额”：填报计算结果。计算公式：应补（退）所得税额＝第 12 行“应纳所得税额”－第 13 行“减免所得税额”－第 14 行“已预缴的所得税额”；当第 15 行≤0 时，本行填 0。

7.7　企业所得税的案例评析

案例：位于某市区的居民纳税人鹏翔股份有限公司是服装生产企业，在职人员 260 人，其纳税人识别号为 210104108789518，该企业执行《企业会计准则》和《企业所得税税法》，该企业被税务机关认定为增值税一般纳税人，增值税税率为 17%，企业所得税税率为 25%，采用按季度预缴所得税的方式，每季度终了后 15 日内预缴企业所得税，年终汇算清缴。

1. 2008 年企业会计资料反映的生产经营情况如下

（1）主营业务收入 9 500 000 元；销售材料、废料等收入 202 000 元。

（2）主营业务成本 7 000 000 元；销售材料、废料发生的其他业务成本 141 000 元。

（3）营业税金及附加 323 830 元。

（4）销售费用 348 500 元，其中广告费和业务宣传费 250 000 元。

（5）管理费用 859 000 元，其中合理性工资支出 295 000 元，业务招待费 130 000 元，研究新产品费用 74 000 元。

（6）财务费用 163 000 元，其中含向非金融机构借款 1 500 000 元的年利息支出，年利率为10%（银行同期同类贷款利率6%）。

（7）资产减值损失64 500元，其中计提坏账准备1 500元，存货跌价准备55 000元，固定资产减值准备8 000元。

（8）投资收益467 700元；其中取得国库券利息收入125 000元；公司债券利息收入150 000元；从被投资A企业分得股利收入40 000元（该股票持有期间不足12个月，初始投资成本为728 000元，投资企业与被投资企业采用的会计政策相同，投资时被投资企业各项资产、负债的账面价值与其公允价值相同）；从英国取得特许权收益150 000元（该国所得税税率20%）；投资转让净收益2 700元（转让净收入15 000元，投资转让的成本为12 300元，假定不需做纳税调整）。

（9）营业外收入294 600元，其中处置固定资产收益85 000元，非货币性资产交易收益53 200元，无形资产销售收益125 000元，罚款收入26 200元，无法支付的其他应付款5 200元。

（10）营业外支出367 000元，其中固定资产盘亏35 000元，处置固定资产损失14 000元，违法罚款支出20 000元，违反合同罚款30 000元，公益性捐赠支出166 000元，非公益性捐赠支出102 000元。

2. 其他与所得税有关的资料

（1）在"其他应付款"账户中有逾期未退还的包装物押金11 700元，期末准备没收押金转为其他业务收入，该包装物的成本为8 000元。

（2）按国家规定的标准在应付职工福利中列支了基本医疗保险79 100元，补充医疗保险16 300元。

（3）2006年发生亏损80 800元，2007年已弥补亏损60 600元，上年度未弥补亏损20 200元。

（4）本季度已预缴企业所得税累计为180 000元。

（5）坏账准备问题："坏账准备"账户期初余额为0，本期计提坏账准备1 500元。

（6）固定资产折旧问题：会计和税法规定的折旧年限、折旧方法、残值率一致，固定资产折旧没有纳税调整项目。

要求：年终汇算清缴企业所得税，并计算和编制企业所得税年度纳税申报表及其附表。

第一步：计算分析年终汇算清缴所得税。

1. 计算利润总额

（1）营业收入＝9 500 000＋202 000＋10 000＝9 712 000（元），其中：

包装物租金收入（含逾期没收的押金）＝11 700÷（1＋17%）＝10 000（元）

（注：将逾期没收押金确认为收入应缴纳增值税、城建税和教育费附加）

（2）营业成本＝7 000 000＋141 000＋8 000＝7 149 000（元）

（注：逾期未退还的包装物的成本为 8000 元，计入出租包装物成本）

（3）营业税金及附加＝323 830＋170＝324 000（元）

逾期没收押金确认为收入应缴纳城建税和教育费附加＝11 700÷（1＋17%）×17%×（7%＋3%）＝170（元）（注：逾期没收押金确认为收入应缴纳增值税是价外税，不在营业税金及附加中列支）

（4）销售费用＝348 500（元）

（5）管理费用＝859 000（元）

（6）财务费用＝163 000（元）

（7）资产减值损失＝64 500（元）

（8）投资收益＝467 700（元）

（9）营业外收入＝294 600 （元）

（10）营业外支出＝367 000（元）

（11）利润总额＝9 712 000－7 149 000－324 000－348 500－859 000－163 000－64 500＋467 700＋294 600－367 000＝1 199 300（元）

2．纳税调整增加额（见附表三）

（1）广告费和业务宣传费纳税调整额。

广告费和业务宣传费扣除标准＝（主营业务收入＋其他业务收入）×15%＝9 712 000×15%＝1 456 800（元）

实际列支的广告费和业务宣传费 250 000 元，低于扣除标准，可据实扣除，不做纳税调整。

（2）业务招待费纳税调整额。

业务招待费扣除标准为实际支付额的 60%＝130 000×60%＝78 000（元）且不超过销售收入的 5‰＝9 712 000×5‰＝48 560（元），则

业务招待费纳税调整额＝130 000—48 560＝81 440（元）

（3）利息支出的纳税调整额。

向非金融机构借款的利息支出 1 500 000×10%＝150 000（元）应按不高于银行同期同类贷款利率计算

银行同类同期贷款利息＝1 500 000×6%＝90 000（元）则，

利息支出的纳税调整额＝150 000－90 000＝60 000（元）

（4）坏账准备纳税调整额。

新税法规定企业计提的坏账准备不允许税前扣除，则

坏账准备纳税调整额＝1 500（元）

（5）存货跌价准备和固定资产减值准备纳税调整数。

企业计提的存货跌价准备 55 000 元和固定资产减值准备 8 000 元是不得扣除项目，则

纳税调整额＝55 000＋8 000＝63 000（元）

（6）罚款支出纳税调整额。

违法罚款支出 20 000 元是不得扣除的项目，则

罚款支出纳税调整额＝20 000（元）

（7）捐赠支出纳税调整额。

① 公益性捐赠扣除标准＝利润总额×12%＝1 199 300×12%＝143 916（元）

实际发生的公益性捐赠为 166 000 元，超过公益性捐赠扣除标准 143 916 元，准予按标准扣除，则：

公益性捐赠纳税调整额＝166 000－143 916＝22 084（元）

② 非公益性捐赠是不得扣除的项目，则：

非公益性捐赠支出纳税调整额＝102 000（元）

所以，捐赠支出纳税调整额＝公益性捐赠纳税调整额＋非公益性捐赠支出纳税调整额＝22 084＋102 000＝124 084（元）

纳税调整增加额＝81 440＋60 000＋1 500＋63 000＋20 000＋124 084＝350 024（元）

3．纳税调整减少额

（1）国库券利息收入是免税收入，则纳税调整额＝125 000（元）。

（2）研究开发费在据实扣除的基础上，按照研究开发费的 50%加计扣除，则纳税调整额＝74 000×50%＝37 000（元）。

（3）企业按规定的范围和标准为职工缴纳的基本养老保险费、基本医疗保险费、失业保险费、工伤保险费、生育保险费等基本社会保险费和住房公积金，准予扣除。

企业为投资者或者职工支付的补充养老保险费、补充医疗保险费，在规定的范围和标准内，准予扣除。

按国家规定的标准在应付职工福利中列支了基本医疗保险 79 100 元，补充医疗保险 16 300 元可以据实扣除，则纳税调整额＝79 100＋16 300＝95 400（元）

纳税调整减少额＝125 000＋37 000＋95 400＝257 400（元）

4．纳税调整后所得

纳税调整后所得＝利润总额＋纳税调整增加额—纳税调整减少额

＝1 199 300＋350 024－257 400＝1 291 924（元）

5．应纳税所得额

应纳税所得额＝纳税调整后所得－弥补以前年度亏损

＝1 291 924－20 200＝1 271 724（元）

注：2006 年发生亏损 80 8000 元，2007 年已弥补亏损 60 600 元，上年度未弥补亏损 20 200 元（详见附表四）

6．应纳所得税额

应纳所得税额＝应纳税所得额×税率＝1 271 724×25%＝317 931（元）

7．实际应纳所得税额

实际应纳所得税额＝应纳所得税额＋境外所得应纳所得税额－境外所得抵免所得税额

抵免限额＝境内、境外所得依照企业所得税法规定计算的应纳税总额×来源于某国（地区）的应纳税所得额÷境内、境外应纳税所得总额

其中：境内、境外应纳税所得总额＝境内、境外所得总额×基本税率（25%）

来源于英国的应纳税所得额＝150 000÷（1－20%）＝187 500（元）

境内、境外应纳所得税总额＝境内、境外所得总额×25%

＝（1 291 924＋187 500）×25%＝369 856（元）

英国的特许权收益抵免限额＝349 856×187 500÷（1 208 724＋187 500）＝46 875（元）

在英国已纳所得税额＝187 500×20%＝37 500（元）

在英国已纳所得税额低于抵免限额，可全额扣除（详见附表八）。则，

实际应纳所得税额＝应纳所得税额＋境外所得应纳所得税额－境外所得抵免所得税额

＝317 931－37 500＝280 431（元）

8．应补（退）的所得税额

应补（退）的所得税额＝实际应纳所得税额－本年累计实际已预缴的所得税额

＝280 431－180 000＝100 431（元）

该公司根据企业所得税法的规定，在年度终了后 5 个月内进行汇算清缴，应补缴所得税额 100 431 元。

第二步：根据纳税申报的要求填列企业所得税年度纳税申报表，附表略。

中华人民共和国企业所得税年度纳税申报表（A类）

税款所属期间：　　年　月　日　　至　　年　月　日

纳税人名称：

纳税人识别号：□□□□□□□□□□□□□□□□□□□□　　　　金额单位：元（列至角分）

类别	行次	项　目	金　额
利润总额计算	1	一、营业收入（填附表一）	9 712 000
	2	减：营业成本（填附表二）	7 149 000
	3	营业税金及附加	324 000
	4	销售费用（填附表二）	348 500
	5	管理费用（填附表二）	859 000
	6	财务费用（填附表二）	163 000
	7	资产减值损失	64 500
	8	加：公允价值变动收益	—
	9	投资收益	467 700
	10	二、营业利润	1 271 700
	11	加：营业外收入（填附表一）	294 600
	12	减：营业外支出（填附表二）	367 000
	13	三、利润总额（10＋11－12）	1 199 300
应纳税所得额计算	14	加：纳税调整增加额（填附表三）	350 024
	15	减：纳税调整减少额（填附表三）	257 400
	16	其中：不征税收入	—
	17	免税收入	125 000
	18	减计收入	—
	19	减、免税项目所得	—
	20	加计扣除	37 000
	21	抵扣应纳税所得额	—
	22	加：境外应税所得弥补境内亏损	—
	23	纳税调整后所得（13＋14－15＋22）	1 291 924
	24	减：弥补以前年度亏损（填附表四）	20 200
	25	应纳税所得额（23－24）	1 271 724
应纳税额计算	26	税率（25%）	25%
	27	应纳所得税额（25×26）	317 931
	28	减：减免所得税额（填附表五）	
	29	减：抵免所得税额（填附表五）	
	30	应纳税额（27－28－29）	317 931
	31	加：境外所得应纳所得税额（填附表六）	
	32	减：境外所得抵免所得税额（填附表六）	37 500
	33	实际应纳所得税额（30＋31－32）	280 431
	34	减：本年累计实际已预缴的所得税额	180 000

（续表）

	35	其中：汇总纳税的总机构分摊预缴的税额	
	36	汇总纳税的总机构财政调库预缴的税额	
	37	汇总纳税的总机构所属分支机构分摊的预缴税额	
	38	合并纳税（母子体制）成员企业就地预缴比例	
	39	合并纳税企业就地预缴的所得税额	
	40	本年应补（退）的所得税额（33－34）	100 431
附列资料	41	以前年度多缴的所得税额在本年抵减额	
	42	以前年度应缴未缴在本年入库所得税额	

纳税人公章： 经办人： 申报日期：　　年　月　日	代理申报中介机构公章： 经办人及执业证件号码： 代理申报日期：　　年　月　日	主管税务机关受理专用章： 受理人： 受理日期：　　年　月　日

相关链接

1.《中华人民共和国企业所得税法》中华人民共和国主席令第 63 号，自 2008 年 1 月 1 日施行。

2.《中华人民共和国企业所得税法实施条例》中华人民共和国国务院令第 512 号，自 2008 年 1 月 1 日施行。

练　习　题

一、单项选择题

1．按企业所得税法的规定，企业所得税分月或分季预缴，其预缴的期限为（　　）。

A．月份或季度终了后 10 日内　　B．月份或季度终了后 15 日内

C．月份或季度终了后 7 日内　　D．月份或季度终了之前

2．下列企业或单位中，不属于企业所得税纳税人的是（　　）。

A．个人独资企业　　B．外资独资企业

C．集体企业　　D．股份制企业

3．企业纳税年度发生的亏损，准予向以后年度结转，用以后年度的税前所得弥补，但结转弥补年限最长不得超过（　　）。

A．1 年　　B．3 年　　C．5 年　　D．10 年

4．下列收入项目中，不征税收入是（　　）。

A．财政拨款收入　　B．特许权使用费收入

C．财产租赁收入　　D．股息收入

5．下列各项中，在计算应纳税所得额时，不准扣除的项目是（　　）。

A．增值税　　B．教育费附加　　C．消费税　　D．营业税

6．下列应计入企业应纳税所得额的收入是（　　）。

A．企业逾期未退还的包装物押金　　B．财政拨款

C．企业代收代缴的消费税　　D．国债利息收入

7．下列企业适用所得税税率20%的是（　　）。

A．非居民企业取得的来源于中国境内的所得

B．某大型国有企业年应纳税所得额为5万元

C．某小型企业年应纳税所得额为20万元

D．某小型企业全年应纳税所得额为60万元

8．企业所得税法规定，企业应当在规定的期限内向税务机关报送年度企业所得税纳税申报表，并汇算清缴，其期限为（　　）。

A．年度终了后45日内　　B．年度终了后3个月内

C．年度终了后4个月内　　D．年度终了后5个月内

9．某企业2009年发生的新产品研发支出（费用化）200万元，当年的会计利润为500万元，若无其他纳税调整事项，该企业2009年应纳税所得额为（　　）。

A．100万元　　B．700万元　　C．600万元　　D．400万元

10．某企业2009年计提了交易性金融资产的公允价值变动收益20万元，计提了长期股权投资减值准备60万元，当年会计利润为400万元。若无其他纳税调整事项，适用的企业所得税率为25%，该企业2009年应纳所得税额为（　　）。

A．120万元　　B．110万元　　C．115万元　　D．90万元

11．居民企业来源于中国境外的应税所得，已在境外缴纳的所得税税额，可以从其当期应纳税额中抵免，若境外缴纳的税额超过抵免限额，其超过部分的处理方法为（　　）。

A．列为当年费用支出

B．从本年度应纳所得税额中扣除

C．用以后年度税额抵免后的余额补抵，补抵期限最长不得超过5年

D．从以后年度境外所得中扣除

12．一项资产的账面价值为 250 万元，计税基础为 200 万元，则两者的差异 50 万元，为（　　）。

A．应纳税暂时性差异，应确认为递延所得税负债

B．应纳税暂时性差异，应确认为递延所得税资产

C．可抵扣暂时性差异，应确认为递延所得税负债

D．可抵扣暂时性差异，应确认为递延所得税资产

13．企业应纳税暂时性差异的产生应确认为（　　），并计入所得税费用。

A．递延所得税资产　　B．管理费用

C．递延所得税负债　　D．销售费用

14．某公司 2008 年末存货账面余额 200 万元，已提存货跌价准备 10 万元，则（　　）。

A．形成可抵扣暂时性差异 190 万元　B．形成应纳税暂时性差异 10 万元

C．形成可抵扣暂时性差异 10 万元　D．未形成暂时性差异

15．会计准则规定，企业应采用（　　）核算所得税。

A．纳税影响会计法　　B．应付税款法

C．递延法　　D．资产负债表债务法

二、多项选择题

1．以下属于非居民企业的有（　　）。

A．依中国法律在中国境内成立的企业

B．依照外国（地区）法律成立但实际管理机构在中国境内的企业

C．依照外国（地区）法律成立且实际管理机构不在中国境内，但在中国境内设立机构、场所的企业

D．在中国境内未设立机构、场所，但有来源于中国境内所得的企业

2．企业的下列收入中，免征企业所得税的有（　　）。

A．国债利息收入

B．依法收取并纳入财政管理的行政事业性收费、政府性基金

C．接受捐赠收入

D．符合条件的非营利组织的收入

3．在计算应纳税所得额时，下列支出不得扣除（　　）。

A．向投资者支付的股息、红利等权益性投资收益款项

B．未经核定的准备金支出

C．税收滞纳金

D．罚金、罚款和被没收财物的损失

4．下列不允许扣除的捐赠支出有（　　）。

A．向主管部门赠送新制产品　　B．通过市民政局向儿童福利院捐款

C．通过集团公司总部向灾区捐款　　D．纳税人直接向贫困山区捐款

5．企业下列收入，应计入收入总额计算缴纳所得税的有（　　）。

A．确实无法偿付的应付款项

B．接受捐赠的收入

C．企业已作坏账损失处理后又收回的应收账款

D．国债利息收入

6．企业发生的下列支出，不能在所得税前扣除的是（　　）。

A．合同违约金

B．所得税税款

C．工商行政机关的罚款

D．广告性的赞助支出

7．下列固定资产中，计征企业所得税时，不允许计提折旧的有（　　）。

A．房屋、建筑物以外未投入使用的固定资产

B．以融资租赁方式租出的固定资产

C．单独估价作为固定资产入账的土地

D．与经营活动无关的固定资产

8．下列项目中，将形成暂时性差异曲有（　　）。

A．资产的账面价值与其计税基础之间的差额

B．负债的账面价值与其计税基础之间的差额

C．资产的账面价值与负债账面价值之间的差额

D．资产的计税基础与负债计税基础之间的差额

9．企业进行所得税核算时，应设置的账户有（　　）。

A．所得税费用　　B．递延所得税负债

C．递延税款　　D．递延所得税资产

10．采用资产负债表债务法核算所得税时，影响当期所得税费用的因素有（　　）。

A．本期应交的所得税　　B．递延所得税

C．递延所得税资产的当期发生额　　D．递延所得税负债的当期发生额

三、计算题

1．2009 年度，某国有企业实现会计利润 35 万元，当年财务费用累计发生额 80 万元，其中因扩建厂房向银行贷款而发生利息支出 30 万元，扩建厂房工程年底尚未完工。若无其他纳税调整事项，分析计算该企业 2009 年度的应纳税所得额和应纳企业所得税。

2．甲企业 2009 年取得产品销售收入 2000 万元，会计利润总额为 500 万元，会计师事务所经查账核实发现以下几项支出有问题：

（1）2008 年 1 月 1 日，甲企业向关联方借款 3000 万元，借款期限为 6 个月，发生借款利息支出 120 万元，全部计入财务费用，银行同期贷款利率 4%。

（2）业务招待费 19 万元，计入管理费用。

（3）缴纳税收滞纳金 20 万元，计入营业外支出。

要求：计算该企业 2008 年度应缴纳的所得税。

3．某厂有职工 400 人，固定资产原值为 600 万元，其中：机器设备为 400 万元，生产用房 150 万元，非生产用房 50 万元。2008 年度企业会计报表的有关资料如下：

（1）企业的产品销售收入为 900 万元；

（2）企业的利润总额为 300 万元，其中：销售利润 270 万元，国库券的利息收入 30 万元；

（3）业务招待费 6 万元；

（4）本期被环保部门罚款 10 万元；

（5）向一企业支付赞助费 5 万元；

（6）企业对 600 万元的固定资产一律按 10%折旧率计提了折旧。税法允许的折旧率是机器设备 8%，生产用房 5%，非生产用房 4%；企业已按实现利润 300 万元计算缴纳了 75 万元企业所得税。

根据上述所给的资料调整应纳税所得额，并计算出应补或应退所得税额。

4．某机械制造企业 2009 年主营业务收入 3000 万元，主营业务成本 1500 万元，营业税金及附加 12 万元，销售费用 200 万元（含广告费 100 万元），管理费用 500 万元（含业务招待费 20 万元，办公室房租 36 万元，存货跌价准备 2 万元），投资收益 50 万元（其中国债利息 10 万元，购买上市公司债券取得利息收入 40 万元），营业外支出 10.5 万元，是违反购销合同支付给供货方的违约金。

其他补充资料：（1）当年 9 月 1 日起租用办公室，支付 2 年房租 36 万元；（2）企业已预缴税款 120 万元；（3）企业适用企业所得税税率为 25%。

要求：计算该企业 2008 年度应纳税所得额、应纳的所得税额和应补（退）的所得税额。

5．某制造企业，适用企业所得税率 25%，2009 年生产经营情况如下：

（1）主营业务收入 2 600 万元，其他业务收入 600 万元；

（2）主营业务成本 1600 万元，其他业务成本 200 万元，生产成本 800 万元；

（3）应缴纳增值税 80 万元，营业税 14 万元，城市维护建设税和教育费附加 6 万元；

（4）制造费用 700 万元，销售费用 120 万元，财务费用 28 万元，管理费用 260 万元，其中新产品研究开发费用 60 万元，业务招待费 20 万元；

（5）当年交易性金融资产的公允价值变动损失 60 万元；

（6）营业外支出 200 万元。其中，赞助足球队支出 10 万元，向某学校捐款 50 万元，通过市政府向一老年服务机构捐款 140 万元；

（7）公司 1—12 月已预缴所得税 200 万元。

试计算该公司 2009 年的会计利润和应补（退）的企业所得税。

四、综合分析题

1．新航建材公司是查账征收企业所得税的纳税人，纳税人识别号 210104080912765。2008 年全年应纳税所得额 480 万元，2009 年经税务机关同意，每月按 2008 年应纳税所得额的 1 / 12 预缴所得税。（企业所得数税率为 25%）

要求：计算该企业 2009 年 1 月应预缴的企业所得税并编制 1 月份企业所得税月（季）度纳税申报表（A 表）。

2. 甲公司是生产家电的增值税一般纳税人，增值税税率为 17%。注册资本为 10 000 000 元，生产职工年均 1000 人，适用所得税税率 25%，已预缴所得税 680 000 元。2009 年度利润总额为 1 940 000 元，有关纳税的会计资料如下：

（1）2009 年企业会计资料反映的生产经营情况如下：

① 主营业务收入 18 000 000 元。

② 其他业务收入 510 000 元，其中材料销售收入 240 000 元，固定资产出租收入 60 000 元，包装物出租收入 210 000 元。

③ 主营业务成本 13 110 000 元。

④ 其他业务成本 280 000 元，其中材料销售成本 160 000 元，固定资产出租成本 40 000 元，包装物出租成本 80 000 元。

⑤ 营业税金及附加 600 000 元。

⑥ 销售费用 840 000 元，其中广告费和业务宣传费 620 000 元。

⑦ 管理费用 1 710 000 元，其中业务招待费 240 000 元，计提坏账准备 355 000 元（期初无余额）。

⑧ 财务费用 320 000 元，其中有 80 000 元是经批准向职工集资 1 000 000 元的利息支出（同期同类金融机构贷款利率 6%），其余 250 000 元利息均为银行借款利息。

⑨ 投资收益 450 000 元，其中取得国库券利息收入 250 000 元，公司债券利息收入

200 000 元。

⑩ 营业外收入 490 000 元，其中固定资产盘盈 70 000 元，处置固定资产收益 170 000 元，无形资产销售收益 250 000 元。

⑪ 营业外支出 650 000 元，其中处置固定资产损失 70 000 元，违法罚款支出 40 000 元，违反合同罚款 220 000 元，公益性捐赠支出 100 000 元，非公益性捐赠支出 200 000 元，非广告性赞助支出 20 000 元。

（2）其他与所得税有关的资料：

① 视同销售方面：查阅“应付职工薪酬”、“销售费用”、“营业外支出”等账户，发现本年度用于职工福利、广告样本、对外捐赠等方面的本企业甲产品分别为 80 件、10 件和 30 件，每件成本 600 元，每件不含增值税市价 1 000 元，已按税法规定缴纳了增值税（增值税税率 17%，忽略城建税和教育费附加），在财务上未作销售处理（即以成本价和相关税费计入“应付职工薪酬—职工福利”、“销售费用”、“营业外支出”账户）。

② 假设本年按税法规定计算的机器设备的折旧摊销额为 2 800 000 元，会计计提折旧摊销额为 3 120 000 元。

（3）除上述情况外，企业本年没有其他应税收入与可扣除费用。

要求：年终汇算清缴 2008 年企业所得税，计算和编制企业所得税年度纳税申报表及其附表。

第 8 章　个人所得税纳税申报

学习与训练目标

- ◆ 理解个人所得税的概念，了解个人所得税开征的意义
- ◆ 掌握个人所得税的纳税义务人、征税范围、税率
- ◆ 掌握个人所得税计税依据、应纳税额的计算、会计处理、纳税申报表的编制
- ◆ 具备个人所得税应纳税额计算能力
- ◆ 具备个人所得税会计处理能力
- ◆ 具备个人所得税纳税申报能力

8.1　个人所得税概述

8.1.1　个人所得税的含义

个人所得税是对我国居民的境内、境外各项应税所得，以及非居民的境内各项应税所得征收的一种税。

个人所得税是世界各国普遍征收的一个税种，尤其发达国家在税收收入中占有的比例较大，是所得税中的主体税种。我国个人所得税法规定：在中国境内有住所，或者无住所而在境内居住满一年的个人，从中国境内和境外取得的所得，依照本法规定缴纳个人所得税。在中国境内无住所又不居住或者无住所而在境内居住不满一年的个人，从中国境内取得的所得，依照本法规定缴纳个人所得税。

个人所得税的开征，对发挥税收经济杠杆的作用，适当调节各社会成员间的收入水平，推进经济改革的深入发展，保障社会安定团结具有重要的意义。

8.1.2　征税范围

个人所得税的征税范围是对个人取得的各项所得。《中华人民共和国个人所得税法》列举了征税的个人所得共有 11 项。

1. 工资、薪金所得

工资、薪金所得，是指个人因任职或者受雇而取得的工资、薪金、奖金、年终加薪、劳动分红、津贴、补贴以及与任职或者受雇有关的其他所得。

个人工资、薪金所得应予征税的具体项目如下。

（1）奖金、年终加薪、劳动分红、津贴、补贴。

（2）“内退”工资和一次性收入。

（3）不符合规定的退职费收入。

（4）超过标准的经济补偿金。

（5）超过标准的公务用车、通讯补贴收入。

（6）以现金形式发给个人的住房补贴、医疗补助费。

（7）补充养老基金。

（8）超出规定计提的福利费、工会经费支付给个人的各项补贴、补助和从福利费、工会经费中支付的人人有份的补贴、补助。

（9）自 2004 年 1 月 20 日起，企业和单位对营销业绩突出的雇员以各种名义组织旅游、实施奖励，发生的费用金额并入营销人员当期工资、薪金所得征税。

2. 个体工商户的生产、经营所得

根据个人所得税法实施条例，个体工商户的生产、经营所得包括以下几方面内容：

（1）个体工商户从事工业、手工业、建筑业、交通运输业、商业、饮食业、服务业、修理业以及其他行业生产、经营取得的所得；

（2）个人经政府有关部门批准，取得执照，从事办学、医疗、咨询以及其他有偿服务活动取得的所得；

（3）其他个人从事个体工商业生产、经营取得的所得；

（4）上述个体工商户和个人取得的与生产、经营有关的各项应纳税所得。

另外，根据有关规定，对于个人独资企业、合伙企业的投资者，独资、合伙性质的私营企业的投资者，合伙制律师事务所的投资者，负无限责任和无限连带责任的其他个人独资、个人合伙性质的机构或组织的投资者，所取得的生产经营所得，参照个体工商户的生产、经营所得项目征税。

3. 对企事业单位的承包经营、承租经营所得

对企事业单位的承包经营、承租经营所得，是指个人承包经营、承租经营以及转包、转租取得的所得，包括个人按月或者按次取得的工资、薪金性质的所得。

应注意的是对企事业单位的承包经营、承租经营因在工商登记的不同，其征税项目会发生改变。

（1）个人对企事业单位的承包经营、承租经营后，工商登记改变为个体工商户的，应按个体工商户的生产、经营所得项目征收个人所得税。

（2）个人对企事业单位的承包经营、承租经营后，工商登记仍为企业的，这类承包、承租经营所得，均应先按照企业所得税的有关规定缴纳企业所得税。然后按照承包、承租经营者根据合同规定取得的所得，依据个人所得税法的有关规定缴纳个人所得税。具体为两种情况：

① 承包、承租人对企业经营成果不拥有所有权，仅按合同（协议）规定取得一定所得的，应按工资、薪金所得项目征收个人所得税。

② 承包、承租人按合同（协议）只向发包方、出租人缴纳一定的费用，缴纳承包、承租费后的企业的经营成果归承包、承租人所有的，其取得的所得按照企事业单位的承包经营、承租经营所得项目征收个人所得税。

此外，外商投资企业采取发包、出租经营且经营人为个人的，对经营人从外商投资企业分享的收益或取得的所得，应按照企事业单位的承包经营、承租经营所得项目征收个人所得税。

4. 劳务报酬所得

劳务报酬所得，是指个人从事设计、装潢、安装、制图、化验、测试、医疗、法律、会计、咨询、讲学、新闻、广播、翻译、审稿、书画、雕刻、影视、录音、录像、演出、表演、广告、展览、技术服务、介绍服务、经纪服务、代办服务以及其他劳务取得的所得。

劳务报酬所得共规定了29个所得项目。个人担任董事职务所取得的董事费收入，按劳务报酬所得项目征税。

注意区分劳务报酬所得和工资、薪金所得、个体工商户的生产、经营所得。是否存在雇用与被雇用关系，是判断一种收入是属于劳务报酬所得，还是属于工资、薪金所得的重要标准。属于劳务报酬的各项所得一般都是个人独立从事自由职业取得的所得，如教师以个人名义组织培训班取得的办班收入，属于劳务报酬的范围。如果教师从学校领取工资，就属于工资、薪金项目，而不属于劳务报酬项目所得，这里存在着雇用与被雇用关系。

5. 稿酬所得

稿酬所得，是指个人因其作品以图书、报刊形式出版、发表而取得的所得。这里所说的作品，包括文学作品、书画作品、摄影作品以及其他作品。

6. 特许权使用费所得

特许权使用费所得，是指个人提供专利权、商标权、著作权、非专利技术以及其他特许权的使用权取得的所得；提供著作权的使用权取得的所得，不包括稿酬所得。

7. 利息、股息、红利所得

利息、股息、红利所得，是指个人拥有债权、股权而取得的利息、股息、红利所得。其中，利息一般是指存款、贷款和债券的利息；股息是指个人拥有股权取得的股息、红利。按照一定比例派发的每股息金，称为股息；根据公司、企业应分配的超过股息部分的利润，按股派发的部分，称为红利。个人取得的利息、股息、红利所得均应按利息、股息、红利所得项目征税。

8. 财产租赁所得

财产租赁所得，是指个人出租建筑物、土地使用权、机器设备、车船以及其他财产取得的所得。

个人取得的财产转租收入，属于财产租赁所得的征税范围。在确定纳税义务人时，应以产权凭证为依据。

9. 财产转让所得

财产转让所得，是指个人转让有价证券、股权、建筑物、土地使用权、机器设备、车船以及其他财产取得的所得。对股票转让所得暂不征收个人所得税。

10. 偶然所得

偶然所得，是指个人得奖、中奖、中彩以及其他偶然性质的所得。其中，得奖是指参加各种有奖竞赛活动取得名次获得的奖金；中奖、中彩是指参加各种有奖活动，如有奖销售、有奖储蓄或者购买彩票，经过规定程序，抽中、摇中号码而取得的奖金。

11. 其他所得

经国务院财政部门确定征税的其他所得。

个人取得的所得，难以界定应纳税所得项目的，由主管税务机关确定。

8.1.3 纳税义务人与扣缴义务人

1. 纳税义务人

我国个人所得税的纳税义务人，依据住所和居住时间两个标准，区分为居民和非居民，分别承担不同的纳税义务。

（1）居民纳税义务人。

① 居民纳税义务人的理解及纳税义务的一般性规定。

居民纳税义务人是指在中国境内有住所，或者无住所而在境内居住满一年的个人。

“中国境内有住所”是指因户籍、家庭、经济利益关系而在中国境内习惯性居住的个人。采用这一标准，就把中、外籍人员，以及把港、澳、台同胞与在境内（不含港、澳、台地区）居住的中国公民区别开来。所谓习惯性居住，是在税收上判断居民和非居民的一个法律意义上的标准，不是指实际居住。如个人因学习、工作、探亲等在中国境外居住的，当其在境外居住的原因消除之后，必须回到中国境内居住。那么，即使该人并未居住在中国境内，仍判定其为在中国习惯性居住。

“境内居住满一年”，是指在一个纳税年度中在中国境内居住 365 日。临时离境的，不扣减日数。所谓临时离境，是指在一个纳税年度中一次不超过 30 日或者多次累计不超过 90 日的离境。

在中国境内有住所，或者无住所而在境内居住满一年的个人，其承担的纳税义务是对从中国境内和境外取得的各项所得，依照个人所得税法规定缴纳个人所得税。

② 居民纳税义务人纳税义务的特殊规定。

在中国境内无住所，但是居住一年以上五年以下的个人，就其在中国境内工作期间取得的由中国境内企业或个人雇主支付的和由中国境外企业或个人雇主支付的工资、薪金所得，缴纳个人所得税。其来源于中国境外的所得，经主管税务机关批准，可以只就由中国境内公司、企业以及其他经济组织或者个人支付的部分缴纳个人所得税。上述个人在居住期间临时离境的，在临时离境工作期间的工资、薪金所得，仅就中国境内企业或个人雇主支付的部分纳税。

居住超过五年的个人，从第六年起，应当就其来源于中国境外的全部所得缴纳个人所得税。

（2）非居民纳税义务人。

非居民纳税义务人是指在中国境内无住所又不居住或者无住所而在境内居住不满一年的个人。

非居民纳税义务人负有限纳税义务，仅就其从中国境内取得的所得，依照个人所得税法规定缴纳个人所得税。

在中国境内无住所，但是在一个纳税年度中在中国境内连续或者累计居住不超过 90 日的个人，其来源于中国境内的所得，由境外雇主支付并且不由该雇主在中国境内的机构、场所负担的部分，免予缴纳个人所得税。

2. 扣缴义务人

税法规定，以支付所得的单位或者个人为扣缴义务人。扣缴义务人在向纳税人支付各项应纳税所得（个体工商户的生产、经营所得除外）时，必须履行代扣代缴税款的义务。

8.2 应纳个人所得税税额的计算

8.2.1 个人所得税的计税依据

个人所得税的计税依据为个人取得的各项应税收入减去规定扣除项目或金额后的余额，即应纳税所得额。

个人所得的形式，包括现金、实物、有价证券和其他形式的经济利益。

1. 个人所得项目的扣除标准

（1）工资、薪金所得应纳税所得额的确定。

① 一般性规定。工资、薪金所得，以每月收入额减除费用 2 000 元后的余额，为应纳税所得额。对在中国境内无住所而在中国境内取得工资、薪金所得的纳税义务人和在中国境内有住所而在中国境外取得工资、薪金所得的纳税义务人，可以根据其平均收入水平、生活水平以及汇率变化情况确定附加减除费用 2 800 元。其个人应纳税所得额的计算公式为：

应纳税所得额＝月工资、薪金收入－2 000－2 800

公式中的 2 800 元为附加减除费用，其适用的范围是：

- 在中国境内的外商投资企业和外国企业中工作的外籍人员；
- 应聘在中国境内的企业、事业单位、社会团体、国家机关中工作的外籍专家；
- 在中国境内有住所而在中国境外任职或者受雇取得工资、薪金所得的个人；
- 国务院财政、税务主管部门确定的其他人员。

另外，附加减除费用也适用于华侨和香港、澳门、台湾同胞。

② 特殊性规定。

- 个人取得全年一次性奖金的费用扣除。

全年一次性奖金是指行政机关、企事业单位等扣缴义务人根据其全年经济效益和对雇员全年工作业绩的综合考核情况，向雇员发放的一次性奖金。一次性奖金也包括年终加薪、实行年薪制和绩效工资办法的单位根据考核情况兑现的年薪和绩效工资。

按规定，纳税人取得全年一次性奖金，单独作为一个月工资、薪金所得计算纳税。但在计征时，因不同情况，适用税率和速算扣除数确定方法不一样，费用扣除也不同。

一是：如果当月工资薪金所得高于（或等于）税法规定的费用扣除额的，将雇员当月内取得的全年一次性奖金，除以 12 个月，按其商数确定适用税率和速算扣除数。这里没有费用扣除。适用的公式为：

应纳税额＝当月取得全年一次性奖金×适用税率－速算扣除数

二是：如果在发放一次性奖金的当月，雇员工资薪金所得低于税法规定的费用扣除额，还应将全年一次性奖金减除“雇员当月工资薪金所得与费用扣除额的差额”后的余额，按上述办法确定全年一次性奖金的适用税率和速算扣除数。这里费用扣除额为当月工资薪金所得与费用扣除额的差额。适用公式为：

应纳税额＝（当月取得全年一次性奖金－当月工资薪金所得与费用扣除额的差额）×适用税率－速算扣除数

应注意的是：在一个纳税年度里，对每一个纳税人，该计算办法只允许采用一次。同时，雇员取得除全年一次性奖金以外的其他各种名目奖金，如半年奖、季度奖、加班奖、先进奖、考勤奖等，一律与当月工资、薪金合并，按税法规定缴纳个人所得税。

- 特定行业职工的工资、薪金所得应纳的税款，对于采掘业、远洋运输业、远洋捕捞业以及国务院财政、税务主管部门确定的其他行业，其职工取得的工资、薪金所得应纳的税款采取按年计算、分月预缴的计征方式，即按月预缴，在年度终了之日起 30 日内，合计其全年工资、薪金所得，再按 12 个月平均并计算实际应纳的税款，多退少补。其应纳个人所得税额的计算公式为：

年应纳个人所得税额＝[（全年工资、薪金收入/12－费用扣除标准）×税率－速算扣除数]×12

（2）个体工商户的生产、经营所得应纳税所得额的确定。

个体工商户的生产、经营所得，以每一纳税年度的收入总额，减除成本、费用以及损失后的余额，为应纳税所得额。

应纳税所得额＝收入总额－（成本＋费用＋损失）

成本、费用，指个体户从事生产、经营所发生的各项直接支出和分配计入成本的间接费用以及销售费用、管理费用、财务费用；损失，指个体户在生产、经营过程中发生的各项营业外支出。

从事生产、经营的纳税人未提供完整、准确的纳税资料，不能正确计算应纳税所得额的，由主管税务机关核定其应纳税所得额。

（3）对企业、事业单位的承包、承租经营所得应纳税所得额的确定。

对企事业单位的承包经营、承租经营所得，以每一纳税年度的收入总额，减除必要费用后的余额，为应纳税所得额。其中，每纳税年度的收入总额，是指纳税义务人按照承包经营、承租经营合同规定分得的经营利润和工资、薪金性质的所得；必要费用，是指按月减除2 000元。

应纳税所得额＝年度个人承包、承租经营收入总额－2 000×12

（4）劳务报酬所得、稿酬所得、特许权使用费所得、财产租赁所得应纳税所得额的确定。

每次收入不超过4 000的，减除费用800元，其计算公式为：

应纳税所得额＝每次收入额－800

每次收入在4 000以上的，减除20%的费用，其余额为应纳税所得额，其计算公式为：

应纳税所得额＝每次收入额×（1－20%）

对于财产租赁所得在使用一般规定的基础上，并设计了特殊规定，即在确定财产租赁的应纳税所得额时，纳税人在出租财产过程中缴纳的税金和教育费附加，可持完税凭证，从其财产租赁收入中扣除。另外，也允许扣除能提供有效准确凭证，证明由纳税人负担的该出租财产实际开支的修缮费用，每次800元为限（财产租赁所得以一个月为一次）。一次扣不完的，准予在下一次继续扣除，直到扣完为止。这样，财产租赁所得应纳税所得额的公式就变为：

每次收入在4 000以内的财产租赁所得应纳税所得额的计算公式为：

应纳税所得额＝每次收入额－准予扣除的税、费－修缮费用（800元为限）－800

每次收入在4 000以上的财产租赁所得应纳税所得额的计算公式为：

应纳税所得额＝[每次收入额－准予扣除的税、费－修缮费用（800元为限）]
×（1－20%）

（5）财产转让所得应纳税所得额的确定。

财产转让所得以转让财产的收入额减除财产原值和合理费用后的余额，为应纳税所得额。其公式为：

应纳税所得额＝每次收入额－（财产原值＋合理费用）

上述财产原值是指：

① 有价证券，为买入价以及买入时按照规定交纳的有关费用；

② 建筑物，为建造费或者购进价格以及其他有关费用；

③ 土地使用权，为取得土地使用权所支付的金额、开发土地的费用以及其他有关费用；

④ 仪器设备、车船，为购进价格、运输费、安装费以及其他有关费用；

⑤ 其他财产，参照以上方法确定。

纳税义务人未提供完整、准确的财产原值凭证，不能正确计算财产原值的，由主管税务机关核定其财产原值。

合理费用，是指卖出财产时按照规定支付的有关费用。

（6）利息、股息、红利所得，偶然所得和其他所得应纳税所得额的确定。

利息、股息、红利所得，偶然所得和其他所得，以每次收入额为应纳税所得额。其公式为：

应纳税所得额＝每次收入额

个人所得税应纳税所得额确定除了上述的规定外，税法还规定了个人将其所得对教育事业和其他公益事业捐赠纳税扣除办法，该办法是个人将其所得通过中国境内的社会团体、国家机关向教育和其他社会公益事业以及遭受严重自然灾害地区、贫困地区的捐赠。捐赠额未超过纳税义务人申报的应纳税所得额30%的部分，可以从其应纳税所得额中扣除。

2. 每次收入的确定

确定个人所得税应纳税所得额时，有些项目是以每次收入为计算依据的，这些项目包括：劳务报酬所得，稿酬所得，特许权使用费所得，财产租赁所得，利息、股息、红利所得，偶然所得等。准确确定各项目的每次收入是计算其应纳税额的关键。上述项目每次收入的确定方法如下。

（1）劳务报酬所得，属于一次性收入的，以取得该项收入为一次；属于同一项目连续性收入的，以一个月内取得的收入为一次。

（2）稿酬所得，以每次出版、发表取得的收入为一次。在实际生活中，稿酬支付或取得形式是多种多样的，比较复杂。因此，国家税务总局另有规定如下：

① 个人每次以图书、报刊方式出版、发表同一作品，不论出版单位是预付还是分笔支付稿费，或者加印该作品后再付稿费，均应合并一次征税；

② 个人的同一作品在报刊上连载，应以连载完成后取得的所有收入合并为一次征税；

③ 在两处或两处以上出版、发表或再版同一作品而取得的稿酬，则可以分别各处取得的所得或再版所得分次征税。

（3）特许权使用费所得，以一项特许权的一次许可使用所取得的收入为一次。

（4）财产租赁所得，以一个月内取得的收入为一次。

（5）利息、股息、红利所得，以支付利息、股息、红利时取得的收入为一次。

（6）偶然所得，以每次取得该项收入为一次。

8.2.2 个人所得税的税率

分别个人所得项目不同，个人所得税税率实行超额累进税率与比例税率两种形式。

1. 工资、薪金所得的税率

工资、薪金所得适用 5%—45%的九级超额累进税率，具体见表 8-1。

表 8-1　工资、薪金所得适用税率表

级数	全月应纳税所得额（含税级距）	全月应纳税所得额（不含税级距）	税率（%）	速算扣除数（元）
1	不超过 500 元的部分	不超过 475 元的部分	5	0
2	超过 500 元至 2 000 元的部分	超过 475 元至 1 825 元的部分	10	25
3	超过 2 000 元至 5 000 元的部分	超过 1 825 至 4 375 元的部分	15	125
4	超过 5 000 元至 20 000 元的部分	超过 4 375 至 16 375 元的部分	20	375
5	超过 20 000 元至 40 000 元的部分	超过 16 375 至 31 375 元的部分	25	1 375
6	超过 40 000 元至 60 000 元的部分	超过 31 375 元至 45 375 元的部分	30	3 375
7	超过 60 000 元至 80 000 元的部分	超过 45 375 元至 58 375 元的部分	35	6 375
8	超过 80 000 元至 100 000 元的部分	超过 58 375 元至 70 375 元的部分	40	10 375
9	超过 100 000 元的部分	超过 70 375 元的部分	45	15 375

2. 个体工商户的生产、经营所得和对企事业单位的承包经营、承租经营所得的税率

个体工商户的生产、经营所得和对企事业单位的承包经营、承租经营所得，适用 5%—35%的五级超额累进税率。具体见表 8-2。

表 8-2　个体工商户的生产、经营所得和对企事业单位的承包经营、承租经营所得适用税率表

级数	全年应纳税所得额（含税级距）	全年应纳税所得额（不含税级距）	税率（%）	速算扣除数（元）
1	不超过 5 000 元的部分	不超过 4 750 元的部分	5	0
2	超过 5 000 元至 10 000 元的部分	超过 4 750 元至 9 250 元的部分	10	250
3	超过 10 000 元至 30 000 元的部分	超过 9 250 元至 25 250 元的部分	20	1 250
4	超过 30 000 元至 50 000 元的部分	超过 25 250 元至 39 250 元的部分	30	4 250
5	超过 50 000 元的部分	超过 39 250 元的部分	35	6 750

3. 稿酬所得的税率

稿酬所得适用比例税率，为 20%，并按应纳税额减征 30%。

4. 劳务报酬所得的税率

劳务报酬所得适用比例税率，为 20%。对劳务报酬所得一次收入畸高的，可以实行加

成征收。

所谓劳务报酬所得一次收入畸高，是指个人一次取得劳务报酬，其应纳税所得额超过20 000元。劳务报酬所得加成征税采取超额累进的办法，应纳税所得额超过20 000元至50 000元的部分，依照税法规定计算应纳税额后再按照应纳税额加征五成，超过50 000元的部分，加征十成。这实际上等于对应纳税所得额超过20 000元和50 000元的部分分别适用30%和40%的税率。具体见表8-3。

表8-3 劳务报酬所得适用税率表

级数	每次应纳税所得额（含税级距）	每次应纳税所得额（不含税级距）	税率（%）	速算扣除数（元）
1	不超过20 000元的部分	不超过16 000元的部分	20	0
2	超过20 000元至50 000元的部分	超过16 000元至37 000元的部分	30	2 000
3	超过50 000元的部分	超过37 000元的部分	40	7 000

5. 其他各项所得的税率

特许权使用费所得，利息、股息、红利所得，财产租赁所得，财产转让所得，偶然所得和其他所得，适用比例税率，税率为20%。

8.2.3 个人所得税应纳税额的计算

1. 个人所得税应纳税额的一般计算方法

（1）适用超额累进税率应纳税额的计算公式。

应纳税额＝应纳税所得额×适用税率－速算扣除数

此方法适用于工资、薪金所得，个体工商户的生产、经营所得，个人独资企业和合伙企业投资者的生产、经营所得，对企事业单位的承包经营、承租经营所得，劳务报酬所得等。

（2）适用比例税率应纳税额的计算公式。

应纳税额＝应纳税所得额×适用税率

此方法适用于稿酬所得，特许权使用费所得，利息、股息、红利所得，财产租赁所得，财产转让所得，偶然所得和其他所得。

2. 各项所得应纳税额的计算

（1）工资、薪金所得应纳税额的计算。

工资、薪金所得应纳税额的计算公式为：

应纳税额＝应纳税所得额×适用税率－速算扣除数

＝（月工资、薪金收入－2 000－2 800）×适用税率－速算扣除数

公式中的 2 800 元为附加减除费用，适用于特定范围。

【例 8-1】 某教授为中国居民，其当月工资收入为 4 600 元。要求计算应纳税额。

应纳税所得额＝4 600－2 000＝2 600（元）

应纳税额＝2 600×15%－125＝265（元）

【例 8-2】 在上海一外商投资企业中工作的美国专家（假设为居民纳税义务人），某月由该企业发放的工资收入 20 000 元。要求计算应纳税额。

应纳税所得额＝20 000－2 000－2 800＝15 200（元）

应纳税额＝15 200×20%－375＝2 665（元）

（2）个体工商户的生产、经营所得应纳税额的计算。

个体工商户的生产、经营所得应纳税额的计算公式为：

应纳税额＝应纳税所得额×适用税率－速算扣除数

＝（全年收入总额－成本、费用、损失）×适用税率－速算扣除数

【例 8-3】 某工商户 2007 年度取得的收入 540 000 元，成本费用及损失等为 330 000 元，每月预缴 3 000 元。要求计算 2007 年度应纳税额和年终应补缴税额。

应纳税所得额＝540 000－330 000＝210 000（元）

应纳税额＝210 000×35%－6 750＝66 750（元）

应补税额＝66 750－3 000×12＝30 750（元）

（3）对企业、事业单位的承包、承租经营所得应纳税额的计算。

对企事业单位的承包经营、承租经营所得应纳税额的计算公式为：

应纳税额＝应纳税所得额×适用税率－速算扣除数

＝（年度个人承包、承租经营收入总额－2 000×12）

×适用税率－速算扣除数

【例 8-4】 2007 年 1 月 1 日，某个人与事业单位签订承包合同经营招待所，承包期为 3 年。2007 年招待所实现承包经营利润 95 000 元，按合同规定承包人每年应从承包经营利润中上交承包费 30 000 元。要求计算承包人 2007 年应纳个人所得税税额。

年应纳税所得额＝95 000－30 000－2 000×12＝41 000（元）

应纳税额＝41 000×30%－4 250＝8 050（元）

（4）劳务报酬所得应纳税额的计算。

① 每次收入不超过 4 000 元的劳务报酬所得应纳税额的计算公式为：

应纳税额＝应纳税所得额×适用税率

＝（每次收入额－800）×20%

② 每次收入在 4 000 元以上但不足 20 000 元的劳务报酬所得应纳税所得额计算公式为：

应纳税额＝应纳税所得额×适用税率

＝每次收入额×（1－20%）×20%

③ 每次收入的应纳税所得额超过 20 000 元的劳务报酬所得应纳税所得额计算公式为：

应纳税额＝应纳税所得额×适用税率－速算扣除数

＝每次收入额×（1－20%）×适用税率－速算扣除数

【例 8-5】 某技术员 2007 年 6 月份取得一次劳动报酬 3 000 元。要求计算应纳个人所得税税额。

应纳税额＝（3 000－800）×20%＝440（元）

【例 8-6】 某歌星 2007 年 3 月一次表演取得收入 40 000 元。要求计算应纳个人所得税税额。

应纳税额＝40 000×（1－20%）×30%－2 000＝7 600（元）

（5）稿酬所得应纳税额的计算。

① 每次收入不超过 4 000 元的稿酬所得应纳税额的计算公式为：

应纳税额＝应纳税所得额×适用税率×（1－30%）

＝（每次收入额－800）×20%×（1－30%）

② 每次收入在 4 000 元以上的稿酬所得应纳税额的计算公式为：

应纳税额＝应纳税所得额×适用税率×（1－30%）

＝每次收入额×（1－20%）×20%×（1－30%）

【例 8-7】 某作家一次取得稿酬 30 000 元。要求计算应纳个人所得税税额。

应纳税额＝30 000×（1－20%）×20%×（1－30%）＝3 360（元）

【例 8-8】 某作家 2007 年当年收入如下：

① 4 月份小说 A 出版时，获得稿酬 7 000 元；后该书 10 月份加印，获得稿酬 10 000 元。

② 小说 A 又在某月刊杂志上连载 8 个月，杂志社分两次支付稿酬，每次 2 200 元。

③ 10 月份对他人作品审稿，取得收入 3 000 元。

④ 11 月份与他人合写的报告文学 B 发表，共得稿酬 4 000 元，分给合作者 1 500 元。

⑤ 以前发表的作品获得省政府颁发的文学创作奖 6 000 元。

⑥ 12 月份 A 小说再版，取得收入 5 000 元。

要求计算该作家上述所得应纳的个人所得税。

有关计算如下：

① 出版 A 小说所得应纳税额：

应纳税额＝7 000×（1－20%）×20%×（1－30%）＝784（元）；

加印 A 所得应补税额＝（7 000＋10 000）×（1－20%）×20%×（1－30%）－784
＝1 120（元）

② 杂志上连载 A 所得应纳税款：

应纳税额＝（2 200＋2 200）×（1－20%）×20%×（1－30%）＝492.8（元）

③ 审稿收入为劳务报酬所得，应纳税额：

应纳税额＝（3 000－800）×20%＝440（元）

④ 与他人合作取得的稿酬应纳税额：

应纳税额＝（4 000－1 500－800）×20%×（1－30%）＝238（元）

⑤ 省政府颁发的创作文学奖免征个人所得税。

⑥ 12 月份 A 小说再版应纳税额：

应纳税额＝5 000×（1－20%）×20%×（1－30%）＝560（元）

（6）特许权使用费所得应纳税额的计算。

① 每次收入不超过 4 000 元的特许权使用费所得应纳税额的计算公式为：

应纳税额＝应纳税所得额×适用税率
＝（每次收入额－800）×20%

② 每次收入在 4 000 元以上的特许权使用费所得应纳税额的计算公式为：

应纳税额＝应纳税所得额×适用税率
＝每次收入额×（1－20%）×20%

【例 8-9】 某专利权人一次取得特许权使用费 50 000 元。要求计算应纳个人所得税税额。

应纳税额＝50 000×（1－20%）×20%＝8 000（元）

（7）利息、股息、红利所得，偶然所得和其他所得应纳税额的计算。

利息、股息、红利所得，偶然所得和其他所得应纳税额的计算公式为：

应纳税额＝应纳税所得额×适用税率
＝每次收入额×20%

【例 8-10】 某居民 2007 年年底取得年终股息、红利 100 000 元。要求计算应纳个人所得税税额。

应纳税额＝100 000×20%＝20 000（元）

（8）财产租赁所得应纳税额的计算。

① 每次收入不超过 4 000 元的财产租赁所得应纳税额的计算公式为：

应纳税额＝应纳税所得额×适用税率

＝[每次收入额－准予扣除的税、费－修缮费用（800 元为限）－800]×20%

② 每次收入在 4 000 元以上的财产租赁所得应纳税额的计算公式为：

应纳税额＝应纳税所得额×适用税率

＝[每次（月）收入额－准予扣除的税、费－修缮费用（800 元为限）]×（1－20%）×20%

【例 8-11】 某居民出租自由运输车辆，租期 1 年。每月租金收入 4 500 元。每月缴纳的可以提供完税凭证的有关税费为 248 元，5 月份发生修缮费用 2 000 元。要求计算全年应纳税所得额和应纳税额。

1～4 月每月应纳税所得额＝（4 500－248）×（1－20%）＝3 401.6（元）

5～6 月每月应纳税所得额＝（4 500－248－800）×（1－20%）＝2 761.6（元）

7 月应纳税所得额＝（4 500－248－400）×（1－20%）＝3 081.6（元）

8～12 月每月应纳税所得额＝（4 500－248）×（1－20%）＝3 401.6（元）

全年应纳税所得额＝3 401.6×4＋2 761.6×2＋3 081.6＋3 401.6×5＝39 219.2（元）

应纳个人所得税税额＝39 219.2×20%＝7 843.84（元）

（9）财产转让所得应纳税额的计算。

财产转让所得应纳税额的计算公式为：

应纳税额＝应纳税所得额×适用税率

＝[每次收入额－（财产原值＋合理费用）]×20%

【例 8-12】 某居民转让一处自由房产，购进价格及有关费用 280 000 元，转让收入 500 000 元，转让过程中缴纳的有关税费 30 000 元，为了交易成功而发生的交通费、电话费等共 300 元。要求计算转让房产个人应纳税所得额和应纳税额。

应纳税所得额＝500 000－280 000－30 000－300＝189 700（元）

应纳税额＝189 700×20%＝37 940（元）

（10）特殊计税方法。

① 纳税人捐赠款的税务处理。

税法规定，个人将其所得对教育事业和其他公益事业的捐赠，捐赠额未超过纳税义务人申报的应纳税所得额 30%的部分，可以从其应纳税所得额中扣除。

个人将其所得对教育事业和其他公益事业的捐赠，是指个人将其所得通过中国境内的社会团体、国家机关向教育和其他社会公益事业以及遭受严重自然灾害地区、贫困地区的捐赠。

【例 8-13】 某人参加商场的有奖销售活动，中奖所得共计价值 18 000 元。当领奖时，商场要求其支付个人所得税后方可领奖，该人拿出现金 3 000 元通过民政局捐赠给敬老院。要求计算应代扣代缴的个人所得税税额。

可扣除的捐赠额为 3 000 元，因为 3 000 元小于 5 400 元（18 000×30%）

应纳税所得额＝18 000－3 000＝15 000（元）

应纳税额＝15 000×20%＝3 000（元）

② 纳税人从中国境外取得所得的税务处理。

税法规定，纳税义务人从中国境外取得的所得，准予其在应纳税额中扣除已在境外缴纳的个人所得税税额。但扣除额不得超过该纳税义务人境外所得依照本法规定计算的应纳税额。

已在境外缴纳的个人所得税税额，是指纳税义务人从中国境外取得的所得，依照该所得来源国家或者地区的法律应当缴纳并且实际已经缴纳的税额。

税法规定计算的应纳税额，是指纳税义务人从中国境外取得的所得，区别不同国家或者地区和不同所得项目，依照税法规定的费用减除标准和适用税率计算的应纳税额；同一国家或者地区内不同所得项目的应纳税额之和，为该国家或者地区的扣除限额。

纳税义务人在中国境外一个国家或者地区实际已经缴纳的个人所得税税额，低于依照上述规定计算出的该国家或者地区扣除限额的，应当在中国缴纳差额部分的税款；超过该国家或者地区扣除限额的，其超过部分不得在本纳税年度的应纳税额中扣除，但是可以在以后纳税年度的该国家或者地区扣除限额的余额中补扣。补扣期限最长不得超过五年。

【例 8-14】 某中国居民 2007 年在 A 国取得劳务报酬收入折合人民币为 120 000 元，已按该国税法缴纳个人所得税折合人民币为 18 000 元；在 B 国取得特许权使用费收入折合人民币 15 000 元，已按该国规定缴纳个人所得税折合人民币 3 000 元。要求计算该纳税人境外所得已纳税额的扣除限额，以及应向中国补缴的税款。

自 A 国取得劳务报酬所得的扣除限额＝120 000×（1－20%）×40%－7 000＝31 400（元）

自 B 国取得特许权使用费所得的扣除限额＝15 000×（1－20%）×20%＝2 400（元）

纳税人从 A 国取得劳务报酬所得已纳税款 18 000 元低于扣除限额 31 400 元，允许全部抵扣，并应补缴差额税款 13 400 元（31 400－18 000）。

纳税人从 B 国取得特许权使用费所得已纳税款 3 000 元，比扣除限额 2 400 元高 600 元。这 600 元不得在本纳税年度的应纳税额中扣除，但是可以在以后五个纳税年度的该国家或者地区扣除限额中补扣。

8.2.4 个人所得税的会计处理

1. 支付工资、薪金所得代扣代缴所得税的会计处理

企业作为个人所得税的扣缴义务人，应按规定扣缴职工应缴纳的个人所得税。代扣时，借记“应付职工薪酬”账户，贷记“应交税费——应交个人所得税”账户。企业为职工代扣代缴个人所得税有两种情况：一是职工自己承担个人所得税，企业只负有扣缴义务；二是企业既承担税款，又负有扣缴义务。

【例 8-15】 M 企业为王某、张某每月各发工资 3 800 元。但合同约定，王某自己承担个人所得税；张某个人所得税由该企业承担，即张某收入 3 800 元为税后所得。要求计算应代扣代缴的个人所得税并编制会计分录。

（1）为王某扣缴个人所得税时：

王某应纳个人所得税＝（3 800－2 000）×10%－25＝155（元）

发放工资时作会计分录如下：

借：应付职工薪酬　　3 800

　贷：库存现金　　3 645

　　应交税费——应交个人所得税　　155

（2）为张某承担税款时：

由于张某工资为税后所得，需要换算为税前所得，再计算个人所得税。其计算公式如下：

应纳税所得额＝（不含税收入额－费用扣除标准－速算扣除数）÷（1－税率）

应纳个人所得税＝应纳税所得额×适用税率－速算扣除数

企业应为张某承担税款如下：

（3 800－2 000－25）÷（1－10%）×10%－25＝172.22（元）

发放工资时作会计分录如下：

借：应付职工薪酬　　3 972.22

　贷：库存现金　　3 800.00

　　应交税费——应交个人所得税　　172.22

2. 其他各项所得所得税的会计处理

（1）支付劳务报酬、特许权使用费、稿费、财产租赁费、利息、股息、红利代扣代缴个人所得税的会计处理。

企业支付给个人的劳务报酬、特许权使用费、稿费、财产租赁费，一般由支付单位作

为扣缴义务人向纳税人扣缴税款。企业在支付上述费用时，借记“无形资产”、“管理费用”、“财务费用”、“销售费用”、“应付股利”等账户，贷记“应交税费——应交个人所得税”、“库存现金”等账户；实际缴纳时，借记“应交税费——应交个人所得税”账户，贷记“银行存款”账户。

【例 8-16】 李工程师向一家公司提供一项专利使用权，一次取得收入 30 000 元。李工程师应缴纳的个人所得税如下：

应纳税额＝30 000×（1—20%）×20%＝4 800（元）

该公司计提扣缴个人所得税时会计分录如下：

借：无形资产　　30 000

　贷：应交税费——应交个人所得税　　4 800

　　　库存现金　　25 200

该公司实际上交扣缴的所得税时会计分录如下：

借：应交税费——应交个人所得税　　4 800

　贷：银行存款　　4 800

（2）向个人购买财产（财产转让）代扣代缴个人所得税的会计处理。

一般情况下，企业向个人购买财产属于购建企业固定资产项目的，支付的税金应作为企业购建固定资产的价值组成部分。购置固定资产时，借记“固定资产”账户，贷记“库存现金”、“应交税费——应交个人所得税”账户；实际上缴个人所得税时，借记“应交税费——应交个人所得税”账户，贷记“银行存款”账户。

【例 8-17】 向某居民购入一处房产，房产作价 500 000 元，经计算，应代扣代缴个人所得税 37 940 元。购置时的账务处理如下：

借：固定资产　　500 000

　贷：库存现金　　462 060

　　　应交税费——应交个人所得税　　37 940

（3）承包、承租经营所得应缴个人所得税的会计处理。

承包、承租经营有两种情况，个人所得税也分别涉及两个项目，发包、出租方的会计处理不相同。

第一，承包、承租人对企业经营成果不拥有所有权，仅是按合同（协议）规定取得一定所得的，其所得按工资、薪金所得项目征税，适用 5%—45%的九级超额累进税率。

第二，承包、承租人按合同（协议）的规定只向发包、出租方交付一定费用后，企业经营成果归其所有的，承包、承租人取得的所得，按对企事业单位的承包经营、承租经营所得项目，适用5%—35%的五级超额累进税率。

第一种情况的会计处理方法同工薪所得的扣缴所得税会计处理；第二种情况，应由承包、承租人自行申报缴纳个人所得税，发包、出租方不作扣缴所得税的会计处理。

【例8-18】 2007年1月1日杨某与事业单位签订承包合同经营招待所，合同规定承包期为一年，杨某全年上交费用30 000元，年终招待所实现利润75 800元。杨某应纳个人所得税如下：

应纳税所得额＝75 800－30 000－2 000×12＝21 800（元）

应纳税额＝21 800×20%－1 250＝3 110（元）

发包、出租方在收到杨某缴来承包（租）费时，编制会计分录如下：

借：银行存款　　20 000

　贷：其他业务收入　　20 000

（4）向股东支付股利代扣代缴个人所得税的会计处理。

企业向个人支付现金股利时，应代扣代缴个人所得税。公司按应付给个人的现金股利金额，借记“利润分配”账户，贷记“应付股利”账户；当实际支付现金时，借记“应付股利”账户，贷记“库存现金”（或“银行存款”）、“应交税费——应交个人所得税”账户。

企业以盈余公积对股东个人转增资本或派发股票股利时，应代扣代缴个人所得税，但为了不因征收个人所得税而改变股本权益结构，可由企业按增股金额计算的个人所得税，向个人收取现金以备代缴。有关会计分录如下：

① 以盈余公积转增资本或派发股票股利时：

借：盈余公积、应付股利、利润分配

　贷：实收资本或股本

② 扣缴所得税时：

借：其他应收款

　贷：应交税费——应交个人所得税

③ 收到个人股东交来税款时：

借：库存现金

　贷：其他应收款

④ 缴纳税款时：

借：应交税费——应交个人所得税

　贷：银行存款

8.3　个人所得税税收优惠

8.3.1　免税项目

根据税法规定，下列各项个人所得，免纳个人所得税：

（1）省级人民政府、国务院部委和中国人民解放军军以上单位，以及外国组织、国际组织颁发的科学、教育、技术、文化、卫生、体育、环境保护等方面的奖金；

（2）国债和国家发行的金融债券利息；

（3）按照国家统一规定发给的补贴、津贴，是指国务院规定发给的政府特殊津贴、院士津贴、资深院士津贴，以及国务院规定免纳个人所得税的其他补贴、津贴；

（4）福利费、抚恤金、救济金；

（5）保险赔款；

（6）军人的转业费、复员费；

（7）按照国家统一规定发给干部、职工的安家费、退职费、退休工资、离休工资、离休生活补助费；

（8）依照我国有关法律规定应予免税的各国驻华使馆、领事馆的外交代表、领事官员和其他人员的所得；

（9）中国政府参加的国际公约、签订的协议中规定免税的所得；

（10）经国务院财政部门批准免税的所得。

8.3.2　减税项目

根据税法规定，有下列情形之一的，经批准可以减征个人所得税：

（1）残疾、孤老人员和烈属的所得；

（2）因严重自然灾害造成重大损失的；

（3）其他经国务院财政部门批准减税的。

上述减税项目的减征幅度和期限由省、自治区、直辖市人民政府规定。

8.4　个人所得税的纳税申报实务操作

8.4.1　个人所得税的纳税期限

个人所得税采取源泉扣缴税款和自行申报纳税两种方法，在纳税期限上都做了具体的规定。

1. 源泉扣缴税款的纳税期限

源泉扣缴税款的纳税期限，是在扣缴义务人向个人支付应税所得的纳税期满的次月 7 日内向主管税务机关申报所得并缴纳扣缴的税款。

2. 自行申报纳税的纳税期限

（1）年所得 12 万元以上的纳税人，在纳税年度终了后 3 个月内向主管税务机关办理纳税申报。

（2）工资、薪金所得应纳的税款，按月计征，由纳税义务人在次月七日内缴入国库，并向税务机关报送纳税申报表。特定行业（采掘业、远洋运输业、远洋捕捞业以及国务院财政、税务主管部门确定的其他行业）的工资、薪金所得应纳的税款，可以实行按年计算、分月预缴的方式计征，在年度终了之日起 30 日内，合计其全年工资、薪金所得，再按 12 个月平均并计算实际应纳的税款，多退少补。

（3）账册健全的个体工商户的生产、经营所得应纳的税款，按年计算，分月预缴，由纳税义务人在次月七日内预缴，年度终了后三个月内汇算清缴，多退少补。账册不健全的个体工商户的生产、经营所得应纳的税款，由各地税务机关依据征管法及其实施细则的有关规定，自行确定征收方式。

（4）纳税人年终一次性取得对企事业单位的承包经营、承租经营所得的，自取得所得之日起 30 日内办理纳税申报；在 1 个纳税年度内分次取得承包经营、承租经营所得的，在每次取得所得后的次月 7 日内申报预缴，纳税年度终了后 3 个月内汇算清缴。

（5）从中国境外取得所得的纳税人，在纳税年度终了后 30 日内向中国境内主管税务机关办理纳税申报。

（6）除上述情形外，纳税人取得其他各项所得须申报纳税的，在取得所得的次月 7 日内向主管税务机关办理纳税申报。

纳税人不能按照规定的期限办理纳税申报，需要延期的，按照税收征管法的规定办理。

8.4.2 个人所得税的纳税地点

1. 源泉扣缴的纳税地点

源泉扣缴个人所得税的纳税人，其纳税地点为扣缴义务人所在地。

2. 自行申报的纳税地点

自行申报缴纳个人所得税的纳税人，其纳税地点为所得取得地。在中国境内从两处或两处以上取得所得的，可以由纳税人选择其中一处所得取得地作为其纳税地点。纳税地点一经选定，如需变更，应经主管税务机关批准。从中国境外取得所得，其申报纳税地点由纳税人选定，一经选定，如需变更，应经原主管税务机关批准。

8.4.3　个人所得税的征缴方法

我国个人所得税，采取支付单位源泉扣缴和纳税人自行申报纳税两种征收方法。

1. 支付单位源泉扣缴方法

个人各项应纳税所得有支付单位的，实行源泉扣缴，以支付单位为扣缴义务人。根据税法规定，扣缴义务人必须依法履行个人所得税全员全额扣缴申报义务。

个人所得税全员全额扣缴申报，是指扣缴义务人向个人支付应税所得时，不论其是否属于本单位人员、支付的应税所得是否达到纳税标准，扣缴义务人应当在代扣税款的次月内,向主管税务机关报送其支付应税所得个人的基本信息、支付所得项目和数额、扣缴税款数额以及其他相关涉税信息。

根据自 2006 年 1 月 1 日起执行的《个人所得税全员全额扣缴申报管理暂行办法》，对扣缴义务人的个人所得税全员全额扣缴申报义务规定如下。

（1）扣缴义务人。扣缴义务人，是指向个人支付应税所得的单位和个人。按有关法规规定，个人所得税以支付所得的单位或者个人为扣缴义务人。扣缴义务人包括企业、事业单位、机关、社会团体、军队、驻华机构（不包括外国驻华使领馆和联合国及其他依法享有外交特权和豁免权的国际组织驻华机构）、个体户等单位或个人。

（2）扣缴税款的所得项目。扣缴义务人在向个人支付下列所得时，应代扣代缴个人所得税：工资、薪金所得；劳务报酬所得；稿酬所得；特许权使用费所得；利息、股息、红利所得；财产租赁所得；财产转让所得；偶然所得；经国务院财政部门确定征税的其他所得。

（3）扣缴义务人的法定义务。扣缴义务人必须按规定依法履行代扣代缴税款义务，纳税人不得拒绝。如果纳税人拒绝履行纳税义务，扣缴义务人应当及时报告税务机关处理，并暂时停止支付纳税人的应纳税所得。否则，纳税人应缴纳的税款由扣缴义务人补缴。同时，扣缴义务人还要就应扣未扣、应收未收的税款缴纳滞纳金或罚款。

扣缴义务人在扣缴税款时，必须向纳税人开具税务机关统一印制的代扣代缴税款凭证，同时应设立代扣代缴税款账簿，正确反映个人所得税的扣缴情况，并如实填写和向税务机关报送《扣缴个人所得税报告表》、《支付个人收入明细表》及其他资料，每月扣缴的税款在次月 7 日内缴入国库。

（4）法律责任。扣缴义务人应扣未扣、应收而不收税款的，由税务机关向纳税人追缴税款，对扣缴义务人处应扣未扣、应收未收税款 50%以上 3 倍以下的罚款；纳税人、扣缴义务人逃避、拒绝或者以其他方式阻挠税务机关检查的，由税务机关责令改正，可以处 1 万元以下的罚款；情节严重的，处 1 万元以上 5 万元以下的罚款。

（5）代扣代缴税款的手续费。根据规定，付给扣缴义务人所扣缴税款的 2%的手续费，由其用于代扣代缴费用开支和奖励代扣代缴工作做得较好的办税人员。

2. 自行申报缴纳方法

（1）自行申报的情形。

个人应纳税所得没有扣缴义务人的，以及在两处以上取得工资、薪金的，实行自行申报，由纳税人申报纳税。按照《个人所得税自行纳税申报办法（试行）》的规定，纳税人须向税务机关进行自行申报的情形包括以下五种：

① 年所得 12 万元以上的；

② 从中国境内两处或两处以上取得工资、薪金所得的；

③ 从中国境外取得所得的；

④ 取得应税所得，没有扣缴义务人的；

⑤ 国务院规定的其他情形。

（2）自行申报的纳税方式。

个人所得税自行申报纳税方式主要有 3 种，即由本人直接申报纳税、委托他人代为申报纳税、采用邮寄方式在规定的申报期内申报纳税。对于采用邮寄方式申报纳税的，以寄出地的邮戳日期为实际申报日期。

8.4.4 个人所得税的征税机关

为适应分税制的要求，全国税务机关分为国家税务局（简称国税）和地方税务局（简称地税），负责征收不同的税种。国税主要负责征收中央税、中央与地方共享税，地税主要负责征收地方税。个人所得税中对储蓄存款利息所得征收的部分归国税局征收，个人所得税中其他所得征收的部分归地税局征收。

8.4.5 个人所得税的申报

1. 个人所得税申报资料

对于代扣代缴个人所得税，扣缴义务人必须按规定计算税额，在扣缴税款时，必须向纳税人开具税务机关统一印制的代扣代缴税款凭证，如实填写和向税务机关报送《扣缴个人所得税报告表》、《支付个人收入明细表》及其他资料，按规定的时间向主管税务机关办税服务厅申报。经税务办税员审核并签名，根据其开具的完税证或缴款书，缴纳现金或刷卡，或者到开户银行完成划款程序。

此外也可以网上申报缴税，这需要在相关表格中录入每个人当月的应纳税所得额，系统会自动计算应扣除数和速算扣除数，并得出应交的个人所得税。完成后就可以进行申报了。申报有网上申报和软盘申报，一般都是软盘申报，根据系统的提示进行操作，将文件存入软盘即可，最后拿着软盘到税务局去申报。

2. 申报资料的格式

（1）扣缴个人所得税报告表式样见表 8-4。

表 8-4

扣缴个人所得税报告表

扣缴义务人编码：□□□□□□□□□□□□□□□□□□□□□□□□□

扣缴义务人名称（公章）：　　　　　　　　　　　　　　　　　　金额单位：元（列至角分）

填表日期：　　　年　　月　　日

序号	纳税人姓名	身份证照类型	身份证照号码	国籍	所得项目	所得期间	收入额	免税收入额	允许扣除的税费	费用扣除标准	准予扣除的捐赠额	应纳税所得额	税率%	速算扣除数	应扣税额	已扣税额	备注
1	2	3	4	5	6	7	8	9	10	11	12	13	14	15	16	17	18
合计										—	—						

扣缴义务人声明	我声明：此扣缴报告表是根据国家税收法律、法规的规定填报的，我确定它是真实的、可靠的、完整的。 声明人签字：

会计主管签字：　　　　　　负责人签字：　　　　　　扣缴单位（或法定代表人）（签章）：

受理人（签章）：　　　　　　受理日期：　　　年　　月　　日　　　　受理税务机关（章）：

国家税务总局监制

本表一式二份，一份扣缴义务人留存，一份报主管税务机关。

（2）《扣缴个人所得税报告表》填表说明。

本表适用于扣缴义务人申报扣缴的所得税额。扣缴义务人必须区分纳税人、所得项目逐人逐项明细填写本表。填写本表要用中文，也可用中、外两种文字填写。表头项目的填写说明如下：

① 扣缴义务人编码：填写税务机关为扣缴义务人确定的税务识别号。

② 扣缴义务人名称：填写扣缴义务人单位名称全称并加盖公章，不得填写简称。

③ 填表日期：是指扣缴义务人填制本表的具体日期。

本表各栏的填写如下：

① 纳税人姓名：纳税义务人如在中国境内无住所，其姓名应当用中文和外文两种文字填写。

② 身份证照类型：填写纳税人的有效证件（身份证、户口簿、护照、回乡证等）名称。

③ 所得项目：按照税法规定项目填写。同一纳税义务人有多项所得时，应分别填写。

④ 所得期间：填写扣缴义务人支付所得的时间。

⑤ 收入额：如支付外币的，应折算成人民币。外币折合人民币时，如为美元、日元和港币，应当按照缴款上一月最后一日中国人民银行公布的人民币基准汇价折算；如为美元、日元和港币以外的其他外币的，应当按照缴款上一月最后一日中国银行公布的人民币外汇汇率中的现钞买入价折算。

⑥ 免税收入额：指按照国家规定，单位为个人缴付和个人缴付的基本养老保险费、基本医疗保险费、失业保险费、住房公积金，按照国务院规定发给的政府特殊津贴、院士津贴、资深院士津贴和其他经国务院批准免税的补贴、津贴等按照税法及其实施条例和国家有关政策规定免于纳税的所得。

此栏只适用于工资薪金所得项目，其他所得项目不得填列。

⑦ 允许扣除的税费：只适用劳务报酬所得、特许权使用费所得、财产租赁所得和财产转让所得项目。

- 劳务报酬所得允许扣除的税费是指劳务发生过程中实际缴纳的税费；
- 特许权使用费允许扣除的税费是指提供特许权过程中发生的中介费和相关税费；
- 适用财产租赁所得时，允许扣除的税费是指修缮费和出租财产过程中发生的相关税费；
- 适用财产转让所得时，允许扣除的税费是指财产原值和转让财产过程中发生的合理税费。

⑧ 除法律法规另有规定外，准予扣除的捐赠额不得超过应纳税所得额的 30%。

⑨ 已扣税额：是指扣缴义务人当期实际扣缴的个人所得税税款及减免税额。

⑩ 扣缴非本单位职工的税款，须在备注栏反映。

⑪ 表间关系：

- 应纳税额＝应纳税所得额×税率－速算扣除数
- 应纳税所得额＝收入额（人民币合计）－免税收入额－允许扣除的税费－费用扣除标准－准予扣除的捐赠额

注：全年一次性奖金等特殊政策的应纳税所得额计算除外。

- 收入额（人民币合计）＝收入额（人民币）＋收入额（外币折合人民币）

⑫ 声明人：填写扣缴义务人名称。

（3）支付个人收入明细表式样见表 8-5。

表 8-5

支付个人收入明细表

扣缴义务人编码：□□□□□□□□□□□□□□□□□□□□□□□□□□□

扣缴义务人名称（公章）：　　　　　　　　　　　　金额单位：元（列至角分）

所属期：　　年　月　日至　　年　月　日　　　　　　填表日期：　　年　月　日

姓名	身份证照类型及号码	收入额						备注
		合计	工资薪金所得	承包、承租所得	劳务报酬所得	利息、股息、红利所得	其他各项所得	
1	2	3	4	5	6	7	8	9
合计								

制表人：　　　　　　　　　　　　　　　　　　审核人：

（4）《支付个人收入明细表》填表说明。

① 各省、自治区、直辖市地方税务局可根据本地实际，本着有利征管、方便纳税人的原则，在本表样的基础上增加栏目和内容。

② 适用范围：扣缴义务人向个人支付应税所得，但未达到纳税标准、没有扣缴税款的纳税人情况报送。

③“收入项目”栏填写金额，4+5+6+7+8=3

④ 非本单位雇员、非本期收入及其他有关事项应在备注栏中注明。

⑤“审核人”指单位的财务部门负责人。

8.5 个人所得税案例评析

王某于2007年与某研究所签订为期4年的承包合同，承包其对外经营的餐厅。合同规定王某向该研究所交纳风险抵押金60 000元，并于当年向该单位上缴承包利润100 000元，上缴承包利润逐年上升一个百分点，剩余部分归承包人所有，王某承包当年实现利润160 000元。2007年6月，王某将个人经历写成一本书，得到出版社稿酬25 000元，出版社1个月后又加印了一批，并再付给张某稿酬5 000元。半年后该书再版，再付给王某稿酬15 000元。在当年某月一经理培训班邀请王某讲授人个奋斗经历，支付劳务费2 000元，请计算张某全年应纳的个人所得税。

分析与计算：

（1）根据税法规定，承包收入应按对企事业单位的承包经营、承租经营所得缴纳个人所得税，承包人对承包企业经营成果拥有所有权，应按五级超额累进税率计算纳税。

应纳税额=（160 000−100 000−12×2 000）×30%−4 250=6 550（元）

实际工作中，若纳税义务人在一年内分次取得承包经营、承租经营所得的，应当在取得每次所得后的七日内预缴，年度终了后三个月内汇算清缴，多退少补。

（2）根据税法规定，同一作品出版、发表后，因添加印数而追加稿酬的，应与以前出版、发表时取得的稿酬合并计算为一次，计征个人所得税。同一作品再版取得的所得，应视为另一次稿酬所得计征个人所得税。

① 第一次出版、加印合并为一次，应纳税额为：

（25 000+5 000）×（1−20%）×20%×（1−30%）=3 360（元）

在实际工作中，王某应缴纳的个人所得税是由出版社代扣代缴。第一次出版支付王某稿酬时，出版社应扣缴个人所得税为：

25 000×（1—20%）×20%×（1−30%）=2 800（元）

第二次加印支付稿酬时，出版社应扣缴个人所得税为：

25 000+5 000）×（1−20%）×20%×（1−30%）−2800=560（元）

② 再版支付王某稿酬时，应视为另一次稿酬所得，出版社应扣缴个人所得税为：

15 000×（1−20%）×20%×（1−30%）=1 680（元）

（3）根据税法规定，王某取得的讲课费为劳务报酬所得，应纳税额为：

（2 000－800）×20%＝240（元）。

出版社 2007 年 6 月扣缴个人所得税报告表见表 8-6。

表 8-6

扣缴个人所得税报告表

扣缴义务人编码：□□□□□□□□□□□□□□□□□□□□□□□□□

扣缴义务人名称（公章）：　　　　　　　　　　　　　　　金额单位：元（列至角分）

填表日期：2007 年 06 月 30 日

序号	纳税人姓名	身份证照类型	身份证照号码	国籍	所得项目	所得期间	收入额	免税收入额	允许扣除的税费	费用扣除标准	准予扣除的捐赠额	应纳税所得额	税率%	速算扣除数	应扣税额	已扣税额	备注
1	2	3	4	5	6	7	8	9	10	11	12	13	14	15	16	17	18
合　计										—	—	—	—	—			
1	王某	XX	XX	中国	稿酬	07/06	25 000			20%		200 00	20%		2 800	1 200	非本单位

扣缴义务人声明	我声明：此扣缴报告表是根据国家税收法律、法规的规定填报的，我确定它是真实的、可靠的、完整的。 声明人签字：

会计主管签字：　　　　　负责人签字：　　　　　扣缴单位（或法定代表人）（签章）：

受理人（签章）：　　　　受理日期：　年　月　日　　　　受理税务机关（章）：

国家税务总局监制

本表一式二份，一份扣缴义务人留存，一份报主管税务机关。

相关链接

1.《中华人民共和国个人所得税法》，主席令第 85 号，2008 年 3 月 1 日起施行。

2.《中华人民共和国个人所得税法实施条例》，国务院令第 519 号，2008 年 3 月 1 日起施行。

3.《个人所得税全员全额扣缴申报管理办法暂行规定》，2006 年 1 月 1 日起执行。

4.《个人所得税自行纳税申报办法（试行）》，国税发[2006]162 号，2007 年 1 月 1 日起执行。

练　习　题

一、思考题

1. 个人所得税的纳税义务人分为哪两种，两者的纳税义务有何不同？

2. 个人所得税的征税范围包括哪些？

3. 个人所得税自行申报有哪些情形？

4. 如何区分劳务报酬所得和工资、薪金所得，两者应纳税所得额的计算方法有何区别？

二、单项选择题

1. 不属于个体工商户的生产、经营所得的是（　　）。

A. 个体工商户从事工业、手工业、建筑业、交通运输业、商业、饮食业、服务业、修理业以及其他行业生产、经营取得的所得

B. 个人经政府有关部门批准，取得执照，从事办学、医疗、咨询以及其他有偿服务活动取得的所得

C. 其他个人从事个体工商业生产、经营取得的所得

D. 上述个体工商户和个人取得的与生产、经营有关的各项应纳税所得

E. 不符合规定的退职费收入

2. 暂不征收个人所得税财产转让所得项目有（　　）。

A. 股票　　B. 建筑物、土地使用权

C. 机器设备、车船　　D. 以及其他财产

3. 个人通过规定的部门将其所得对教育事业和其他公益事业捐赠，捐赠额未超过纳税义务人申报的应纳税所得额（　　）的部分，可以从其应纳税所得额中扣除。

A. 30%　　B. 100%　　C. 25%　　D. 50%

4. 确定个人所得税应纳税所得额时，下列项目不是按每次收入为计算依据的是（　　）。

A. 劳务报酬所得　　B. 稿酬所得

C. 特许权使用费所得　　D. 个体工商户的生产、经营所得

5. 源泉扣缴税款的纳税期限，是在扣缴义务人向个人支付应税所得的纳税期满的次月（　　）日内向主管税务机关申报所得并缴纳扣缴的税款。

A. 7　　B. 15　　C. 10　　D. 14

6. 下列应采用计算公式“应纳税额＝应纳税所得额×适用税率”计算应纳税额的项目是（　　）。

A．工资、薪金所得
B．个体工商户的生产、经营所得
C．个人独资企业和合伙企业投资者的生产、经营所得
D．财产租赁所得

三、多项选择题

1．个人工资、薪金所得应予征税的具体项目包括以下（　　）等。
A．奖金、年终加薪、劳动分红、津贴、补贴
B．“内退”工资和一次性收入
C．不符合规定的退职费收入
D．以现金形式发给个人的住房补贴、医疗补助费
E．国债和国家发行的金融债券利息

2．计征个人所得税的财产转让所得项目包括个人转让下列项目等（　　）。
A．有价证券、股权　　B．建筑物、土地使用权
C．机器设备、车船　　D．其他财产

3．对在中国境内无住所而在中国境内取得工资、薪金所得的纳税义务人和在中国境内有住所而在中国境外取得工资、薪金所得的纳税义务人，可以根据其平均收入水平、生活水平以及汇率变化情况确定附加减除费用2 800元。2 800元的适用的范围是（　　）。
A．在中国境内的外商投资企业和外国企业中工作的外籍人员
B．应聘在中国境内的企业、事业单位、社会团体、国家机关中工作的外籍专家
C．在中国境内有住所而在中国境外任职或者受雇取得工资、薪金所得的个人
D．国务院财政、税务主管部门确定的其他人员
E．内企任高层经理的中国公民

4．我国个人所得税自行申报的情形包括（　　）。
A．年所得12万元以上的
B．从中国境内两处或两处以上取得工资、薪金所得的
C．从中国境外取得所得的
D．取得应税所得，没有扣缴义务人的
E．国务院规定的其他情形

5．个人所得税项目适用20%的比例税率的有（　　）。
A．特许权使用费所得　　B．利息、股息、红利所得
C．财产租赁所得　　D．财产转让所得　　E．工资、薪金所得

四、判断题

1．个人所得税是对我国居民的境内各项应税所得征收的一种税。（　）

2．对企事业单位的承包经营、承租经营所得，是指个人承包经营、承租经营以及转包、转租取得的所得，包括个人按月或者按次取得的工资、薪金性质的所得。（　）

3．个人对企事业单位的承包经营、承租经营后，工商登记改变为个体工商户的，应按个体工商户的生产、经营所得项目征收个人所得税。（　）

4．个人对企事业单位的承包经营、承租经营后，工商登记仍为企业的，这类承包、承租经营所得，应按个体工商户的生产、经营所得项目征收个人所得税。（　）

5．个人担任董事职务所取得的董事费收入，按工资、薪金所得项目征税。（　）

6．稿酬所得，是指个人因其作品以图书、报刊形式出版、发表而取得的所得。这里所说的作品，是指文学作品。（　）

7．个人所得税中稿酬所得应按特许权使用费所得项目计税。（　）

8．个人取得的财产转租收入，属于财产租赁所得的征税范围。（　）

9．居民纳税义务人是指在中国境内有住所，或者无住所而在境内居住满一年的个人。（　）

10．非居民纳税义务人是指在中国境内无住所又不居住或者无住所而在境内居住不满一年的个人。（　）

11．非居民纳税义务人负有限纳税义务，仅就其从中国境内取得的所得，依照个人所得税法规定缴纳个人所得税。（　）

12．利息、股息、红利所得以每次收入额为应纳税所得额。（　）

13．个人的同一作品在报刊上连载，应以连载完成后取得的所有收入合并为一次征税。（　）

14．我国个人所得税，采取支付单位源泉扣缴和纳税人自行申报纳税两种征收方法。（　）

15．我国个人所得税由地税局征收。（　）

16．个体工商户的生产、经营所得和对企事业单位的承包经营、承租经营所得，适用5%－45%的超额累进税率。（　）

17．个人所得税纳税义务人从中国境外取得的所得，准予在本纳税年度在应纳税额中全部扣除已在境外缴纳的个人所得税税额。（　）

五、业务题

1．某工商户 2008 年度取得的收入 540 000 元，成本费用及损失等为 320 000 元，每月预缴 3 000 元。计算 2008 年度应纳税额和年终应补缴税额。

2．某歌星 2007 年 3 月一次表演取得收入 50 000 元。计算应纳个人所得税税额。

3．某作家一次取得稿酬 30 000 元。计算应纳个人所得税税额。

4．某企业为李某、张某每月各发工资 3 600 元。但合同约定，李某自己承担个人所得税；张某个人所得税由该企业承担，即张某收入 3 600 元为税后所得。计算应代扣代缴的个人所得税并编制会计分录。

5．一家公司接受王工程师提供一项专利使用权，一次支付其费用 20 000 元。计算王工程师应缴纳的个人所得税，并编制代扣代缴分录。

6．2007 年 1 月 1 日张某与事业单位签订承包合同经营招待所，合同规定承包期为一年，张某全年上交费用 30 000 元，年终招待所实现利润 85 800 元。计算张某应纳个人所得税，编制发包方的分录。

第 9 章　土地增值税纳税申报

学习与训练目标

- 掌握土地增值税的概念、征税范围、纳税义务人与扣缴义务人
- 熟悉土地增值税的计税依据、应纳土地增值税税额的计算及会计处理
- 掌握土地增值税税收优惠政策
- 具备计算应纳土地增值税税额、填制土地增值税纳税申报表的能力
- 具备土地增值税纳税申报的能力

9.1　土地增值税概述

土地增值税法是国家制定的用以调整土地增值税征收与缴纳之间权利与义务关系的法律规范。我国为了规范土地、房地产市场交易秩序，合理调节土地增值收益，维护国家权益，特制定了《土地增值税暂行条例》。

9.1.1　土地增值税的概念

土地增值税是对转让国有土地使用权、地上的建筑物及其附着物（以下简称转让房地产）并取得收入的单位和个人，依法按其所取得的增值额和规定的税率计算征收的税。

9.1.2　土地增值税征税范围

土地增值税的征税范围包括转让国有土地使用权、地上的建筑物及其附着物等转让房地产并取得收入的行为。

《土地增值税暂行条例》规定，凡转让国有土地使用权、地上的建筑物及其附着物并取得收入的行为都应缴纳土地增值税。这样界定具有三层含意：

（1）土地增值税仅对国有土地使用权的转让征收，转让集体土地使用权的不征税。依照《土地管理法》的规定，未经国家征用的集体土地不得转让，自行转让的是一种违法行为。

（2）只对转让的房地产征收土地增值税，不转让的不征税。如房地产的出租，虽然取得了收入，但没有发生房地产的产权转让，不应属于土地增值税的征收范围。

（3）对转让房地产并取得收入的征税，对发生转让行为而未取得收入的不征税。如通过继承、赠与方式转让房地产的，虽然发生了转让行为，但未取得收入，就不能征收土地增值税。

9.1.3　土地增值税纳税义务人

土地增值税的纳税义务人是有偿转让国有土地使用权、地上的建筑物及其附着物并取得收入的各类企业、事业单位、国家机关、社会团体、个体工商业户以及其他组织和个人。《国务院关于外商投资企业和外国企业适用增值税、消费税、营业税等税收暂行条例的有关问题的通知》规定，外商投资企业、外国企业、外国驻华机构、外国公民、华侨、港澳台同胞等，转让房地产并取得收入，均适用本办法，均应按规定照章纳税。

9.2　应纳土地增值税的计算

9.2.1　纳税义务发生时间、纳税期限

纳税人应当自转让房地产合同签订之日起七日内向房地产所在地主管税务机关办理纳税申报，并在税务机关核定的期限内缴纳土地增值税。

9.2.2　纳税地点、征税机关与征收管理

1. 土地增值税的纳税地点

土地增值税的纳税地点为被转让房地产所在地的主管税务机关。房地产所在地，是指房地产的坐落地。纳税人转让房地产坐落在两个或两个以上地区的，应按房地产所在地分别申报纳税。

纳税人为法人时，其转让的房地产坐落地与其机构所在地或经营所在地不一致时，则应在房地产坐落地所管辖的税务机关申报纳税。

纳税人为自然人时，其转让的房地产坐落地与其居住所在地不一致时，则应在办理过户手续所在地税务机关申报纳税。

2. 土地增值税的征缴机关

土地增值税由税务机关征收。土地管理部门、房产管理部门应当向税务机关提供有关资料，并协助税务机关依法征收土地增值税。纳税人未按照本条例缴纳土地增值税的，土地管理部门、房产管理部门不得办理有关的权属变更手续。

3. 土地增值税的征收管理

（1）房地产开发企业的土地增值税清算。

① 符合下列情形之一的，纳税人应进行土地增值税的清算：

- 房地产开发项目全部竣工、完成销售的；
- 整体转让未竣工决算房地产开发项目的；
- 直接转让土地使用权的。

② 符合下列情形之一的，主管税务机关可要求纳税人进行土地增值税清算：

- 已竣工验收的房地产开发项目，已转让的房地产建筑面积占整个项目可售建筑面积的比例在85%以上，或该比例虽未超过85%，但剩余的可售建筑面积已经出租或自用；
- 取得销售（预售）许可证满三年仍未销售完毕的；
- 纳税人申请注销税务登记但未办理土地增值税清算手续的；
- 省级税务机关规定的其他情况。

（2）非直接销售和自用房地产的收入确定。

① 房地产开发企业将开发产品用于职工福利、奖励、对外投资、分配给股东或投资人、抵偿债务、换取其他单位和个人的非货币性资产等，发生所有权转移时应视同销售房地产，其收入按下列方法和顺序确认：

- 按本企业在同一地区、同一年度销售的同类房地产的平均价格确定；
- 由主管税务机关参照当地当年、同类房地产的市场价格或评估价值确定。

② 房地产开发企业将开发的部分房地产转为企业自用或用于出租等商业用途时，如果产权未发生转移，不征收土地增值税，在税款清算时不列收入，不扣除相应的成本和费用。

（3）土地增值税的扣除项目。

房地产开发企业办理土地增值税清算时计算与清算项目有关的扣除项目金额，除另有规定外，扣除取得土地使用权所支付的金额、房地产开发成本、费用及与转让房地产有关税金，须提供合法有效凭证；不能提供合法有效凭证的，不予扣除。

房地产开发企业开发建造的与清算项目配套的居委会和派出所用房、会所、停车场（库）、物业管理场所、变电站、热力站、水厂、文体场馆、学校、幼儿园、托儿所、医院、邮电通讯等公共设施，按以下原则处理：

① 建成后产权属于全体业主所有的，其成本、费用可以扣除；

② 建成后无偿移交给政府、公用事业单位用于非营利性社会公共事业的，其成本、费用可以扣除；

③ 建成后有偿转让的，应计算收入，并准予扣除成本、费用；

④ 房地产开发企业销售已装修的房屋，其装修费用可以计入房地产开发成本；

⑤ 房地产开发企业的预提费用，除另有规定外，不得扣除。

（4）土地增值税的核定征收。

房地产开发企业有下列情形之一的，税务机关可以参照与其开发规模和收入水平相近的当地企业的土地增值税税负情况，按不低于预征率的征收率核定征收土地增值税：

① 依照法律、行政法规的规定应当设置但未设置账簿的；

② 擅自销毁账簿或者拒不提供纳税资料的；

③ 虽设置账簿，但账目混乱或者成本资料、收入凭证、费用凭证残缺不全，难以确定转让收入或扣除项目金额的；

④ 符合土地增值税清算条件，未按照规定的期限办理清算手续，经税务机关责令限期清算，逾期仍不清算的；

⑤ 申报的计税依据明显偏低，又无正当理由的。

（5）清算后再转让房地产的处理。

土地增值税清算时未转让的房地产，清算后销售或有偿转让的，纳税人应按规定进行土地增值税的纳税申报，扣除项目金额按清算时的单位建筑面积成本费用乘以销售或转让面积计算。计算公式如下：

单位建筑面积成本费用＝清算时的扣除项目总金额÷清算的总建筑面积

9.2.3　计税依据及税率

1. 计税依据

土地增值税的计税依据是纳税人转让房地产所取得的收入减除本条例规定扣除项目金额后的增值额。纳税人转让房地产所取得的收入，包括货币收入、实物收入和其他收入。

2. 税率

土地增值税实行四级超率累进税率：

（1）增值额未超过扣除项目金额 50%的部分，税率为 30%；

（2）增值额超过扣除项目金额 50%、未超过扣除项目金额 100%的部分，税率为 40%；

（3）增值额超过扣除项目金额100%、未超过扣除项目金额200%的部分，税率为50%；

（4）增值额超过扣除项目金额200%的部分，税率为60%。

9.2.4 土地增值税应纳税额的计算

1. 应税收入

土地增值税的应税收入为纳税人转让房地产所取得的全部收入，包括货币收入、实物收入和其他收入。其中：

货币收入是指纳税人转让房地产取得的现金、银行存款、支票、本票、汇票等信用票据和国库券、金融债券、企业债券、股票等有价证券。

实物收入是指纳税人转让房地产取得的各种实物形态的收入，如钢材、水泥等建材，房屋、土地不动产等。实物收入的价值不易确定，一般需通过估价进行确定。

其他收入是指纳税人转让房地产取得的无形资产收入或具有财产价值的权利，如专利权、商标权、著作权、专有技术使用权、土地使用权、商誉等。这类收入价值的确定需要通过专门的评估。

纳税人有下列情形之一的，按照房地产评估价格计算征收：

（1）隐瞒、虚报房地产成交价格的；

（2）提供扣除项目金额不实的；

（3）转让房地产的成交价格低于房地产评估价格，又无正当理由的。

2. 扣除项目

土地增值税的征税对象为转让房地产所取得的“增值额”，即应税收入减除国家规定的扣除项目后的余额。税法准予纳税人从应税收入中减除项目如下：

① 取得土地使用权所支付的金额。包括支付的地价款（土地出让金）和按国家统一规定缴纳的有关登记、过户等手续费用。

② 开发土地和新建房及配套设施（房地产开发）的成本。包括土地征用及拆迁补偿费、前期工程费、建筑安装工程费、基础设施费、公共配套设施费等间接费用。

③ 开发土地和新建房及配套设施（房地产开发）的费用，是指与房地产开发项目有关的销售费用、管理费用、财务费用。

- 纳税人能够按转让房地产项目计算分摊利息支出，并能提供金融机构的贷款证明的，其允许扣除的房地产开发费用为：利息＋（取得土地使用权所支付的金额＋房地产开发成本）×5%以内。
- 纳税人不能够按转让房地产项目计算分摊利息支出，或不能提供金融机构的贷款证明的，其允许扣除的房地产开发费用为：（取得土地使用权所支付的金额+房地产开发成本）×10%以内。

此外，利息支出要注意：一是利息的上浮幅度按国家的有关规定执行，超过上浮幅度的部分不允许扣除；二是对于超过贷款期限的利息部分和加罚的利息不允许扣除。

④ 旧房及建筑物的评估价格，指已使用的房屋及建筑物在出售时，由政府指定的评估部门评定的重置价格乘以新旧程度折扣率后的价值。

⑤ 与转让房地产有关的税金，指出售房地产时已缴纳的营业税、城市维护建设税、印花税等。纳税人出售房地产时缴纳的教育费附加可视同税金扣除。

⑥ 财政部规定的其他扣除项目。

⑦ 从事房地产开发的纳税人可以按照上述①、②两项金额之和加计扣除 20%的扣除（仅适用于从事房地产开发的纳税人）。

3. 应纳土地增值税税额的计算

土地增值税按照纳税人转让房地产取得的增值额和规定的税率计算缴纳。计算公式为：

应纳土地增值税＝Σ（每级距的土地增值额×适用税率）

也可以采用以下速算扣除的方法计算应纳税额。速算扣除率见表 9-1。

表 9-1　土地增值税税率计算表

级　次	增值额占扣除项目金额比例	税　率	速算扣除率
1	50%（含）以下	30%	0
2	50%—100%（含）的部分	40%	5%
3	100%—200%（含）的部分	50%	15%
4	200%以上的部分	60%	35%

土地增值税速算扣除计算程序如下。

（1）确定应税收入。

（2）确定扣除项目。

（3）计算土地增值额。

土地增值额＝收入总额－准予扣除项目金额

（4）计算土地增值额占扣除项目金额的比例。

土地增值额占扣除项目金额的比例＝土地增值额÷扣除项目金额

（5）确定税率及速算扣除率。

（6）计算应纳税额。

应纳土地增值税＝Σ（每级距的土地增值额×适用税率－扣除项目×速算扣除率）

【例 9-1】2009 年 1 月 31 日，某房地产开发公司转让写字楼一栋，共取得转让收入 5 000 万元，公司按税法规定缴纳了有关税金（营业税税率为 5%，城建税等其他税金共计 25 万元）。该公司为取得土地使用权而支付的地价款和按国家统一规定缴纳的有关费用为 500 万元；投入的房地产开发成本为 1 500 万元；房地产开发费用中的利息支出为 120 万元（能够按转让房地产项目计算分摊并提供金融机构证明），比按工商银行同类同期贷款利率计算的利息多出 10 万元。另知公司所在地政府规定的其他房地产开发费用的计算扣除比例为 5%。该公司转让写字楼应纳的土地增值税计算如下：

（1）确定应税收入：转让房地产的收入为 5 000 万元

（2）确定扣除项目

① 取得土地使用权所支付的金额为 500 万元

② 房地产开发成本为 1 500 万元

③ 房地产的开发费用为：（120－10）＋（500＋1 500）×5%＝110＋100＝210 万元

④ 转让房地产有关的税金为：5 000×5%＋25＝250＋25＝275 万元

⑤ 从事房地产开发的加计扣除金额为：（500+1 500）×20%＝400 万元

合计：500＋1 500＋210＋275＋400＝2 885 万元

（3）计算土地增值额：5 000－2 885＝2 115 万元

（4）计算增值额占扣除项目金额的百分比：2 115÷2 885＝73.3%

（5）计算应纳税额：2 115×40%－2 885×5%＝701.75 万元

【例 9-2】 鑫宇公司将自用达 6 年的产权房出售，账面原值为 30 万元，账面累计折旧余额为 15.5 万元，土地地价款支出 2 万元，经评估该房屋重置成本价格 40 万元，成新度为 7 成新，实际成交价为 35 万元，该公司应纳土地增值税计算如下：

（1）应税收入＝35 万元

（2）扣除项目

① 该公司转让房产应交营业税＝35 万元×5%＝1.75 万元

② 该公司转让房地产应交城建税及教育费附加＝1.75×（7%+3%）＝0.175 万元

③ 该公司转让房地产应交印花税＝35 万元×0.05%＝0.0175 万元

扣除项目金额合计＝40×70%+1.75+0.175+0.0175+2＝31.9425 万元

（3）增值额＝35 万元－31.9425 万元＝3.0575 万元

（4）增值额占扣除项目比率＝3.0575/31.9425×100%＝9.57%

（5）应纳土地增值税税额＝3.0575×30%＝0.9173 万元

【例 9-3】 宏达房地产开发公司开发并转让一栋写字楼，获得货币收入 10 000 万元，公司为取得土地使用权支付 1 000 万，开发土地、建房及配套设施支付 2 000 万，开发费用计 300 万，转让房地产税金共计 50 万，该公司应纳土地增值税计算如下：

（1）应税收入＝10 000 万

（2）扣除项目金额＝1 000＋2 000＋300＋50＋（1 000＋2 000）×20%＝3 950（万元）

（3）土地增值额＝10 000－3 950＝6 050（万元）

（4）土地增值额占扣除项目金额的比例＝6 050/3 950＝153.16%

（5）应纳土地增值税＝6 050×50%－3 950×15%＝3 025－592.5＝2 432.5（万元）

9.2.5　土地增值税的会计处理

1. 房地产开发企业

房地产企业是指主要经营房地产买卖业务的企业。对这类企业来说，土地增值税是为取得当期营业收入而支付的费用，因此，土地增值税的会计处理应为：

借：营业税金及附加

　贷：应交税金—应交土地增值税

实际缴纳时：

借：应交税金—应交土地增值税

　贷：银行存款等。

2. 兼营房地产开发的企业

企业因转让房地产而应缴纳土地增值税的会计处理为：

借：其他业务支出

　贷：应交税金—应交土地增值税

实际缴纳时：

借：应交税金—应交土地增值税

　贷：银行存款等。

3. 非房地产开发的企业

非房地产开发的企业转让的国有土地使用权连同地上建筑物及其附着物，应根据具体情况分别计入相关科目：

（1）转让国有土地使用权连同地上已完工交付使用的建筑物及附着物时，在“固定资产”、“固定资产清理”等有关科目中反映。

转让时：

借：固定资产清理

　　累计折旧

　贷：固定资产

取得转让收入时：

借：银行存款

　贷：固定资产清理

计算土地增值税时：

借：固定资产清理

　贷：应交税金—应交土地增值税

上交税金时：

借：应交税金—应交土地增值税

　贷：银行存款等。

（2）企业转让国有土地使用权连同地上未竣工的建筑物及附着物，计算应交土地增值税时：

借：在建工程/专项工程支出/固定资产购建支出

　贷：应交税金—应交土地增值税

（3）企业转让以行政划拨方式取得的土地使用权连同地上建筑物及附着物，计算缴纳土地增值税时：

借：其他业务支出/固定资产清理

　贷：应交税金—应交土地增值税

【例 9-4】 北方公司转让一处房产的土地使用权及地上房产的产权，企业为取得该房产支付的成本、费用为 4 000 万元，转让取得的收入为 6 500 万元，支付的营业税共计 325 万元，房产累计折旧 500 万元，应缴纳土地增值税计算及相应的会计处理如下：

转让房地产时：

借：固定资产清理　　35 000 000

　　累计折旧　　5 000 000

　贷：固定资产　　40 000 000

收到转让收入时：

借：银行存款　　65 000 000

　贷：固定资产清理　　65 000 000

计提营业税时：

借：固定资产清理　　3 250 000

　贷：应交税金—应交营业税　　3 250 000

计算土地增值税时：

土地增值额＝6 500－（4000－500）－325＝2 675（万元）

增值率＝2 675/（4000－500＋300）＝70.39%

应纳土地增值税＝2 675×40%－3 800×5%＝1 070－190＝880（万元）

借：固定资产清理　　8 800 000

　贷：应交税金—应交土地增值税　　8 800 000

上缴税金时：

借：应交税金—应交土地增值税　　8 800 000

　　应交税金—应交营业税　　3 250 000

　贷：银行存款　　12 050 000

结转固定资产清理损益时：

借：固定资产清理（6500－3500－325－880）　　17 950 000

　贷：营业外收入　　17 950 000

9.3　土地增值税税收优惠

9.3.1　建造普通标准住宅的税收优惠

纳税人建造普通标准住宅出售，增值额未超过扣除项目金额20%的，免征土地增值税。所谓普通标准住宅应同时满足以下条件：

（1）住宅小区建筑容积率在1.0以上；

（2）单套建筑面积在120平方米以下；

（3）实际成交价格低于同级别土地住房平均交易价格1.2倍以下。

9.3.2　国家征用的房地产的税收优惠

（1）因国家建设需要依法征用、收回的房地产免征土地增值税。

（2）因城市规划、国家建设的需要而搬迁，由纳税人自行转让原房地产的，经税务机关审核，免征土地增值税。

9.3.3 个人转让房地产的税收优惠

（1）免税个人因工作调动或改善居住条件而转让原自用住房，凡居住满 5 年及以上的，免征土地增值税；

（2）居住满 3 年未满 5 年的，减半征收土地增值税。

（3）居住未满 3 年的，按规定征收土地增值税。

9.4 土地增值税纳税申报表的编制与申报

纳税人的不同，土地增值税纳税申报表的格式也不同。土地增值税纳税申报表主要包括土地增值税项目登记表（从事房地产开发的纳税人适用）、土地增值税纳税申报表（一）（从事房地产开发的纳税人适用）、土地增值税纳税申报表（二）（非从事房地产开发的纳税人适用）。

9.4.1 土地增值税项目登记表（从事房地产开发的纳税人适用）

1. 土地增值税项目登记表（从事房地产开发的纳税人适用）的格式

土地增值税项目登记表（从事房地产开发的纳税人适用）格式见表 9-2。

2. 土地增值税项目登记表填表说明

（1）本表适用于从事房地产开发与建设的纳税人，在立项后及每次转让时填报。

（2）凡从事新建房及配套设施开发的纳税人，均应在规定的期限内，据实向主管税务机关填报本表所列内容。

（3）本表栏目的内容如果没有，可以空置不填。

（4）纳税人在填报土地增值税项目登记表时，应同时向主管税务机关提交土地使用权受让合同、房地产转让合同等有关资料。

（5）本表一式三份，送主管税务机关审核盖章后，两份由地方税务机关留存，一份退纳税单位。

表 9-2

土地增值税项目登记表（从事房地产开发的纳税人适用）

填表日期：______年______月______日　　　　金额单位：人民币元　　　　面积单位：平方米

纳税人名称		项目名称		项目地址			
业　　别		经济性质		主管部门			
开 户 银 行		银行账号					
地　　址		邮政编码		电话			
土地使用权受让（行政划拨）合同号		受让（行政划拨）时间					
建设项目起讫时间		总预算成本		单位预算成本			
项目详细座落地点							
开发土地总面积		开发建筑总面积		房地产转让合同名称			
转让土地面积（按次填写）		转让建筑面积（按次填写）		转让合同签订日期（按次填写）			
第 1 次							
第 2 次							
……							
纳税人盖　章		法人代表签　章		经办人员（代理申报人）签章		备注	

（以下部分由主管税务机关负责填写）

税务机关受理登记日期		
主管税务人员签字		
主管税务机关盖章		税务机关受理登记意见

9.4.2　土地增值税纳税申报表（一）（从事房地产开发的纳税人适用）

1. 土地增值税纳税申报表（一）（从事房地产开发的纳税人适用）的格式

土地增值税纳税申报表（一）（从事房地产开发的纳税人适用）的格式见表 9-3。

表 9-3

土地增值税纳税申报表（一）（从事房地产开发的纳税人适用）

填表日期：　年　月　日　　　　金额单位：人民币元　　　　面积单位：平方米

纳税人名称		项目名称			项目地址		
业　　别		经济性质		纳税人地址		邮政编码	
开户银行		银行账号		主管部门		电　　话	

项　　目		行次	金　　额
一、转让房地产收入总额　1=2+3		1	
其中	货币收入	2	
	实物收入及其他收入	3	
二、扣除项目金额合计　4=5+6+13+16+20		4	
1.取得土地使用权所支付的金额		5	
2.房地产开发成本　6=7+8+9+10+11+12		6	
其中	土地征用及拆迁补偿费	7	
	前期工程费	8	
	建筑安装工程费	9	
	基础设施费	10	
	公共配套设施费	11	
	开发间接费用	12	
3.房地产开发费用　13=14+15		13	
其中	利息支出　interest	14	
	其他房地产开发费用	15	
4.与转让房地产有关的税金等　16=17+18+19		16	
其中	营业税	17	
	城市维护建设税	18	
	教育费附加	19	
5.财政部规定的其他扣除项目		20	
三、增值额　21=1-4		21	
四、增值额与扣除项目金额之比（%）22=21÷4		22	
五、适用税率（%）		23	
六、速算扣除系数（%）		24	
七、应缴土地增值税税额　25=21×23-4×24		25	
八、已缴土地增值税税额		26	
九、应补（退）土地增值税税额　27=25-26		27	

授权代理人	（如果你已委托代理申报人，请填写下列资料） 为代理一切税务事宜，现授权____（地址）____为本纳税人的代理申报人，任何与本报表有关的来往文件都可寄与此人。 授权人签字：______	声明	我声明：此纳税申报表是根据《中华人民共和国土地增值税暂行条例》及其《实施细则》的规定填报的。我确信它是真实的、可靠的、完整的。 声明人签字：______

纳税人签章		法人代表签章		经办人员（代理申报人）签章		备注	

（以下部分由主管税务机关负责填写）

<table>
<tr><td colspan="2">主管税务机关收到日期</td><td></td><td>接收人</td><td></td><td>审核日期</td><td></td><td>税务审核人员签章</td><td></td></tr>
<tr><td>审核记录</td><td colspan="6"></td><td>主管税务机关盖章</td><td></td></tr>
</table>

2. 土地增值税纳税申报表（一）填表说明

土地增值税纳税申报表（一），适用凡从事房地产开发并转让的土地增值税纳税人。其转让已经完成开发的房地产并取得转让收入，或者是预售正在开发的房地产并取得预售收入的，应按照税法和本表要求，根据税务机关确定的申报时间，定期向主管税务机关填报土地增值税纳税申报表（一），进行纳税申报。

土地增值税纳税申报表（一）中各主要项目内容，应根据土地增值税的基本计税单位作为填报对象。纳税人如果在规定的申报期内转让二个或二个以上计税单位的房地产，对每个计税单位应分别填写一份申报表。

纳税人如果既从事普通标准住宅开发，又进行其他房地产开发的，应分别填写纳税申报表（一）。

第 1 栏“转让房地产收入总额”，按纳税人在转让房地产开发项目所取得的全部收入额填写。

第 2 栏“货币收入”，按纳税人转让房地产开发项目所取得的货币形态的收入额填写。

第 3 栏“实物收入及其他收入”，按纳税人转让房地产开发项目所取得的实物形态的收入和无形资产等其他形式的收入额填写。

第 5 栏“取得土地使用权所支付的金额”，按纳税人为取得该房地产开发项目所需要的土地使用权而实际支付（补交）的土地出让金（地价款）及按国家统一规定交纳的有关费用的数额填写。

第 7 栏至表第 12 栏，应根据《细则》规定的从事房地产开发所实际发生的各项开发成本的具体数额填写。要注意，如果有些房地产开发成本是属于整个房地产项目的，而该项目同时包含了二个或二个以上的计税单位的，要对该成本在各计税项目之间按一定比例进行分摊。

第 14 栏“利息支出”，按纳税人进行房地产开发实际发生的利息支出中符合《细则》第七条（三）规定的数额填写。如果不单独计算利息支出的，则本栏数额填写为“0”。

第 15 栏“其他房地产开发费用”，应根据《细则》第七条（三）的规定填写。

第 17 栏至表第 19 栏，按纳税人转让房地产时所实际缴纳的税金数额填写。

第 20 栏“财政部规定的其他扣除项目”，是指根据《条例》和《细则》等有关规定所确定的财政部规定的扣除项目的合计数。

第 23 栏“适用税率”，应根据《条例》规定的四级超率累进税率，按所适用的最高一级税率填写；如果纳税人建造普通标准住宅出售，增值额未超过扣除项目金额 20%的，本栏填写“0”。

第 24 栏“速算扣除系数”，应根据《细则》第十条的规定找出相关速算扣除系数来填写。

第 26 栏“已缴土地增值税税额”，按纳税人已经缴纳的土地增值税的数额填写。

9.4.3 土地增值税纳税申报表（二）（非从事房地产开发的纳税人适用）

1. 土地增值税纳税申报表（二）（非从事房地产开发的纳税人适用）格式

土地增值税纳税申报表（二）（非从事房地产开发的纳税人适用）格式见表 9-4。

2. 土地增值税纳税申报表（二）填表说明

（1）适用范围土地增值税纳税申报表（二）适用于非从事房地产开发的纳税人。该纳税人应在签订房地产转让合同后的七日内，向房地产所在地主管税务机关填报土地增值税纳税申报表（二）。

（2）土地增值税纳税申报表（二）主要项目填表说明。

土地增值税纳税申报表（二）的各主要项目内容，应根据纳税人转让的房地产项目作为填报对象。纳税人如果同时转让两个或两个以上房地产的，应分别填报。

第 1 栏“转让房地产收入总额”，按纳税人转让房地产所取得的全部收入额填写。

第 2 栏“货币收入”，按纳税人转让房地产所取得的货币形态的收入额填写。

第 3 栏“实物收入及其他收入”，按纳税人转让房地产所取得的实物形态的收入和无形资产等其他形式的收入额填写。

第 5 栏“取得土地使用权所支付的金额”，按纳税人为取得该转让房地产项目的土地使用权而实际支付（补交）的土地出让金（地价款）数额及按国家统一规定交纳的有关费用填写。

第 6 栏“旧房及建筑物的评估价格”，是指根据《条例》和《细则》等有关规定，按重置成本法评估旧房及建筑物并经当地税务机关确认的评估价格的数额。本栏由第 7 栏与第 8 栏相乘得出。如果本栏数额能够直接根据评估报告填报，则本表第 7、8 栏可以不必再填报。

表 9-4

土地增值税纳税申报表（二）（非从事房地产开发的纳税人适用）

税款所属时间：　年　月　日　　　　　　　　填表日期：　年　月　日

纳税人编码：　　　　　金额单位：人民币元　　　　　面积单位：平方米

纳税人名称		项目名称		项目地址			
业　别		经济性质		纳税人地址		邮政编码	
开户银行		银行账号		主管部门		电　话	

项　　目		行次	金　额
一、转让房地产收入总额　1=2+3		1	
其中	货币收入	2	
	实物收入及其他收入	3	
二、扣除项目金额合计 4=5+6+9		4	
1.取得土地使用权所支付的金额		5	
2.旧房及建筑物的评估价格 6=7×8		6	
其中	旧房及建筑物的重置成本价	7	
	成新度折扣率	8	
3.与转让房地产有关的税金等 9=10+11+12+13		9	
其中	营业税	10	
	城市维护建设税	11	
	印花税	12	
	教育费附加	13	
三、增值额 14=1−4		14	
四、增值额与扣除项目金额之比（%）15=14÷4		15	
五、适用税率（%）		16	
六、速算扣除系数（%）		17	
七、应缴土地增值税税额 18=14×16−4×17		18	

授权代理人	（如果你已委托代理申报人，请填写下列资料） 为代理一切税务事宜，现授权______（地址）______为本纳税人的代理申报人，任何与本报表有关的来往文件都可寄与此人。 授权人签字：__________	声明	我声明：此纳税申报表是根据《中华人民共和国土地增值税暂行条例》及其《实施细则》的规定填报的。我确信它是真实的、可靠的、完整的。 声明人签字：__________

纳税人签　章		法人代表签　章		经办人员（代理申报人）签章		备注	

（以下部分由主管税务机关负责填写）

<table>
<tr><td>主管税务机关收到日期</td><td></td><td>接收人</td><td></td><td>审核日期</td><td></td><td rowspan="2">税务审核人员签章</td><td rowspan="2"></td></tr>
<tr><td rowspan="2">审核记录</td><td colspan="5" rowspan="2"></td></tr>
<tr><td>主管税务机关盖章</td><td></td></tr>
</table>

第 7 栏“旧房及建筑物的重置成本价”，是指按照《条例》和《细则》规定，由政府批准设立的房地产评估机构评定的重置成本价。

第 8 栏“成新度折扣率”，是指按照《条例》和《细则》规定，由政府批准设立的房地产评估机构评定的旧房及建筑物的新旧程度折扣率。

第 10 栏至表第 13 栏，按纳税人转让房地产时实际缴纳的有关税金的数额填写。

第 16 栏“适用税率”，应根据《条例》规定的四级超率累进税率，按所适用的最高一级税率填写。

第 17 栏“速算扣除系数”，应根据《细则》第十条的规定找出相关速算扣除系数填写。

9.5　土地增值税案例评析

案例（1）华展包装机械有限公司于 2009 年 11 月 5 日与购买方舜天进出口贸易有限公司签订了房屋转让合同，确定转让金额为 1 200 万元。该幢房屋为办公楼，原建造时的造价为 500 万元，已提折旧 84 万元，已使用 5 年，八成新，由于办公楼所占土地面积的原使用权属于国家无偿划拨的，企业在转让办公楼时补缴土地出让金 50 万元。该房屋经政府批准设立的房地产评估机构评定的重置成本价为 1 000 万元，该企业在 2009 年 11 月 8 日计算应纳土地增值税额并办理纳税申报。

（1）应纳营业税＝（12 000 000－5 000 000－500 000）×5%＝325 000 元

（2）应纳城市维护建设税＝325 000×7%＝22 750 元

（3）应纳教育费附加＝325 000×3%＝9 750 元

（4）应纳土地增值税

① 计算增值额：＝12 000 000－（10 000 000×80%）－500 000－357 500

＝3 142 500 元

② 计算增值额占扣除项目金额的比例：

=3 142 500÷（8 000 000+500 000+357 500）=35.48%

③ 计算应缴土地增值税额：

=3 142 500×30%=942 750 元

（5）相关的账务处理

① 借：固定资产清理	357 500.00
贷：应交税费—应缴营业税	325 000.00
—应缴城市维护建设税	22 750.00
—应缴教育费附加	9 750.00
② 转让时冲减固定资产和累计折旧：	
借：固定资产清理	4 160 000.00
累计折旧	840 000.00
贷：固定资产	5 000 000.00
③ 取得转让收入时：	
借：银行存款	12 000 000.00
贷：固定资产清理	12 000 000.00
④ 支付土地出让金时：	
借：固定资产清理	500 000.00
贷：银行存款	500 000.00
借：固定资产清理	942 750.00
贷：应交税费—应缴土地增值税	942 750.00
⑤ 上缴土地增值税时：	
借：应交税费—应缴土地增值税	942 750.00
贷：银行存款	942 750.00
⑥ 处理固定资产清理净损益时：	
借：固定资产清理	6 039 750.00
贷：营业外收入—处理固定资产净收益	6 039 750.00

土地增值税纳税申报表（二）

（非从事房地产开发的纳税人适用）

税款所属时间：2009 年 11 月 5 日　　　　填表日期：2009 年 11 月 8 日

纳税人识别号　　　　　　　　　　　　　金额单位：元　　　　　　　　面积单位：平方米

纳税人名称		纳税人地址		电　话	
企业类别		业　别		主管部门	
开户银行		账　号		邮　编	
项目名称			项目详细坐落地址		

项　目	行　次	纳税人申报数	税务机关审核数	备注
一、转让房地产收入总额	1	12 000 000		
二、扣除项目金额合计	2＝3+4+5	88 57 500		
1．取得土地使用权所支付的金额	3	500 000		
2．旧房及建筑物的评估价格	4	8 000 000		
3．与转让房地产有关的税金	5	357 500		
三、增值额	6＝1－2	3 142 500		
四、增值额与扣除项目金额之比	7＝6÷2	35.48%		
五、适用税率（%）	8	30%		
六、速算扣除系数（%）	9	0		
七、应缴土地增值税税额	10＝6×8－2×9	942 750		

授权代理人	（如果你已委托代理申报人，请填写上列资料）为代理一切税务事宜，现授权　　（地址）　　为本纳税人的代理申报人，任何与本报表有关的来往文件都可寄与此人。 授权人签字：	声明	我声明：此纳税申报表是根据《中华人民共和国土地增值税暂行条例》及《实施细则》的规定填报的，我确信它是真实的、可靠的、完整的。 声明人签字：

纳税人签章		法人代表签章		经办人员（代理申报人）签章		主管税务机关签章		接收人	

相关链接

1.《中华人民共和国土地增值税暂行条例》国务院令【1993】第 138 号

2.《中华人民共和国土地增值税暂行条例实施细则》财法[1995]6 号

练　习　题

一、单项选择

1．下列各项中，应征收土地增值税的是（　　）。

A．个人之间互换自有居住用房地产

B．兼并企业从被兼并企业得到的房地产

C．抵押期满权属转让给债权人的房地产

D．通过民政部门赠送给社会公益事业的房地产

2．下列各项中，不属于土地增值税纳税人的是（　　）。

A．与国有企业换房的外资企业　　B．合作建房后出售房产的合作企业

C．转让办公楼的事业单位　　D．继承房产的子女

3．某房地产公司转让商品楼收入 5000 万元，计算土地增值额准予扣除项目金额 4200 万元，则适用税率为（　　）。

A．30%　　B．40%　　C．50%　　D．60%

4．按照土地增值税的有关规定，下列各项目中，房地产开发企业计算土地增值税时，应单独扣除的税金是（　　）。

A．房地产开发企业转让房地产时缴纳的营业税、城建税和印花税

B．房地产开发企业转让房地产时缴纳的营业税、城建税和教育费附加

C．房地产开发企业转让房地产时缴纳的营业税、城建税和个人所得税

D．房地产开发企业转让房地产时缴纳的营业税、城建税、教育费附加和印花税

5．出售旧房及建筑物计算土地增值税的增值额时，其扣除项目金额中的旧房及建筑物的评估价格应按（　　）计算。

A．账载余额　　B．重置成本

C．账载原值乘以成新折扣率　　D．重置成本价乘以成新折扣率

6．根据土地增值税暂行条例规定，纳税人应当自（　　），向房地产所在地的主管税务机关办理纳税申报。

A．签订房地产转让合同之日起 7 日内

B．签订房地产转让合同之日起 10 日内

C．有关部门办理过户、登记手续之日起 7 日内

D．有关部门办理过户、登记手续之日起 10 日内

二、多项选择

1．判别一项行为是否缴纳土地增值税的标准有（　　）。

A．土地使用权、地上的建筑物及其附着物的产权是否发生转让

B．转让的土地的所有权、地上的建筑物及其附着物是否为国家所有

C．土地使用权、地上的建筑物及其附着物的转让是否有偿

D．转让的土地的使用权、地上的建筑物及其附着物是否为国家所有

2．下列各项中，不属于土地增值税征税范围的有（　　）。

A．以房地产抵债但尚未发生房地产权属转让的

B．以房地产抵押贷款而房地产尚在抵押期间的

C．被兼并企业的房地产在企业兼并中转让到兼并方的

D．以出地、出资双方合作建房，建成后又转让给其中一方的

3．下列行为中，应当征收土地增值税的有（　　）。

A．将房屋产权赠与直系亲属的

B．由双方合作建房后分配自用的

C．被兼并企业将房地产转让到兼并企业的

D．以房地产作价入股投资房地产开发公司的

4．下列业务应缴纳土地增值税的有（　　）。

A．某商业企业以土地作价入股投资开办工厂

B．将自有房产赠送给客户的

C．以房地产抵押贷款而房地产尚在抵押期间的

D．出地、出资双方合作建房，建成后又转让的

5．计算土地增值税时，下列费用准予从收入总额中扣除的有（　　）。

A．建房贷款超期支付的利息　　B．开发小区的排污费、绿化费

C．出售旧房过程中的评估费用　　D．出售商品房时办理登记的手续费

6．下列项目中，计征土地增值税时需要用评估价格来确定转让房地产收入、扣除项目金额的包括（　　）。

A．出售旧房屋及建筑物的　　B．虚报房地产成交价格的

C．以房地产进行投资联营的　　D．提供扣除项目金额不实的

三、计算题

1．某市内资房地产开发公司 2009 年开发一个项目，有关经营情况如下：

（1）该项目商品房全部销售，取得销售收入 4000 万元，并签订了销售合同。

（2）签订土地购买合同，支付与该项目相关的土地使用权价款 600 万元，相关税费 50 万元。

（3）发生土地拆迁补偿费 200 万元，前期工程费 100 万元，支付工程价款 750 万元，基础设施及公共配套设施费 150 万元，开发间接费用 60 万元。

（4）发生销售费用 100 万元，财务费用 60 万元，管理费用 80 万元。

（5）该房地产开发公司不能按转让项目计算分摊利息，当地政府规定的开发费用扣除比例为 10%。

根据上述资料和税法相关规定，回答下列问题：

（1）该房地产开发公司 2009 年应缴纳印花税（　　）万元。

A．1.38　　B．1.50　　C．2.18　　D．2.30

（2）该房地产开发公司计算土地增值额时准予扣除的税金和附加为（　　）万元。

A．220　　B．222.65　　C．225　　D．230.6

（3）该房地产开发公司计算土地增值税时准予扣除土地使用费、开发成本、开发费用、其他扣除项目金额（　　）万元。

A．2 301　　B．2 303.65　　C．2 483　　D．2 685

（4）该房地产开发公司 2009 年应缴纳土地增值税（　　）万元。

A．389.1　　B．394.5　　C．678.54　　D．679.6

2．2009 年，某房地产开发公司销售一幢新建商品房，取得销售收入 7 000 万元，已知该公司支付与商品房相关的土地使用权费用及开发成本合计为 2 400 万元，该公司没有按房地产项目计算分摊银行借款利息，该商品房所在地的省政府规定计征土地增值税时房地产开发费用扣除比例为 10%，销售商品房缴纳的有关税费 385 万元。该公司销售商品房应缴纳土地增值税（　　）万元。

第 10 章　其他各税纳税申报

学习与训练目标

- 理解其他各税种的概念，了解其开征的意义
- 描述其他各税种的纳税义务人、征税范围、税率
- 掌握其他各税种的计税依据、应纳税额的计算、会计处理、纳税申报表的编制
- 具备其他各税种应纳税额计算能力
- 具备其他各税种会计处理能力
- 具备其他各税种纳税申报能力

10.1　资源税纳税申报

10.1.1　资源税的概述

1. 资源税的概念

资源税是以在我国境内开采各种应税自然资源为课税对象，为了调节资源级差收入并体现国有资源有偿使用而征收的一种税。

资源税具有资源产品的限定性，调节级差收益，实行定额税率，计算简便，便于管理等特点。其开征的意义表现在：有利于合理调节资源的级差收入，促进企业在同一水平上公平竞争；有利于加强国有资源的管理，促进企业合理开发和利用；有利于配合其他税种，发挥税收杠杆的整体功能；为国家取得一定的财政收入。

2. 资源税的纳税人和扣缴义务人

（1）资源税的纳税人。

资源税的纳税人是指在我国境内开采应税矿产品或者生产盐的单位和个人。

这里所称的单位包括国有企业、集体企业、私营企业、股份制企业、其他企业和行政单位、事业单位、军事单位、社会团体和其他单位；这里所称的个人，是指个体经营者和其他个人。

（2）资源税的扣缴义务人。

针对一些单位和个体经营者分散、零星、不定期开采资源税应税产品的情况，为了加强征管、避免漏税，《资源税暂行条例》规定，收购资源税未税矿产品的独立矿山、联合企业以及其他收购未税矿产品的单位为资源税扣缴义务人。

“独立矿山”是指只有采矿或只有采矿和选矿的独立核算、自负盈亏的单位，其生产的原矿和精矿主要用于对外销售。“联合企业”是指采矿、选矿、冶炼（或者加工）连续生产的企业或采矿、冶炼（或加工）连续生产的企业，其采矿单位一般是该企业的下级核算单位。

3. 资源税的征税范围

属于资源税征税范围的资源分为矿产品和盐两大类。矿产品包括原油、天然气、煤炭、其他非金属矿原矿、黑色金属矿原矿、有色金属矿原矿。每个税目下面又规定了具体范围。

（1）原油。

原油是指开采的天然原油，包括企业生产的稠油、高凝油、凝析油，不包括以油母页岩等炼制的原油、人造石油。

（2）天然气。

天然气是指专门开采或与原油同时开采的天然气，暂不包括煤矿生产的天然气。

（3）煤炭。

煤炭是指原煤，不包括以原煤加工的洗煤、选煤以及其他煤炭制品。

（4）其他非金属原矿。

其他非金属原矿是指上列产品和井矿盐以外的非金属矿原矿。

（5）黑色金属矿原矿。

黑色金属矿原矿是指纳税人开采后自用、销售的，用于直接入炉冶炼或作为主产品先入选精矿，制造人工矿，最终入炉冶炼的黑色金属矿原矿，包括铁矿石、锰矿石、铬矿石。

（6）有色金属矿原矿。

有色金属矿原矿是指黑色金属矿原矿以外的其他有色金属矿原矿。包括铜矿石、铅锌矿石、铝土矿石、钨矿石、锡矿石、锑矿石、钼矿石、镍矿石、黄金矿石等。

（7）盐。

盐包括固体盐和液体盐。固体盐，是指海盐原盐、湖盐原盐和井矿盐；液体盐是指卤水，即氯化钠含量达到一定浓度的溶液，是用于生产碱和其他产品的原料。

10.1.2 资源税的计算与会计处理

1. 资源税的计税依据

资源税是按单位税额从量计算应纳税额的，其计税依据是应税产品的课税数量。

（1）确定资源税课税数量基本办法。

① 纳税人开采或者生产应税产品销售的，以应税资源产品的销售量为计税依据；

② 纳税人开采或者生产应税产品自用的，以自用数量为计税依据。

（2）特殊情况课税数量的确定。

① 纳税人若不能准确提供应税产品的销售量或移送使用数量的，以应税产品的产量和主管税务机关确定的折算比换算成的数量为课税数量。

② 原油中的稠油、高凝油与稀油划分不清楚或不易划分的，一律按原油的数量课税。

③ 对于连续加工前无法正确计算原煤移送使用量的煤炭，可按加工产品的综合回收率，将加工产品实际销量和自用量折算成原煤数量作为课税数量。

综合回收率和洗煤折算为原煤的课税数量的计算公式如下：

综合回收率＝（原煤入洗后的等级品合计数量÷入洗的原煤数量）×100%

洗煤折算为原煤的课税数量＝洗煤的数量÷综合回收率

④ 金属和非金属矿产品原矿，无法准确掌握纳税人移送使用原矿数量的，可将其精矿按选矿比折算成原矿数量作为课税数量。选矿比以及精矿课税数量的计算公式如下：

选矿比＝耗用的原矿数量÷精矿数量

精矿课税数量＝精矿数量×选矿比

⑤ 纳税人以自产的液体盐加工成固体盐，按固体盐税额课税；纳税人以外购的液体盐加工成固体盐，其加工固体盐所耗用液体盐的已纳税额准予抵扣。

纳税人开采或者生产不同税目应税产品的，应当分别核算；不能准确提供不同税目应税产品的课税数量的，应从高适用税额。

2. 资源税的税率

资源税实行幅度定额税率，税目税额具体见表 10-1。

表 10-1 资源税税目税额幅度表

税　　目	税额幅度	计量单位
原油	8—30	元 / 吨
天然气	2—15	元 / 千立方米
煤炭	0.3—5	元 / 吨

（续表）

税　　目	税额幅度	计量单位
其他非金属矿原矿	0.5—20	元 / 吨或者立方米
黑色金属矿原矿	2—30	元 / 吨
有色金属矿原矿	0.4—30	元 / 吨
盐		
其中：固体盐	10—60	元 / 吨
液体盐	2—10	元 / 吨

3．资源税应纳税额的计算

资源税是采用从量定额的征收办法，按照纳税人开采或者生产应税产品的课税数量和规定的单位税额计算应纳资源税，其公式为：

应纳税额＝课税数量×单位税额

代扣代缴资源税额＝收购未税矿产品数量×适用单位税额

【例 10-1】 华北某油田 8 月份销售原油 20 万吨，按规定，其适用的单位税额为 8 元/吨。计算该油田本月应纳资源税税额。

应纳税额＝200 000 吨×8 元/吨＝1 600 000（元）

【例 10-2】 某铜矿山 12 月销售铜矿石原矿 40 000 吨，移送入选精矿 4 000 吨，选矿比为 20%，按规定适用单位税额为 1.2 元/吨。计算该矿山本月应纳资源税税额。

（1）销售铜矿石原矿的应纳税额：

应纳税额＝40 000×1.2＝48 000（元）

（2）移送入选精矿的应纳税额：

因无法准确掌握入选精矿石的原矿数量，按选矿比计算的应纳税额：

应纳税额＝4 000÷20%×1.2＝24 000（元）

（3）合计应纳税额：

应纳税额＝48 000 元＋24 000 元＝72 000（元）

【例 10-3】 某煤矿 10 月份生产原煤 440 000 吨，对外直接销售 300 000 吨，销售自产用原煤加工的选煤 60 000 吨，税务机关核定的选煤回收率为 1∶1.5，该煤矿所采原煤单位税额为 2.5 元 / 吨。计算应纳资源税。

（1）对外销售原煤应纳资源税：

应纳税额＝300 000×2.5＝750 000（元）

（2）企业自产自用原煤应纳税额：

原煤自用数量＝60 000×1.5＝90 000（吨）

应纳税额＝90 000×2.5＝225 000（元）

（3）合计应纳税额：

$$应纳税额合计=750\ 000+225\ 000=975\ 000（元）$$

【例 10-4】 某盐场 6 月份以自产液体盐 25 000 吨和外购液体盐 5 000 吨（每吨已缴纳资源税 2 元），加工固体盐 6 000 吨对外销售，取得销售收入 300 万元。固体盐税额为每吨 20 元。计算该盐场 6 月份应纳资源税税额。

$$应纳资源税税额=6\ 000\times 20-5\ 000\times 2=110\ 000（元）$$

4. 资源税的会计处理

企业交纳的资源税，应通过“应交税费——应交资源税”和“营业税金及附加”账户核算。

企业计算出对外销售应税产品应纳资源税税额时，借记“营业税金及附加”账户，贷记“应交税费——应交资源税”账户；企业计算出自产自用应税产品应纳资源税税额时，借记“生产成本”或“制造费用”账户，贷记“应交税费——应交资源税”账户；独立矿山、联合企业收购未税矿产品，按实际支付的收购款，借记“材料采购”等账户，贷记“银行存款”等账户，按代扣代缴的资源税，借记“材料采购”等账户，贷记“应交税费——应交资源税”账户。

企业外购液体盐加工成固体盐，在购入液体盐时，按允许抵扣的资源税，借记“应交税费——应交资源税”账户，按外购价款扣除允许抵扣资源税后的数额，借记“材料采购”等账户，按应支付的全部价款，贷记“银行存款”或“应付账款”、“应付票据”等账户；企业加工成固体盐销售时，按计算出的销售固体盐应交的资源税，借记“营业税金及附加”账户，贷记“应交税费——应交资源税”账户。

纳税义务人上交资源税时，借记“应交税费——应交资源税”账户，贷记“银行存款”账户。

资源税通常按税务机关核定的纳税期限预交，月末结算。其预缴时，借记“应交税费——应交资源税”账户，贷记“银行存款”账户；纳税人与税务机关结算上月税款，补缴时，借记“应交税费——应交资源税”账户，贷记“银行存款”账户；退回税款时，借记“银行存款”账户，贷记“应交税费——应交资源税”账户。

【例 10-5】 某油田 10 月份开采原油 200 000 吨，其中销售给炼油厂 100 000 吨，每吨售价为 100 元，款项尚未收到。原油资源税定额为 24 元/每吨。有关计算及分录如下：

$$销售原油应纳资源税=100\ 000\times 24=2\ 400\ 000（元）$$

预提资源税的分录：

借：营业税金及附加　　　　2 400 000

　贷：应交税费——应交资源税　　　　2 400 000

【例 10-6】某煤矿 10 月份生产原煤 400 000 吨，对外直接销售 200 000 吨，销售自产用原煤加工的选煤 30 000 吨，税务机关核定的选煤回收率为 1∶1.5，该煤矿所采原煤单位税额为 2.5 元/吨，税务机关核定的纳税期限为 10 天，按上月实际缴纳税款 660 000 元预缴。

（1）每次预交税款金额与分录：

每期应预缴税款＝660 000÷3＝220 000（元）

借：应交税费——应交资源税　　220 000

　贷：银行存款　　220 000

（2）月终结算时：

① 对外销售原煤应纳税额与预提分录：

对外销售原煤应纳税额＝200 000×2.5＝500 000（元）

借：营业税金及附加　　500 000

　贷：应交税费——应交资源税　　500 000

② 企业自产自用原煤应纳税额与预提分录：

对于企业自产自用原煤，其连续加工前无法正确计算原煤移送使用量，可按加工产品的综合回收率，将加工产品实际销售量折算成原煤数量作为课税数量。

原煤自用数量＝30 000×1.5＝45 000（吨）

应纳税额＝45 000×2.5＝112 500（元）

借：生产成本　　112 500

　贷：应交税费——应交资源税　　112 500

③ 月终补退税额与分录：

月终应退企业税款＝660 000－（112 500＋500 000）＝47 500（元）

借：银行存款　　47 500

　贷：应交税费——应交资源税　　47 500

【例 10-7】某矿山联合企业 8 月份自产入选露天矿（五等）铁矿石 450 000 吨。又于 8 月 10 日收购未税入选露天矿（五等）铁矿石 22 000 吨，每吨收购价格 65 元。该矿山铁矿石单位税额为 14.5 元 / 吨。计算应纳税额并编制预提分录（现行规定资源税减征 40%）。

收购铁矿石应代扣的资源税额的计算与分录：

收购铁矿石应代扣的资源税额＝22 000×14.5×（1－40%）＝191 400（元）

借：材料采购　　1 621 400

　贷：应交税费——应交资源税　　191 400

　　　银行存款　　1 430 000

本月自产矿石的应纳资源税额与分录：

自产矿石应纳税额＝450 000×14.5×（1－40%）＝3 915 000（元）

借：生产成本　　3 915 000

贷：应交税费——应交资源税　　3 915 000

【例 10-8】 某盐场本月外购液体盐 8 万吨，用于加工固体盐，货已到并验收入库，价税款合计 720 万元（含资源税），增值税额 122.40 万元；本月销售固体盐 8 万吨。液体盐单位税额 3 元/吨，固体盐单位税额 25 元/吨。

购入液体盐已纳资源税的计算与购入分录：

购入液体盐已纳资源税＝80 000×3＝240 000（元）

借：原材料　　6 960 000

　　应交税费——应交增值税（进项税额）　　1 224 000

　　应交税费——应交资源税　　240 000

　贷：银行存款　　8 424 000

销售固体盐应纳资源税与预提分录：

应纳资源税＝80 000×25＝2 000 000（元）

借：营业税金及附加　　2 000 000

　贷：应交税费——应交资源税　　2 000 000

计算并缴纳本月实际应缴纳的资源税与分录：

实际应纳资源税＝2 000 000－240 000＝1 760 000（元）

借：应交税费——应交资源税　　1 760 000

　贷：银行存款　　1 760 000

10.1.3 资源税的税收优惠

符合下列情况之一的，减征或者免征资源税：

（1）开采原油过程中用于加热、修井的原油，免税。

（2）纳税人开采或者生产应税产品过程中，因意外事故、自然灾害等不可抗拒的原因遭受重大损失的，由省、自治区、直辖市人民政府酌情给予减税或免税。

（3）国务院规定的其他减税、免税项目。

① 2006 年 1 月 1 日起，调整对冶金矿山铁矿石资源税减征政策，暂按规定税额标准的 60%征收。取消对有色金属矿资源税减征 30%的优惠政策，恢复按全额征收。

② 自 2007 年 2 月 1 日起，北方海盐资源税暂减按每吨 15 元征收；南方海盐、湖盐、井矿盐资源税暂减按每吨 10 元征收；液体盐资源税暂减按每吨 2 元征收。

③ 自 2007 年 1 月 1 日起，对地面抽采煤层气暂不征收资源税。煤层气是指贮存于煤层及其围岩中与煤炭资源伴生的非常规天然气，也称煤矿瓦斯。

纳税人的减税、免税项目，应单独核算课税数量。未单独核算课税数量或者不能准确提供课税数量，均不得给予减税、免税。

出口应税产品不退（免）资源税。资源税规定仅对在中国境内开采或生产应税产品的单位和个人征收，进口的矿产品和盐不征收资源税。因对进口应税产品不征收资源税，相应的，对出口应税产品也不免征或退还已纳资源税。

10.1.4　资源税的纳税申报实务操作

1. 纳税义务发生时间

（1）纳税人销售应税产品的纳税义务发生时间。

纳税人销售应税产品的纳税义务发生时间为：

① 纳税人采取分期收款结算方式的，其纳税义务发生时间，为销售合同规定的收款日期的当天；

② 纳税人采取预收货款结算方式的，其纳税义务发生时间，为发出应税产品的当天；

③ 纳税人采取其他结算方式的，其纳税义务发生时间，为收讫销售款或者取得索取销售款凭据的当天。

（2）纳税人自产自用应税产品的纳税义务发生时间。

纳税人自产自用应税产品的纳税义务发生时间，为移送使用应税产品的当天。

（3）扣缴义务人代扣代缴税款的纳税义务发生时间。

扣缴义务人代扣代缴税款的纳税义务发生时间，为支付首笔货款或者开具应支付货款凭据的当天。

2. 纳税期限

纳税期限是指纳税人发生纳税义务后缴纳税款的期限。资源税的纳税期限为 1 日、3 日、5 日、10 日、15 日或者 1 个月。纳税人的纳税期限由主管税务机关根据实际情况具体核定。不能按固定期限计算纳税的，可以按次计算纳税。纳税人以 1 个月为一期纳税的，自期满之日起 10 日内申报纳税；以 1 日、3 日、5 日、10 日或者 15 日为一期纳税的，自期满之日起 5 日内预缴税款，于次月 1 日起 10 日内申报纳税并结清上月税款。

3. 纳税地点

（1）缴纳资源税的纳税人，应当向应税产品的开采或者生产所在地主管税务机关缴纳税款。

（2）纳税人在本省、自治区、直辖市范围内开采或者生产应税产品，其纳税地点需要调整的，由所在地省、自治区、直辖市税务机关决定。

（3）纳税人应纳的资源税属于跨省开采，其下属生产单位与核算单位不在同一省、自治区、直辖市的，对其开采的矿产品一律在开采地纳税，其应纳税款由独立核算、自负盈亏的单位，按照开采地的实际销售量（或者自用量）及适用的单位税额计算划拨。

（4）扣缴义务人代扣代缴的资源税，也应当向收购地主管税务机关缴纳。

4. 纳税申报表

纳税人申报、缴纳资源税，应填写《资源税纳税申报表》，并在规定的时间内申报纳税。

（1）《资源税纳税申报表》的格式见表 10-2。

表 10-2

资源税纳税申报表

纳税人识别号：□□□□□□□□□□□□□□□□□□□□□□□□□

纳税人名称：（公章）

税款所属期限：自　年　月　日至　年　月　日

填表日期：　年　月　日　　　　金额单位：元（列至角分）

产品名称		课税单位	课税数量	单位税额	本期应纳税额	本期已纳税额	本期应补（退）税额	备注
1		2	3	4	5=3×4	6	7=5−6	
应纳税项目								
免减税项目								

纳税人或代理人声明：此纳税申报表是根据国家税收法律的规定填报的，我确信它是真实的、可靠的、完整的。	如纳税人填报，由纳税人填写以下各栏		
	经办人（签章）	会计主管（签章）	法定代表人（签章）
	如委托代理人填报，由代理人填写以下各栏		
	代理人名称		代理人（公章）
	经办人（签章）		
	联系电话		

以下由税务机关填写

受理人		受理日期		受理税务机关（签章）	

（2）《资源税纳税申报表》填表说明。

① 本表适用于资源税纳税人填报。

② 本表有关内容按以下要求填写。

- 纳税人识别号：填写办理税务登记时，由税务机关确定的税务登记号。
- 纳税人名称：填写企业全称或业户字号，无字号的填业主姓名，并有工商登记或主管部门批准的名称。
- “课税单位”栏，填写课税数量的单位，如：吨、立方米、千立方米等。

10.1.5　资源税案例评析

某铜矿开采企业 5 月份销售铜矿精矿 4 000 吨，原矿（为三等级）、精矿的折算比例为 1∶0.4，销售额中有部分为四等级的，企业在核算上不能按各等级划分其课税数量。三等级原矿单位税额为 2.6 元/吨，四等级原矿单位税额为 2.5 元/吨。试计算该企业 5 月份应缴纳的资源税。

分析与计算：

（1）现行资源税法规定：资源税以应税资源的销售数量或移送使用数量为计税依据；纳税人不能准确提供销售数量或移送使用数量的，以应税产品的产量或主管税务机关确定的折算比例换算成的数量为课税数量。根据这一规定，该企业 5 月份的应税资源销售量为：

$$4\,000\div0.4=10\,000\text{（吨）}$$

（2）资源税法规定，纳税人开采或者生产不同税目的应税产品，应当分别核算应税产品的课税数量，未分别核算或不能准确提供不同税目应税产品的课税数量的，从高适用税率。本例中的纳税人在核算上不能按三、四等级划分课税数量，根据这一规定，应按三等级的适用税额 2.6 元/吨计算纳税。

根据上述分析，资源税应纳税额计算如下：

$$\text{资源税的应纳税额}=10\,000\times2.6=26\,000\text{（元）}$$

10.2　城镇土地使用税纳税申报

10.2.1　城镇土地使用税的概述

1．城镇土地使用税的概念

城镇土地使用税是对在我国境内的城镇占有和使用土地的单位和个人，以其实施占有的土地面积为计税标准，按规定税额对拥有土地使用权的单位和个人征收的一种税。

城镇土地使用税的开征，有利于促进土地资源的合理开发和使用，促进企业进行公平竞争，有利于理顺国家和土地使用者的关系，充实地方财源，增加地方财政收入。

2. 城镇土地使用税的纳税人

凡是在我国境内占有和使用土地（农用土地除外）的单位和个人，均为城镇土地使用税的纳税人。具体确定为：

（1）拥有土地使用权的单位和个人，拥有人为纳税人；

（2）拥有土地使用权的纳税人不在土地所在地的，由代管人或实际使用人纳税；

（3）土地使用权未确定或权属纠纷未解决的，由实际使用人纳税；

（4）土地使用权共有的，由共有各方分别纳税。

单位包括国有企业、集体企业、私营企业、股份制企业、外商投资企业、外国企业以及其他企业和事业单位、社会团体、国家机关、军队以及其他单位。个人包括个体工商户和其他个人。

3. 城镇土地使用税的征税范围

城镇土地使用税的征税范围为城市、县城、建制镇、工矿区范围内的国家所有和集体所有土地。

其中，城市是指经国务院批准建立的市，包括市区和郊区；县城是指县人民政府所在地的城镇；建制镇是指经省、自治区、直辖市人民政府批准设立的建制镇；工矿区是指工商业比较发达，人口比较集中，符合国务院规定的建制镇标准，但尚未设立建制镇的大中型工矿企业所在地。

城市、县城、建制镇、工矿区的具体征税范围，由各省、自治区、直辖市人民政府划定。

10.2.2 城镇土地使用税的计算与会计处理

1. 城镇土地使用税的计税依据

城镇土地使用税是以纳税人实际占用的土地面积为计税依据。

纳税人实际占用的土地面积是指由省、自治区、直辖市人民政府确定的单位组织测定的土地面积。纳税人持有政府部门核发的土地使用证书，以证书确认的土地面积为计税依据；尚未核发土地使用证书，纳税人应据实申报土地面积，待土地面积测定后，按测定面积进行调整。

2. 城镇土地使用税的税率

城镇土地使用税实行分级幅度税额。年单位税额为：

（1）大城市每平方米 1.5 元至 30 元；

（2）中等城市每平方米 1.2 元至 24 元；

（3）小城市每平方米 0.9 元至 18 元；

（4）县城、建制镇和工矿区每平方米 0.6 元至 12 元。

经省级人民政府批准，经济落后地区土地使用税的适用税额标准可以适当降低，但降低额不得超过规定的最低税额的 30%。经济发达地区土地使用税的适用税额标准可以适当提高，但须报经财政部批准。

3. 城镇土地使用税应纳税额的计算

土地使用税要以纳税人实际占用的土地面积为计税依据，按照规定的税额计算征收。其计算公式为：

应纳税额＝计税土地面积×适用税额

【例 10-9】 某企业位于某中等城市，实际占用土地面积为 35 000 平方米，适用税额为 6 元/平方米。计算全年应纳土地使用税。

全年应纳土地使用税税额＝35 000×6＝210 000（元）

4. 城镇土地使用税的会计处理

企业城镇土地使用税计提与缴纳通过“应交税费——应交城镇土地使用税”账户核算。

企业按规定计算出应交纳的城镇土地使用税时，借记“管理费用”账户，贷记“应交税费——应交城镇土地使用税”账户。实际交纳时，借记“应交税费　应交城镇土地使用税”账户，贷记“银行存款”账户。

【例 10-10】 某厂位于大城市，实际占用土地面积 10 000 平方米，核定单位税额为 10 元/平方米。计算年应纳土地使用税，并编制计提与缴纳税款的分录。

全年应纳土地使用税税额＝10 000×10＝100 000（元）

计提税金的分录：

借：管理费用　100 000

　贷：应交税费——应交城镇土地使用税　100 000

实际上缴税款的分录：

借：应交税费——应交城镇土地使用税　100 000

　贷：银行存款　100 000

10.2.3 城镇土地使用税的纳税申报实务操作

1. 纳税义务发生时间

（1）购置新建商品房，自房屋交付使用之次月起计征城镇土地使用税。

（2）购置存量房，自办理房屋权属转移、变更登记手续，房地产权属登记机关签发房屋权属证书之次月起计征城镇土地使用税。

（3）出租、出借房产，自交付出租、出借房产之次月起计征城镇土地使用税。

（4）房地产开发企业自用、出租、出借本企业建造的商品房，自房屋使用或交付之次月起计征城镇土地使用税。

（5）纳税人新征用的耕地，自批准征用之日起满 1 年时开始缴纳土地使用税。

（6）纳税人新征用的非耕地，自批准征用次月起缴纳城镇土地使用税。

2. 纳税期限

城镇土地使用税按年计算、分期缴纳。缴纳期限由省、自治区、直辖市人民政府确定。

3. 纳税地点

土地使用税的纳税地点为土地所在地。

纳税人使用的土地不属于同一省（自治区、直辖市）管辖的，由纳税人分别向土地所在地税务机关缴纳城镇土地使用税。

在同一省（自治区、直辖市）管辖范围内，纳税人跨地区使用的土地，其纳税地点由各省、自治区、直辖市地方税务局确定。

4. 纳税申报表

（1）城镇土地使用税纳税申报表格式见表 10-3。

（2）《城镇土地使用税纳税申报表》填表说明。

① 本表适用于中国境内城镇土地使用税纳税人填报。

② 纳税人识别号是纳税人在办理税务登记证时由主管税务机关确定的税务编码。

③ 坐落地点：土地管理部门已核发土地证的，应根据土地证填写。

④ 土地等级按照纳税人占用的土地所在地、县、市人民政府划分的土地等级填列。

⑤ 本期变动栏，增加用蓝笔填写，减少用红笔填写。

⑥ 本期实际占用土地面积＝上期占地面积＋本期增减数。

⑦ 本表一式三联，第一联纳税人保存，第二联由主管税务机关留存，第三联税务机关做税收会计原始凭证。

表 10-3

城镇土地使用税纳税申报表

填表日期：　　　年　　月　　日　　　　　　　　　　金额单位：元（列至角分）

纳税人识别号：□□□□□□□□□□□□□□□□□□□□□□□□

纳税人名称										税款所属时期						
房产坐落地点																
坐落地点	上期占地面积	本期增减	本期实际占地面积	法定免税面积	应税面积	土地等级		适用税额		全年应缴税额	缴纳次数	本期 应纳税额	本期 已纳税额	本期 应补（退）税额
1	2	3	4=2+3	5	6=4−5	7	8	9	10	11=7×9+8×10	12	13=11+12	14	15=13−14
合计														

如纳税人填报，由纳税人填写以下各栏		如委托代理人填报，由代理人填写以下各栏		
会计主管 （签章）	纳税人 （公章）	代理人名称		代理人 （公章）
		代理人地址		
		经办人姓名		电话
以下由税务机关填写				
收到申报表日期			接收人	

10.2.4　城镇土地使用税的税收优惠

城镇土地使用税免税项目包括：

（1）国家机关、人民团体、军队自用的土地；

（2）由国家财政部门拨付事业经费的单位自用的土地；

（3）宗教寺庙、公园、名胜古迹自用的土地；

（4）市政街道、广场、绿化地带等公共用地；

（5）直接用于农、林、牧、渔业的生产用地；

（6）经批准开山填海整治的土地和改造的废弃土地，从使用的月份起免缴土地使用税5年至10年；

（7）由财政部另行规定免税的能源、交通、水利设施用地和其他用地。

10.2.5 城镇土地使用税案例评析

国有企业远洋公司（以下简称远洋公司）位于某县城郊，该公司所在地适用税额为 1元/平方米。该县地方税务局稽查局于 2005 年 9 月对该公司的 2005 年 1 月～6 月纳税情况进行检查。在检查城镇土地使用税纳税情况时，发现远洋公司提供的政府部门核发的土地使用证书显示，该公司实际占地面积 90 000 平方米，其中：

（1）公司内学校和医院共占地 2 000 平方米；

（2）厂区外公共绿化用地 6 000 平方米，厂区内生活小区的绿化用地 1 000 平方米；

（3）2005 年 1 月 1 日，公司将一块 3 000 平方米的土地对外出租给另一公司，用以生产经营；

（4）2005 年 3 月 1 日，将一块 1 500 平方米的土地无偿借给某国家机关作公务使用；

（5）远洋公司与某外商投资企业共同拥有一块面积为 5 000 平方米的土地，其中远洋公司实际占有面积为 3 000 平方米，其余归外商投资企业使用。

（6）2005 年 5 月 1 日，新征用厂区附近的两块土地共计 4 000 平方米，一块是征用的耕地，面积为 2 800 平方米，另一块是征用的非耕地，面积为 1 200 平方米。

（7）除上述土地外，其余土地均为公司生产经营用地。

分析与计算：

（1）企业办的学校、医院、托儿所、幼儿园自用的土地，比照由国家财政部门拨付事业经费的单位自用的土地，免征城镇土地使用税。

（2）厂区（包括生产、办公及生活区）以内的绿化用地，应按规定缴纳城镇土地使用税，厂区以外的公共绿化用地和向社会开放的公共用地，暂免征收城镇土地使用税。

$$应纳税额=1\ 000\times1\div2=500（元）$$

（3）土地使用权出租的，由拥有土地使用权的企业缴纳城镇土地使用税。该公司不缴税。

（4）对免税单位无偿使用纳税单位的土地，免征城镇土地使用税；对纳税单位无偿使用免税单位的土地，纳税单位照章缴纳城镇土地使用税。本案例中承租土地的国家机关免予缴纳城镇土地使用税。远洋公司 2005 年 1 月～2 月应纳税额为：

应纳税额＝1 500×1×2÷12＝250（元）

（5）土地使用权共有的，由共有各方分别纳税。

应纳税额＝3 000×1÷2＝1 500（元）

（6）对征用的耕地因缴纳了耕地占用税，从批准征用之日起满一年后征收城镇土地使用税；征用的非耕地不需要缴纳耕地占用税，应从批准征用之次月起征收城镇土地使用税。因此，远洋公司上半年只需对征用的非耕地缴纳 6 月份一个月的城镇土地使用税。

应纳税额＝1 200×1÷12＝100（元）

（7）其余土地应纳税额。

应纳税额＝（90 000－2 000－6 000－1 000－3 000－1 500－3 000－4 000）×1÷2
＝34 750（元）

综上，该公司 2005 年 1 月～6 月应纳城镇土地使用税合计为：

合计应纳税额＝500＋250＋1500＋100＋34 750＝37 100（元）

10.3　房产税纳税申报

10.3.1　房产税的概述

1. 房产税的概念

房产税是以房产为征税对象，以房产的计税余值或租金收入为计税依据，向房产产权所有人征收的一种财产税。

房产税开征的目的是有利于加强对房产的监管，有利于执行国家的房产政策，提高房产使用效率，合理调节房产所有人和经营人的收入，也是地方财政收入的重要来源之一。

2. 房产税的纳税人

凡在我国境内拥有房屋产权的单位和个人均为房产税的纳税人。

（1）产权属国家所有的，由经营管理单位纳税；产权属集体和个人所有的，由集体和个人纳税。

（2）产权出典的，由承典人纳税。

（3）产权所有人、承典人不在房屋所在地的，由房产代管人或者使用人纳税。

（4）产权未确定及租典纠纷未解决的，亦由房产代管人或使用人纳税。

（5）无租使用其他房产的问题。纳税单位和个人无租使用房产管理部门、免税单位及纳税单位的房产，应由使用人代为缴纳房产税。

3. 房产税的征税范围

房产税的征税对象是房产，是指房屋形态表现的财产，即有屋面和围护结构（有墙或两边有柱）能够遮风避雨，可供人们在其中生产学习工作、娱乐、居住或贮藏物资的场所。独立于房屋之外的建筑物，如围墙、烟囱、水塔、室外游泳池等不属于房产。

房产税的征税范围为城市、县城、建制镇和工矿区，不包括农村的房产。房地产开发企业建造的商品房，在出售前不征收房产税；但对出售前房地产开发企业已使用或出租、出借的商品房，应按规定征收房产税。外商投资企业和外国企业的房产暂不缴纳房产税。

10.3.2 房产税的计算与会计处理

1. 房产税的计税依据

对不同用途的应税房屋，房产税的计税依据不同。房产税计税依据分为房产计税余值和房产租金两种。

（1）自用房屋的计税依据。

自用房屋的计税依据为房产的计税余值，是指按房产原值一次减除 10%～30%后的余值。各地扣除比例由当地省、自治区、直辖市人民政府确定。

需要说明的是：

① 房屋原值是指纳税人按照会计制度规定在账簿固定资产账户中记载的房屋原价。

② 房产原值应包括与房屋不可分割的各种附属设备或不单独计算价值的配套设施。属于房屋附属设备的水管、下水道、暖气管、煤气管等从最近的探视井或三通管算起，电灯网、照明线从进线盒连接管算起，计算原值。

③ 纳税人对原有房屋进行改建和扩建的，应相应增加房屋原值。

④ 从 2006 年起，凡在房产税征收范围内的具备房屋功能的地下建筑，均征收房产税。

⑤ 对纳税人未按规定记载房产原值的，应按规定调整房产原值；对房产原值明显不合理的，应重新予以评估；对没有房产原值的，应由房屋所在地的税务机关参考同类房屋的价值核定。

（2）出租房屋的计税依据。

出租房屋的计税依据为租金收入。房屋的租金收入是指房屋产权所有人出租房产使用权所得的报酬，包括货币、实物等收入。

2. 房产税的税率

我国现行房产税采用的是比例税率，有两种：一种是房产税按房产余值计征的，年税率为 1.2%；另一种是房产税按房产出租的租金收入计征的，年税率为 12%。

3. 房产税的计算

（1）从价计征：

房产税从价计征是指以房产的计税余值为依据进行的计征。其公式如下：

应纳税额＝应税房产原值×（1－扣除比例）×适用税率（1.2%）

（2）从租计征：

房产税从租计征是指以房产的租金收入为依据进行的计征。其公式如下：

应纳税额＝租金收入×适用税率（12%）

应注意的是，房产税税率是年税率，若房产在一年中有不同用途，应交房产税必须分段计算。

4. 房产税的会计处理

为了准确反映企业房产税的计提及上缴情况，设置“应交税费——应交房产税”账户。企业预提房产税时，借记“管理费用”等账户，贷记“应交税费——应交房产税”账户；缴纳房产税时，借记“应交税费——应交房产税”账户，贷记“银行存款”账户。

【例 10-11】 某企业 2007 年 1 月 1 日的房产原值为 5 000 万元，2 月 1 日将其中原值为 2 000 万元的房屋出租，月租金 8 万元，当地政府规定的减除比例为 20%。计算一季度每个月预提及上缴房产税的会计处理。

（1）计算 1 月份应纳房产税及预提分录：

应纳房产税＝5 000×（1－20%）×1.2%÷12＝4（万元）

借：管理费用　　40 000

　贷：应交税费——应交房产税　　40 000

（2）计算 2 月份应纳房产税及预提分录：

应纳房产税＝[（5 000－2 000）×（1－20%）×1.2%＋8×12×12%]÷12

＝3.36（万元）

借：管理费用　　33 600

　贷：应交税费——应交房产税　　33 600

（3）3 月份应纳房产税及预提分录同 2 月份。

（4）上缴第一季度房产税：

借：应交税费——应交房产税　　107 200

　贷：银行存款　　107 200

10.3.3 房产税的税收优惠

下列房产免纳房产税：

（1）国家机关、人民团体、军队自用的房产免征房产税。这些单位出租以及非自身业务使用的生产、营业用房，不属于免税范围。

（2）由国家财政部门拨付事业经费的单位自用的房产免征房产税。这些单位所附属的工厂、商店、招待所等用房，不属于免税范围。

（3）宗教寺庙、公园、名胜古迹自用的房产免征房产税。但不包括宗教寺庙、公园、名胜古迹中附设的营业单位所使用的房产及出租的房产。

（4）个人所有非营业用的房产免征房产税。不包括个人拥有的营业用房或出租的房产。

（5）财政部批准的其他用房。

10.3.4 房产税的纳税申报实务操作

1. 纳税期限

房产税按年征收，分期缴纳。具体纳税期限由省、自治区、直辖市人民政府确定。各地一般按季度或半年缴纳。

2. 纳税地点

按照规定，房产税由纳税人向房产所在地税务机关缴纳。房产不在同一地方的纳税人，应按房产的坐落地点，分别向房产所在地的税务机关缴纳房产税。

3. 纳税申报表

（1）申报。

企业应当在规定的月份，填制《房产税纳税申报表》，将现有房屋的坐落地点、结构、面值、出租收入等情况，据实向房屋所在地税务机关办理纳税申报。如果纳税人住址变更、产权转移，以及因出现新建、改建、扩建、拆除房屋等情况，而引起房产原值发生变化或者租金收入发生变化，都需要按规定及时向主管税务机关办理变更登记。

（2）申报资料的格式。

① 房产税纳税申报表见表10-4。

表 10-4

房产税纳税申报表

填表日期：　　年　月　日　　　　　　　　　　　　　　　　金额单位：元（列至角分）

纳税人识别号：□□□□□□□□□□□□□□□□□□□□□□□□□

纳税人名称							税款所属时期								
坐落地点						建筑面积			房屋结构						
上期申报房产原值	本期增减房产	本期实际房产原值	其中			扣除率	计税依据		适用税率		全年应纳税额	缴纳次数	本期		应补（退）税款
			从价计税的房产原值	从租计税的房产原值	免税房产原值		余值	租金	1.2%	12%			应纳税额	已纳税额	
合计															

如纳税人填报，由纳税人填写以下各栏		如委托代理人填报，由代理人填写以下各栏		
会计主管 （签章）	经办人 （公章）	纳税人 （公章）	经办人 （签章）	代理人 （公章）
以下由税务机关填写				
收到申报表日期		接收人		

10.3.5　房产税的案例评析

某市某木业公司，主要经营范围为木器加工与销售，在职职工 110 人。1999 年 12 月，市地税分局对该企业进行纳税审查，通过对企业以前年度纳税资料和有关的账证的审查，发现以下问题：

（1）该木业公司房产原值 180.508 81 万元，1997 年上半年缴纳房产税 7 581.37 元。1997 年下半年未计提申报房产税。

（2）该木业公司营业用房两间，出租给公司职工经营，每月上交 1 200 元，公司不负担任何费用，1997 年全年收入为 1.44 万元，公司财务账上借记“银行存款”账户，贷记“其他业务收入”账户，但未作为出租房屋收入申报缴纳营业税和房产税。

分析与计算：

根据房产税的有关规定，房产税是以房屋为征税对象，按房产价值或租金收入征收的一种税。对纳税人用于经营活动的自有房屋，依房产原值一次减去 10%～30%后的余值，按 1.2%的税率征收，对纳税人出租的房产依租金收入按 12%的税率征收。该企业应就其自用房产和出租房产计缴房产税。根据《营业税暂行条例》的有关规定，该企业应就其出租房产的租金收入按 5%的税率计缴营业税。

（1）该企业补缴营业税：

$$14\,400\times5\%=720（元）$$

（2）该企业应补缴的城建税和教育费附加：

$$720\times7\%+720\times3\%=72（元）$$

（3）该企业应补缴房产税：

$$7\,581.37+14\,400\times12\%=9\,309.37（元）$$

其中，7 581.37 元为按房产计税价值计征的 1997 年下半年的房产税，1 728 元（14 400×12%）为按房产租金收入计征的 1997 年全年的房产税。

10.4　车船税纳税申报

10.4.1　车船税的概述

1. 车船税的概念

车船税是对在中华人民共和国境内车辆、船舶的所有人或者管理人所征收的一种税。《中华人民共和国车船税暂行条例》，已于 2007 年 1 月 1 日正式实施。开征车船税取代征缴了几十年之久的车船使用牌照税和车船使用税。新条例的出台，对于统一税制、公平税负、拓宽税基，增加地方财政收入，加强地方征税管理都具有重要的意义。

2. 车船税的纳税人

在中华人民共和国境内，车辆、船舶的所有人或者管理人为车船税的纳税人。管理人是指对车船具有管理使用权、不具有所有权的单位和个人。

一般情况下，拥有车船所有权或者管理权的单位和个人是同一人。如果车船所有权或管理权不一致时，则应由双方商定确认；未商定确认的，以车船管理人为纳税人。车船的所有人或者管理人未缴纳车船税的，使用人应当代为缴纳车船税。

根据规定，从事机动车交通事故责任强制保险业务的保险机构为机动车车船税的扣缴义务人，应当依法代收代缴车船税。

3. 车船税的征税范围

车船税的征税范围是指依法应当在车船管理部门登记的车船。在机场、港口以及其他企业内部场所行驶或者作业，并在车船管理部门登记的车船，也应当缴纳车船税。

10.4.2 车船税的计算与会计处理

1. 车船税的计税依据

车船税采用从量计税的办法，分别选择了三种单位作为计税标准，即辆、净吨位和自重吨位。

（1）采用以辆为计税标准的车辆有：电车、汽车、摩托车、自行车、人力车、畜力车等。

（2）采用以净吨位为计税标准的主要是船舶。

（3）采用以自重吨位为计税标准的有：载货汽车、三轮汽车和低速货车。

2. 车船税的税率

车船税对应税车船采用幅度税额税率。税目税额具体见表 10-5。

表 10-5 车船税税目税额表

单位：元/辆·年、元/吨·年

<table>
<tr><th colspan="2">税目</th><th colspan="2">计税标准</th><th>每年税额</th><th>备注</th></tr>
<tr><td rowspan="4">载客汽车</td><td>大型客车</td><td>核定载客≥20 人</td><td rowspan="4">辆</td><td>480 元至 660 元</td><td rowspan="4">包括电车</td></tr>
<tr><td>中型客车</td><td>核定载客 10～19 人</td><td>420 元至 660 元</td></tr>
<tr><td>小型客车</td><td>核定载客≤9 人</td><td>360 元至 660 元</td></tr>
<tr><td>微型客车</td><td>发动机气缸总排气量≤1 升</td><td>60 元至 480 元</td></tr>
<tr><td colspan="2">载货汽车</td><td colspan="2" rowspan="7">按自重每吨</td><td rowspan="7">16 元至 120 元</td><td>包括半挂牵引车、挂车</td></tr>
<tr><td colspan="2">三轮汽车</td><td>三轮汽车指在车辆管理部门登记为三轮汽车或者三轮农用运输车的机动车</td></tr>
<tr><td colspan="2">低速货车</td><td>低速货车指在车辆管理部门登记为低速货车或者四轮农用运输车的机动车</td></tr>
<tr><td colspan="2">专项作业车</td><td>专项作业车指装置有专用设备或者器具，用于专项作业的机动车</td></tr>
<tr><td colspan="2">轮式专用机械车</td><td>轮式专用机械车指具有装卸、挖掘、平整设备的轮式自行机械</td></tr>
<tr><td colspan="2">客货两用车</td><td></td></tr>
<tr><td colspan="2">摩托车</td><td></td></tr>
</table>

<table>
<tr><td colspan="2">摩托车</td><td colspan="2">每辆</td><td>36 元至 180 元</td><td></td></tr>
<tr><td colspan="2" rowspan="4">船舶</td><td colspan="2">净吨位≥10 001 吨</td><td>6 元/吨</td><td rowspan="4">拖船是指专门用于拖（推）动运输船舶的专业作业船舶。拖船和非机动驳船分别按船舶税额的 50%计算。拖船按照发动机功率每 2 马力折合净吨位 1 吨计算征收车船税。</td></tr>
<tr><td colspan="2">净吨位 2 001 吨～10 000 吨</td><td>5 元/吨</td></tr>
<tr><td colspan="2">净吨位 201 吨～2 000 吨</td><td>4 元/吨</td></tr>
<tr><td colspan="2">净吨位≤200 吨</td><td>3 元/吨</td></tr>
</table>

需要说明的是：

（1）车辆自重尾数在0.5吨以下（含0.5吨）的，按照0.5吨计算；超过0.5吨的，按照1吨计算。

（2）船舶净吨位尾数在0.5吨以下（含0.5吨）的不予计算，超过0.5吨的按照1吨计算。

（3）1吨以下的小型车船，一律按照1吨计算。

3. 车船税的计算

车船税应根据不同类型的车船和其适用的计税标准分别计算。

（1）载客汽车和摩托车的计算公式

应纳税额＝应纳税车辆数量×适用单位标准

（2）载货汽车、三轮汽车和低速货车和船舶的计算公式

应纳税额＝应纳税车船的载重或净吨位数量×适用单位税额

对于购置的新车船，购置当年的应纳税额自纳税义务发生的当月起按月计算。计算公式为：

应纳税额＝（年应纳税额÷12）×应纳税月份数

【例10-12】 某企业2008年自有客货两用汽车3辆，每辆自重8吨；拖船2艘，每艘发动机功率440马力；拖拉机3辆。车船税年税额：载货汽车为100元/吨，净吨位201吨～2000吨的船舶为4元/吨。计算该企业全年应纳车船税的税额。

客货两用车应纳车船税税额＝8×3×100＝2 400（元）

拖船应纳车船税税额＝440÷2×4×50%×2＝880（元）

拖拉机免征车船税

应纳车船税总额＝2 400＋880＝3 280（元）

4. 车船税的会计处理

为了准确核算企业的车船税计提与缴纳情况，企业设置了“应交税费——应交车船税”账户，计提时，借记“管理费用”账户，贷记“应交税费——应交车船税”账户；缴纳时，借记“应交税费——应交车船税”账户，贷记“银行存款”账户。

【例10-13】某企业经计算全年应纳税额为3 280元。编制计提及上缴车船税的会计分录。

计提车船税时：

借：管理费用　　3 280

　贷：应交税费——应交车船税　　3 280

上缴车船税时：

借：应交税费——应交车船税　　3 280

　贷：银行存款　　3 280

10.4.3　车船税的税收优惠

根据车船税暂行条例规定，下列车船免征车船税：

（1）非机动车船（不包括非机动驳船）；

（2）拖拉机；

（3）捕捞、养殖渔船；

（4）军队、武警专用的车船；

（5）警用车船；

（6）按照有关规定已经缴纳船舶吨税的船舶；

（7）依照我国有关法律和我国缔结或者参加的国际条约的规定应当予以免税的外国驻华使馆、领事馆和国际组织驻华机构及其有关人员的车船。

10.4.4　车船税的纳税申报实务操作

1. 纳税义务发生时间

车船税的纳税义务发生时间，为车船管理部门核发的车船登记证书或者行驶证书所记载日期的当月。

2. 纳税地点

车船税由地方税务机关负责征收。车船税的纳税地点，由省、自治区、直辖市人民政府根据当地实际情况确定。跨省、自治区、直辖市使用的车船，纳税地点为车船的登记地。从事机动车交通事故责任强制保险业务的保险机构为机动车车船税的扣缴义务人，应当依法代收代缴车船税。

3. 纳税期限

车船税按年申报缴纳。具体申报纳税期限由省、自治区、直辖市人民政府确定。

4. 纳税申报表

车船税的纳税人应按照条例的有关规定及时办理纳税申报，并如实填写《车船税纳税申报表》，见表 10-6 所示。

表 10-6

车船税纳税申报表

填报日期：　　年　月　日

纳税人识别号：□□□□□□□□□□□□□□□□□□□□　　金额单位：元（列至角分）

<table>
<tr><td colspan="2">纳税人名称</td><td colspan="3"></td><td colspan="2">税款所属时间</td><td colspan="2"></td></tr>
<tr><td rowspan="2">车船类别</td><td rowspan="2">计税标准</td><td rowspan="2">数量</td><td rowspan="2">单位税额</td><td rowspan="2">全年应纳税额</td><td rowspan="2">年缴纳次数</td><td colspan="3">本期</td></tr>
<tr><td>应纳税额</td><td>已纳税额</td><td>应补（退税额）</td></tr>
<tr><td>①</td><td>②</td><td>③</td><td>④</td><td>⑤=③×④</td><td>⑥</td><td>⑦=⑤/⑥</td><td>⑧</td><td>⑨=⑦-⑧</td></tr>
<tr><td></td><td></td><td></td><td></td><td></td><td></td><td></td><td></td><td></td></tr>
<tr><td></td><td></td><td></td><td></td><td></td><td></td><td></td><td></td><td></td></tr>
<tr><td>合计</td><td></td><td></td><td></td><td></td><td></td><td></td><td></td><td></td></tr>
<tr><td colspan="6">如纳税人填报，由纳税人填写以下各栏</td><td colspan="3">如委托代理人填报，由代理人填写以下各栏</td></tr>
<tr><td colspan="2">会计主管
（签章）</td><td colspan="2">经办人
（签章）</td><td colspan="2">纳税人
（公章）</td><td colspan="2">经办人
（签章）</td><td>代理人
（公章）</td></tr>
<tr><td colspan="9">以下由税务机关填写</td></tr>
<tr><td colspan="2">收到申报日期</td><td colspan="3"></td><td colspan="2">接受人</td><td colspan="2"></td></tr>
</table>

10.4.5　车船税案例评析

某交通运输企业拥有载货汽车（每辆自重 2.2 吨）40 辆，通勤用大客车 10 辆。其中 5 辆货车在企业内部使用（3 辆已在车船管理部门登记、2 辆不在车船管理部门登记），均不上公路行驶。该企业所在省规定载货汽车年税额为 80 元/吨，大客车年税额为 500 元/辆。有关计税人员计算：应纳车船税税额＝2.2×35×80＋10×500＝11 160（元）。分析说明该计算是否正确。

分析与计算：

有关计税人员计算不正确，其计算有两处错误：

一是，按规定，载货汽车以自重吨位为计税标准，其车辆自重尾数在 0.5 吨以下（含 0.5 吨）的，按照 0.5 吨计算；超过 0.5 吨的，按照 1 吨计算，本案例每辆自重为 2.2 吨，应按 2.5 吨计算。

二是，按规定，车船税的征税范围是在车船管理部门登记的车船。在机场、港口以及其他企业内部场所行驶或者作业，并在车船管理部门登记的车船，也应当缴纳车船税。而在企业内部行驶，在车船管理部门不登记，不上公路行驶的车船不缴纳车船税。鉴于以上规定，应纳车船税税额计算如下：

应纳车船税税额＝2.5×38（40－2）×80＋10×500＝12 600（元）

10.5　印花税纳税申报

10.5.1　印花税的概述

1. 印花税的概念

印花税是对经济活动和经济交往中书立、使用、领受具有法律效力凭证的单位和个人征收的一种税。

印花税具有征税范围广、税率低、税负轻和纳税人自行完税等特点。其开征，在培养和增强纳税人自觉纳税的意识、配合有关经济管理部门贯彻实施各项经济法规、增加地方财政收入等方面具有重要的意义。

2. 印花税的纳税人

印花税的纳税人是指在我国境内书立、使用、领受印花税征税范围所列凭证的单位和个人。单位和个人，是指国内各类企业、事业、机关、团体、部队，以及中外合资企业、合作企业、外资企业、外国公司企业和其他经济组织及其在华机构等单位和个人。

印花税的纳税义务人，按照所书立、使用、领受的应税凭证不同，可以分为五类：

（1）立合同人，即各类合同的当事人，但不包括合同的担保人、证人、鉴定人；

（2）立账簿人，即设立并使用营业账簿的单位和个人；

（3）立据人，即订立产权转移书据的单位和个人；

（4）领受人，即领受并持有权利、许可证照的单位和个人；

（5）使用人，即在国外书立、领受，但在国内使用应税凭证的单位和个人。

应注意的是，由两方或两方以上当事人共同书立应税凭证并各持一份的，其当事人各方都是印花税的纳税人。应各就其所持凭证的计税金额计税贴花，但担保人、证人、鉴定人不作为纳税人。应税凭证如果是由当事人的代理人代为书立的，则代理人承担纳税义务。

3. 印花税的征税范围

（1）经济合同。

经济合同包括购销、加工承揽、建设工程承包、财产租赁、货物运输、仓储保管、借款、财产保险、技术合同或者具有合同性质的凭证。

（2）产权转移书据。

产权转移书据包括财产所有权、版权、商标专用权、专利权、专用技术使用权等转移书据。

（3）营业账簿。

营业账簿包括单位和个人从事生产经营活动所设立的各种账册，即记载资金的账簿和其他账簿。

资金账簿，是指反映生产经营单位“实收资本”和“资本公积”金额增减变化的账簿。其他账簿包括日记账簿和各明细分类账簿。

（4）权利、许可证照。

权利、许可证照包括房屋产权证、工商营业执照、商标注册证、专利证、土地使用证。

（5）经财政部确定征税的其他凭证。

10.5.2 印花税的计算与会计处理

1. 印花税的计税依据

（1）从价计税情况下计税依据的确定。

实行从价计税，以凭证上所记载金额为计税依据。其中：各类经济合同，以合同上所记载的金额、收入或费用为计税依据；产权转移书据以书据中所记载的金额为计税依据；记载资金的营业账簿，以实收资本和资本公积的两项合计金额为计税依据；有些合同在签订时无法确定计税金额，可在签订时先按定额 5 元贴花，以后结算时再按实际金额，补贴印花。

（2）从量计税情况下计税依据的确定。

实行从量计税的其他营业账簿和权利、许可证照，以计税数量（件数）为计税依据。

2. 印花税的税率

印花税的税率采用比例税率和定额税率两种形式。具体税率见表 10-7。

表 10-7 印花税税率表

税率	适用凭证范围
1‰	财产租赁合同、仓储合同、财产保险合同、股权转让书据（包括 A 股和 B 股）
0.5‰	加工承揽合同、建设工程勘察设计合同、货物运输合同、产权转移书据、资金账簿
0.3‰	购销合同、建筑安装工程承包合同、技术合同
0.05‰	借款合同
5 元/件	其他营业账簿、权利、许可证照

需要说明的是，如果发生载有一个经济事项的应税凭证可以同时适用两个或两个以上税率，且属于同一笔金额的，应按其中一个较高的税率计算纳税，而不分别按两种税率计税。另外，2008 年 9 月 19 日起，对证券交易印花税政策进行调整，由现行双边征收改为单边征收，税率保持 1‰。即对买卖、继承、赠与所书立的 A 股、B 股股权转让书据，由立据双方当事人分别按 1‰的税率缴纳股票交易印花税，改为由出让方按 1‰的税率缴纳股票交易印花税，授让方不再征收。

3. 印花税的计算

（1）实行比例税率的凭证。

应纳税额＝应税凭证计税金额×比例税率

（2）实行定额税率的凭证。

应纳税额＝应税凭证件数×定额税率

4. 印花税的会计处理

由于企业缴纳的印花税，不会发生应付未付税款的情况，不需要预计应纳税金额，同时也不存在与税务机关结算或清算的问题，因此，企业缴纳的印花税不需要通过“应交税费”账户核算。交纳印花税时，借记“管理费用”账户，贷记“银行存款”账户

【例 10-14】 某公司 1 月份签订购销合同，合同金额为 500 万元，适用税率为 0.3‰，计算应纳税额并编制分录。

应纳税额＝5 000 000×0.3‰＝1 500（元）

借：管理费用　　1 500

　贷：银行存款　　1 500

【例 10-15】 某电厂与某水运公司签订了两份运输保管合同。第一份合同中注明运费 30 万元，保管费为 10 万元；第二份合同载明的费用合计为 50 万元（运费和保管费未分别记载）。计算电厂应纳税额并编制会计分录。

应纳税额＝300 000×0.5‰＋100 000×1‰＋500 000×1‰＝750（元）

借：管理费用　　750

　贷：银行存款　　750

【例 10-16】 某企业 2005 年开业，领取工商营业执照（正、副本）、税务登记（正、副本）、土地使用证、房屋产权证，启用账簿共计 20 本（其中记载资金账簿 2 本，载有实收资本 100 万元，资本公积 20 万元），计算当年应纳印花税并编制分录。

应纳税额＝4×5＋1 200 000×0.5‰＋18×5＝710（元）

借：管理费用　　705

　贷：银行存款　　705

10.5.3 印花税的税收优惠

纳税人书立、领受、使用下列凭证可以免税：

（1）已缴纳印花税的凭证的副本或抄本；

（2）财产所有人将财产赠给政府、社会福利单位、学校所立的书据；

（3）国家指定的收购部门与村委会、农民个人书立的农副产品收购合同；

（4）无息、贴息贷款合同；

（5）外国政府或国际金融组织向我国政府及国家金融机构提供优惠贷款所书立的合同；

（6）房产管理部门与个人签订的用于生活居住的租赁合同；

（7）农牧业保险合同；

（8）军事物资运输、抢险物资运输、新建铁路的工程临管线运输等的特殊货运凭证；

（9）财政部批准免税的其他凭证。

10.5.4 印花税的纳税申报实务操作

1. 纳税环节

印花税应当在书立或领受应税凭证时贴花。

2. 纳税地点

印花税一般实行就地纳税。对于全国性商品物资订货会（包括展销会、交易会等）上签订合同的印花税，由纳税人回其所在地完税。地方主办、不涉及省际关系的订货会、展销会上所签订合同的印花税，纳税地点由各省、自治区、直辖市人民政府自行确定。

3. 缴纳方法

根据印花税税额大小、贴花次数以及税收征收管理的需要，其缴纳方法可以分为三种方法：

（1）自行贴花办法。

自行贴花办法是指纳税人在发生纳税义务时，应当根据应税凭证的性质和适用税目、税率，自行计算应纳税额，自行购买印花税票，自行一次贴足印花税票并加以注销或划销。该办法概括为：自行计算、自行购花、自行贴花。

这种办法，一般适用于应税凭证较少或者贴花次数较少的纳税人。

（2）汇贴或汇缴办法。

“汇贴”办法是指一份凭证应纳税额超过 500 元的，应当向当地税务机关申请填写缴款书或者完税证，将其中一联粘贴在凭证上或者由税务机关在凭证上加注完税标记，代替贴花。

“汇缴”办法是指同一类应纳税凭证，需频繁贴花的，应当向当地税务机关申请按期汇总缴纳印花税。经税务机关核准发给许可证后，按税务机关确定的期限汇总计算纳税，但最长期限不得超过一个月。

汇贴或汇缴办法一般适用于应纳税额较大或者贴花次数频繁的纳税人。

（3）代扣代缴办法。

代扣代缴办法亦称委托代征办法，是指税务机关委托某些代理填开应税凭证的单位（如代办运输、联运的单位）代扣凭证的当事人应纳的印花税，并按期汇总缴纳。

4. 纳税申报表

（1）纳税申报表的格式。

印花税的纳税人应按照条例的有关规定及时办理纳税申报，并如实填写《印花税纳税申报表》。某地纳税申报表式样见表 10-8 所示。

（2）《印花税纳税申报表》填表说明。

① 本表适用于纳税人申报缴纳印花税，购买印花税票请将所需的印花票各面额的数量填好。

② 对于同一税款所属期而纳税人多次申报的，实行差额申报，即该次申报不包含上次申报信息。

③ 主表说明：

- “纳税人名称”是指纳税人税务登记的全称。
- “注册地址”是指纳税人于工商登记的地址。
- “注册类型”是指纳税人于工商登记的企业类型。
- “开户银行”是指纳税人用于缴交税款账号所在的银行。
- “账号”是指纳税人用于缴交税款的账号。

表 10-8

印花税纳税申报表

填报日期：　年　月　日

申报流水号：

纳税人税务登记号　　　　税费所属期　　年　月　日至　　年　月　日

纳税人电脑编码　　　　　管理机关

正常申报□ 自行补报□ 稽查自查申报□ 延期申报预缴□　　　　单位：元（列至角分）

纳税人名称（盖章）			注册地址			注册类型	
开户银行		账号		联系电话		邮政编码	

征收品目	计税金额（计税数量）	税率（单位税额）	应纳税额	购花数量		
				面额	数量（枚）	金额
				壹元		
				贰元		
				伍元		
				拾元		
				伍拾元		
				壹佰元		
合　　计						

如纳税人填报，由纳税入填写以下各栏	如委托税务代理机构填报，由税务代理机构填写以下各栏
纳税人声明：此纳税申报表是根据国家税收法律的规定填报的，我确定它是真实的、可靠的、完整的。 纳税人签名：	代理人声明：此纳税申报表是根据国家税收法律的规定填报的，我确定它是真实的、可靠的、完整的。 代理人签名：

主管会计		经办人		税务代理机构名称		税务代理机构地址		经办人	

税务机关填写	受理申报日期： 年　月　日 受理人签名：	审核日期： 年　月　日 审核人签名：	录入日期： 年　月　日 录入员签名：

10.5.5　印花税案例评析

1995 年 5 月，税务人员对某公司 1994 年的印花税缴纳情况进行检查，发现如下情况。

（1）了解到该公司对下属 7 个基层门店采取了“统负盈亏，分级核算，责任到人，奖罚兑现”的管理办法。由过去的一级核算形式转变为分级核算形式。下属各门店都建立了核算制度和各类账簿。核实公司共设置各类明细账簿 52 本，已申报贴花 50 元。

（2）经查阅各类账簿、凭证，发现该厂在 1994 年流动资金严重短缺的情况下，号召全体职工集资入股 2 000 元至 5 000 元不等，共获得集资款 250 万元，所集资金记入“其他应付款”账户。经认真核对“实收资本”账户和“资本公积”账户，发现所收集资款并未申报贴花。

分析与计算。

（1）根据规定，采用分级核算形式的，除财会部门的账簿应贴花外，财会部门设置在其他部门和车间的明细分类账，亦应按规定贴花。该企业由于财会人员对印花税有关规定、法规了解不够全面，因此造成漏缴印花税。应补缴的印花税计算如下：

应补缴税额＝52×5－50＝210（元）

（2）根据《印花税暂行条例》规定，记载资金的账簿按“实收资本”和“资本公积”的合计额贴花，以后年度合计金额比已贴花金额有所增加的增加部分应按规定贴花。

企业对记载资金的账簿中新增的资金，偷逃印花税的情况比较严重。一是财务人员对印花税的计算申报从思想上不够重视，对印花税的有关具体规定也不甚了解；二是对实收资本和资本公积包括的内容了解不够，对其他单位投入的资金以及集资入股形式的资金往往有所遗漏，造成实际少申报印花税款。应补缴的印花税计算如下：

应补缴税额＝2 500 000×0.5‰＝1 250（元）

合计应补缴税款＝210＋1 250＝1 460（元）

10.6　契税的纳税申报

10.6.1　契税的概述

1. 契税的概念

契税是指在中华人民共和国境内转移土地、房屋权属时，向承受土地使用权、房屋所有权的单位和个人征收的一种税。

其中土地权属转移指的是土地使用权的转移，包括土地使用权出让和土地使用权转让两种方式；房屋权属转移指的是房屋所有权的转移，包括买卖、赠与和交换三种方式。

契税具有在转让环节征收、按次课税、由受让方缴纳的特点。其开征，在加强对土地、房屋权属转移的管理、调节纳税人的收入分配、增加财政收入等方面有着重要的意义。

2. 契税的纳税人

在中华人民共和国境内转移土地、房屋权属，承受的单位和个人为契税的纳税人。

3. 契税的征税范围

契税是以发生土地使用权和房屋所有权权属转移的土地和房屋为征税对象，征税具体范围如下。

（1）国有土地使用权出让，是指土地使用者向国家交付土地使用权出让费用，国家将国有土地使用权在一定年限内让与土地使用者的行为。

（2）土地使用权转让，包括出售、赠与和交换（不包括农村集体土地承包经营权的转让）。

（3）房屋买卖。

（4）房屋赠与，受赠者应照章缴纳契税。

（5）房屋交换，房屋交换价格相等的，免征契税；交换价格不相等的，按照超出部分由支付差价方缴纳契税。

（6）土地、房屋权属以下列方式转移的，视同土地使用权转让、房屋买卖或者房屋赠与征税：以土地、房屋权属作价投资、入股；以土地、房屋权属抵债；以获奖方式承受土地、房屋权属；以预购方式或者预付集资建房款方式承受土地、房屋权属。

10.6.2 契税的计算与会计处理

1. 契税的计税依据

契税的计税依据为：

（1）国有土地使用权出让、土地使用权出售、房屋买卖，以成交价格为计税依据；

（2）土地使用权赠与、房屋赠与，由征收机关参照土地使用权出售、房屋买卖的市场价格核定；

（3）土地使用权交换、房屋交换，所交换的土地使用权、房屋的价格的差额为计税依据。

成交价格明显低于市场价格并且无正当理由的，或者所交换土地使用权、房屋的价格的差额明显不合理并且无正当理由的，由征收机关参照市场价格核定。

2. 契税的税率

契税采用幅度比例税率，为3%～5%。

契税的适用税率，由省、自治区、直辖市人民政府在以上幅度内按照本地区的实际情况确定，并报财政部和国家税务总局备案。

3. 契税的计算

契税应纳税额计算公式为：

应纳税额＝计税依据×税率

4. 契税的会计处理

企业在购买土地、房屋产权，计算缴纳契税时，借记“固定资产”、“在建工程”、“无形资产”等账户，贷记“应交税费——应交契税”账户；实际交纳税款时，借记“应交税费——应交契税”账户，贷记“银行存款”账户。

【例 10-17】 某单位购买一块土地使用权，成交价格为 2 500 万元，当地政府规定的契税税率为 3%。应交的契税税额及计提分录如下：

应纳税额＝25 000 000×3%＝750 000（元）

借：无形资产　　750 000

　贷：应交税费——应交契税　　750 000

【例 10-18】 某企业从房地产开发公司购买一办公楼，成交价格为 500 万元，当地政府规定的契税税率为 4%。应交的契税税额及计提分录如下：

应纳税额＝5 000 000×4%＝200 000（元）

借：固定资产　　200 000

　贷：应交税费——应交契税　　200 000

10.6.3　契税的税收优惠

有下列情形之一的，减征或者免征契税：

（1）国家机关、事业单位、社会团体、军事单位承受土地、房屋用于办公、教学、医疗、科研和军事设施的，免征；

（2）城镇职工按规定第一次购买公有住房的，免征；

（3）因不可抗力灭失住房而重新购买住房的，酌情准予减征或者免征；

（4）土地、房屋被县级以上人民政府征用、占用后，重新承受土地、房屋权属的，由省级人民政府确定是否减免；

（5）承受荒山、荒沟、荒滩土地使用权，并用于农、林、牧、渔业生产的，免征；

（6）经外交部确认，依照我国有关法律规定以及我国缔结或参加的双边和多边条约或协定，应当予以免税的外国驻华使馆、领事馆、联合国驻华机构及其外交代表、领事官员和其他外交人员承受土地、房屋权属的，免征；

（7）对国有控股公司以部分资产投资组建新公司，且该国有控股公司占新公司股份85%以上的，对新公司承受该国有控股公司的土地、房屋权属免征；

（8）财政部规定的其他减征、免征契税的项目。

10.6.4　契税的纳税申报实务操作

1．纳税义务发生时间

契税的纳税义务发生时间，为纳税人签订土地、房屋权属转移合同的当天，或者纳税人取得其他具有土地、房屋权属转移合同性质凭证的当天。

2．纳税期限

纳税人应当自纳税义务发生之日起 10 日内，向土地、房屋所在地的契税征收机关办理纳税申报，并在契税征收机关核定的期限内缴纳税款。

3．征收机关

契税征收机关为土地、房屋所在地的财政机关或者地方税务机关。具体征收机关由省、自治区、直辖市人民政府确定。

4．纳税申报表

（1）契税纳税申报表的格式。

契税纳税申报表的格式见表 10-9。

（2）《契税纳税申报表》填表说明。

① 本表适用于在中国境内承受土地、房屋权属的单位和个人。纳税人应当在签订土地、房屋权属转移合同或者取得其他具有土地、房屋权属转移合同性质凭证后 10 日内，向土地、房屋所在地契税征收机关填报契税纳税申报表，申报纳税。

② 本表各栏的填写说明如下：

- 承受方及转让方名称：承受方、转让方是单位的，应按照人事部门批准或者工商部门注册登记的全称填写；承受方、转让方是个人的，则填写本人姓名。
- 承受方、转让方识别号：承受方、转让方是单位的，填写税务登记号；没有税务登记号的，填写组织机构代码。承受方、转让方是个人的，填写个人身份证号或护照号。
- 合同签订时间：指承受方签订土地、房屋转移合同的当日，或其取得其他具有土地、房屋转移合同性质凭证的当日。
- 权属转移类别：（土地）出让、买卖、赠与、交换、作价入股等行为。

表 10-9

契税纳税申报表

填表日期：　　年　　月　　日　　　　　　　　　　　　　　　　单位：元、平方米

<table>
<tr><td rowspan="2">承受方</td><td>名　称</td><td colspan="2"></td><td>识 别 号</td><td colspan="2"></td></tr>
<tr><td>地　址</td><td colspan="2"></td><td>联系电话</td><td colspan="2"></td></tr>
<tr><td rowspan="2">转让方</td><td>名　称</td><td colspan="2"></td><td>识 别 号</td><td colspan="2"></td></tr>
<tr><td>地　址</td><td colspan="2"></td><td>联系电话</td><td colspan="2"></td></tr>
<tr><td rowspan="5">土地、房屋权属转移</td><td>合同签订时间</td><td colspan="5"></td></tr>
<tr><td>土地、房屋地址</td><td colspan="5"></td></tr>
<tr><td>权属转移类别</td><td colspan="5"></td></tr>
<tr><td>权属转移面积</td><td colspan="5">平方米</td></tr>
<tr><td>成交价格</td><td colspan="5">元</td></tr>
<tr><td>适用税率</td><td colspan="6"></td></tr>
<tr><td>计征税额</td><td colspan="6">元</td></tr>
<tr><td>减免税额</td><td colspan="6">元</td></tr>
<tr><td>应纳税额</td><td colspan="6">元</td></tr>
<tr><td>纳税人员签章</td><td colspan="2"></td><td>经办人员签章</td><td colspan="3"></td></tr>
<tr><td colspan="7">（以下部分由征收机关负责填写）</td></tr>
<tr><td>征收机关收到日期</td><td></td><td>接收人</td><td></td><td>审核日期</td><td></td><td></td></tr>
<tr><td>审　核记　录</td><td colspan="6"></td></tr>
<tr><td>审核人员签章</td><td colspan="2"></td><td>征收机关签章</td><td colspan="3"></td></tr>
</table>

（本表 A4 竖式，一式两份：第一联为纳税人保存；第二联由主管征收机关留存。）

- 成交价格：土地、房屋权属转移合同确定的价格（包括承受者应交付的货币、实物、无形资产或者其他经济利益，折算成人民币金额）填写。计税价格，是指由征收机关按照《中华人民共和国契税暂行条例》第四条确定的成交价格、差价或者核定价格。
- 计征税额＝计税价格×税率，应纳税额＝计征税额－减免税额。

10.6.5　契税案例评析

M 国有企业将名下一划拨用地经补缴土地出让金和其他出让费用后转为出让用地，补

缴的土地出让金和其他出让费用共500万元。然后M将此出让用地以1 000万元的价格转让给N公司。请问本案例如何缴纳契税？

分析与计算：

契税一般由受让方缴纳。该案例比较特殊，转让方M公司先以划拨方式取得土地使用权，后经批准改为出让方式取得该土地使用权，应依法缴纳契税，其计税依据为应补缴的土地出让金和其他出让费用；受让方N公司因受让土地使用权，也须缴纳契税，其计税依据为成交价格。双方应纳契税税额计算如下：

M缴纳的契税：500×3%=15（万元）

N缴纳的契税：1 000×3%=30（万元）

相关链接

1.《中华人民共和国资源税暂行条例》，国务院令第139号，1994年1月1日起施行。

2.《中华人民共和国资源税暂行条例实施细则》，财法字[1993]043号，1993年12月30日起施行。

3.《关于调整钼矿石等品目资源税政策的通知》，财税[2005]168号，2006年1月1日起实施。

4.《财政部国家税务总局关于调整盐资源税适用税额标准的通知》，财税[2007]5号，2007年2月1日起实施。

5.《关于加快煤层气抽采有关税收政策问题的通知》，财税 [2007] 16号，2007年1月1日起执行。

6.《中华人民共和国城镇土地使用税暂行条例》（1988年公布实施，2006年12月30日国务院第163次常务会议修订通过），国务院令第483号，2007年1月1日起施行。

7.《中华人民共和国房产税暂行条例》，国发[1986]90号，1986年10月1日起施行。

8.《中华人民共和国车船税暂行条例》，国务院令第482号，2007年1月1日起施行。

9.《中华人民共和国车船税暂行条例实施细则》，财政部国家税务总局令第46号，2007年2月1日起施行。

10.《中华人民共和国印花税暂行条例》，国务院令第11号，1988年10月1日起施行。

11.《中华人民共和国印花税暂行条例施行细则》，财税[1988]255号，1988年10月1日起施行。

12.《中华人民共和国契税暂行条例》，国务院令第224号，1997年10月1日起施行。

13.《中华人民共和国契税暂行条例细则》，财法字 [1997] 52号，1997年10月1日起施行。

练　习　题

一、思考题

1．何谓资源税，其征税范围有哪些？

2．何谓城镇土地使用税，其纳税人有哪些？

3．何谓房产税，其纳税人包括哪些？

4．何谓车船税，车船税的纳税人和征税范围包括哪些？

5．何谓印花税，其纳税人分为哪几类，征税范围包括哪些？

6．何谓契税，其征税范围包括哪些？

二、单项选择题

1．企业计算出对外销售应税产品应纳资源税税额时，应编制的分录（　　）。

A．借记“营业税金及附加”账户，贷记“应交税费——应交资源税”账户

B．借记“生产成本”或“制造费用”账户，贷记“应交税费——应交资源税”账户

C．借记“材料采购”等账户，贷记“应交税费——应交资源税”账户

D．借记“主营业务成本”账户，贷记“应交税费——应交资源税”账户

2．企业按规定计算出应交纳的城镇土地使用税时，借记的账户是（　　）。

A．管理费用　　B．销售费用

C．财务费用　　D．制造费用

3．出租房屋的计税依据为（　　）。

A．房产计税余值　　B．房产租金

C．房产原始价值　　D．房产评估价值

4．企业计提车船税时，借记的账户是（　　）。

A．管理费用　　B．财务费用

C．固定资产　　D．制造费用

5．非视同土地使用权转让、房屋买卖或者房屋赠与征税而转移土地、房屋权属的方式有（　　）。

A．以土地、房屋权属作价投资、入股

B．以土地、房屋权属抵债

C．以预购方式或者预付集资建房款方式承受土地、房屋权属

D．房屋赠与

三、多项选择题

1．资源税扣缴义务人是收购资源税未税矿产品的单位，包括（　　）。

A．独立矿山　　B．联合企业

C．其他收购未税矿产品的单位

2．城镇土地使用税的纳税人具体确定为（　　）。

A．拥有土地使用权的单位和个人，拥有人为纳税人

B．拥有土地使用权的纳税人不在土地所在地的，由代管人或实际使用人纳税

C．土地使用权未确定或权属纠纷未解决的，由实际使用人纳税

D．土地使用权共有的，由共有各方分别纳税

3．房产税的征税范围为（　　）。

A．城市的房产　　B．县城的房产

C．建制镇和工矿区的房产　　D．农村的房产

4．房产税计税依据有（　　）。

A．房产计税余值　　B．房产租金

C．房产原始价值　　D．房产评估价值

5．车船税采用从量计税的办法，规定的计税标准有（　　）。

A．辆　　B．净吨位

D．自重吨位　　E．公里

6．印花税的纳税义务人，按照所书立、使用、领受的应税凭证不同，可以分为（　　）。

A．立合同人　　B．立账簿人　　C．立据人

D．领受人　　E．使用人

7．印花税的征税范围包括（　　）。

A．经济合同　　B．产权转移书据　　C．营业账簿

D．权利、许可证照　　E．经财政部确定征税的其他凭证

8．契税是以发生土地使用权和房屋所有权权属转移的土地和房屋为征税对象，征税具体范围（　　）。

A．国有土地使用权出让　　B．土地使用权转让　　C．房屋买卖

D．房屋赠与　　E．房屋交换

四、判断题

1．资源税的纳税人是指在我国境内开采应税矿产品或者生产盐的单位和个人。（　　）

2．资源税的计税依据是应税产品的销售价格。（　　）